중동연구소 HK사업단 연구총서

미국의 대중동 · 중앙아시아 외교정책

장 병 옥 외

한국외국어대학교 출판부

미국의 대중동 · 중앙아시아 외교정책

초판 인쇄　2009년 3월 10일
초판 발행　2009년 3월 20일

지은이 ▪ 장병옥, 정상률, 금상문, 박웅철
펴낸이 ▪ 박　철
펴낸곳 ▪ 한국외국어대학교 출판부
130-791 서울특별시 동대문구 이문동 270
전화: 02) 2173-2495 ~ 6
FAX: 02) 2173-3363
홈페이지: http://press.hufs.ac.kr
전자우편: press@hufs.ac.kr
출판등록 ▪ 제6-6호(1969. 4. 30)
편집 · 디자인 ▪ (주)이환디앤비 02)2254-4301
인쇄 · 제본 ▪ (주)동화인쇄공사 02)719-7181

ISBN 978-89-7464-541-0 93340　　정가 14,000원

* 잘못된 책은 교환하여 드립니다.

머리말

2000년대 들어 중동 정세는 더욱 빠른 속도로 변동하고 있다. 2001년 9월 11일 발생한 미국의 심장부에 대한 정치이슬람 세력의 공격은 국제정치학자들, 특히 중동연구자들에게 하나의 과제를 안겨주었다. 그것은 '기존의 중동이슬람에 대한 연구와 중동 현지인들의 중동이슬람 현상에 대한 인식이 일치하는가의 문제'라고 생각한다. 즉 연구의 적실성 문제로서 중동 연구자들은 '연구 결과가 현지 상황을 잘 설명하고, 미래 상황을 예측하며, 그에 대한 대안을 제시하고 있는가'라는 근본적인 문제에 직면하고 있다. 미국의 중동연구자들이나 국제정치학자들이 9.11 테러사건과 그 이후 발생하는 많은 문제들에 대한 '예측과 대안 제시'에 실패했다는 것이 중론이다. 한국의 중동연구자들과 국제정치 연구자들도 같은 문제에 직면해 있다고 생각된다. 이러한 문제를 인식하고 있음에도 불구하고 본 저서가 이러한 문제제기에 적절하게 답을 했다고는 생각하지 않는다.

본 저술은 이미 연구된 논문들을 모아서 하나로 편집한 것이다. 따라서 연구자들 간에 문제의식과 관심 주제가 일치하지 않는 점이 있다. 이러한 문제를 해결하기 위해 제1편은 "미국의 중동정책과 중동국가들의 대응외교," 제2편은 "미국의 중아아시아 정책과 중앙아의 대응외교"로 나누어 편집을 했다.

제1편에서는 미국 부시 정부의 '대중동구상(Greater Middle East Initiative)'의 내용과 그에 대한 중동국가들의 대응외교를 중심으로 구성되었으나, 중동의 비아랍국가 중에서도 오랜 기간 동안 미국과 적대관계에 있는 이란의 중요성을 고려하여 '미국의 이란 정책'을 추가했다. 중동 지역은 우리의 정치, 경제, 최근에는 군사 분야에서도 매우 중요한 지역이다. 특히 석유와 가스 에너지 자원은 우리의 생존과 관련된 문제이므로 중동 지역은 가장 중요한 우리의 이익지대이다. 따라서 대중동 외교정책이 강화될 필요가 있다.

제2편에서는 탈냉전 시대에 정치적으로, 경제적으로, 종교적으로 새롭게 부상하고 있는 중앙아시아 국가들에 대한 미국의 정책을 중심으로 구성했다. 중앙아시아는 우리에게도 새로운 이익지대로 부상했고, 따라서 중동국가들과 마찬가지로 적극적인 외교를 펼쳐야 할 주요 외교 대상 지역이다.

필자들의 많은 노력에도 불구하고, 본서의 짜임새가 치밀하지 못한 점이 있을 수 있다. 그러나 중동과 중앙아시아의 중요성을 부각시키고, 이제 막 시작했다는 점을 고려하여 독자들의 넓은 이해와 아량을 기대해 본다. 독자제현들의 지적은 차후의 저서에서 반영하도록 노력할 것을 약속드린다.

대표 저자
장 병 옥

차 례

제 I 편

미국의 중동정책과 중동국가들의 대응 외교

제1장 서 론

미국은 제2차 세계대전 이후, 특히 1947년 베를린 봉쇄의 결과로 냉전이 시작되면서 중동 지역에 적극 개입하기 시작했다. 그 이유는 미국이 패권국이 되면서 냉전이 시작되었고, 따라서 냉전의 한 축인 소련의 남하를 저지해야 했고, 세계 경제의 주요 에너지원으로 등장한 석유가 중동에서 대량 발견되었기 때문이었다. 그러나 1979년 이란의 호메이니 이슬람혁명 시기부터 미국은 중동 이슬람으로부터의 위협을 강조하기 시작했다. 1990년 소련이 붕괴되고 걸프전을 계기로 미국은 세계 유일 패권국이 되었으나 중동의 정치이슬람(political Islam) 세력으로부터의 도전은 계속되었고, 결국 2001년 9.11 사건을 겪으면서 '테러와의 전쟁'이라는 새로운 전쟁 개념을 발전시켰다. 대통령으로 당선된 지 얼마 되지 않아 9.11 테러사건을 경험한 부시 정부는 새로운 중동정책을 구상하게 되었다. 그것이 2003년에 발표한 '대중동구상(Greater Middle East Initiative)'이었다. '대중동구상'은 '광역 중동 및 북아프리카 구상(BMENAI, The Broader Middle East and North Africa Initiative)'이란 제목으로 2004년 6월 9일 미국 조지아주의 시 아일랜드(Sea Island)에서 개최된 G8 정상회담에 제시되었다.

부시정부의 BMENAI 정책이 나오기 전의 역대 미국 정부들도 항상 중동 외교정책을 미국 외교의 주요 현안으로 간주하여 '대중동외교정책'을 우선순위로 채택했었다. 트루만 정부는 1947년에 '트루만 독트린'을 발표하고 그리스와 터키에 4억 불의 군사-경제 원조를 제공하였고, 1948년 이란에 2천 8백만 불을 제공했다. 1955년에 바그다드조약이 체결되었고, 1957년에 '아이젠하워 독트린'이 발표되었다. 이는 미국이 주도하는 새로운 군사동맹체가 중동에 설립되었음을 의미한다. 1956년 2차 중동전쟁 이후, 1958년 이라크의 쿠데타, 1959년 이라크의 바그다드조약기구 탈퇴, 1962년 사우디아라비아와 이집트의 국교단절 등과 같은 일련의 정치변동이 발생하면서 중동국가들의 반미, 반이스라엘 정서가 더욱 확산되었다. 이에 대한 대응으로 로저스 국무장관은 1969년 12월에 '중동평화를 위한 계획(Rogers Plan)'을 발표했고, 1970년 6월에는 추가로 로저스안을 발표했으나 결국 그의 중동평화안은 실패했다. 로저스안의 주요 내용은 ①미국이 교전당사국들 사이에서 중립을 지킬 것이고, ②아랍난민문제 해결에 적극 나서며, 예루살렘의 최종 지위문제를 이스라엘이 일방적으로 결정할 수 없을 것이다. ③이집트, 요르단, 이스라엘 각국의 주권, 영토의 안전과 정치적 독립의 상호인정, ④1967년 점령지로부터 이스라엘의 철수 등이었다. 카터행정부는 1978년 9월 17일 캠프 데이비드 협상과 카터 독트린을 통해 중동문제를 해결하려고 시도했으나 일부만 성공한 것으로 판단된다.

레이건 정부는 소련으로부터의 친미중동국가의 방위와 테러행위에 대한 강경책을 주창했고, 클린턴 정부도 미국의 중동석유의존도가 40%로 확대되었음을 밝히면서 에너지안보를 강조하기 시작했고, 카스피해 연안 2000억 배럴 원유자원에 대한 접근성 확보에 관심을 표명하기도 했다. 클린턴 행정부의 마지막보고서인 【확산: 위협과 대응(Proliferation: Threat and Response)】에서는 불량국가들에 대한 대량살상무기 확산 방지 강화, 오사마 빈 라덴 등 테러리스트를 추적하고 있음을 밝혔다.

이와 같은 미국 행정부들의 일련의 대중동 외교정책은 ①냉전 시에는 소련의 남하 저지, 중동 석유의 확보와 통제, 이스라엘의 방어였고, ② 탈냉전 시에는 중동석유의 확보, 이스라엘 방어, 중동의 특정 국가, 특히 이란과 이라크의 중동패권 장악 저지 등으로 요약할 수 있다. 2001년 9.11 사건은 미국의 대중동정책의 대전환의 계기가 되었다. 그중의 하나가 부시 정부의 '대중동구상(Greater Middle East Initiative)'이다.

본 저서의 제 I 편 미국의 중동정책과 중동국가들의 대응외교는 부시 정부의 '대중동구상'에 대한 중동국가들(이집트, 사우디아라비아, 시리아)의 대응 외교와 '미국의 대이란 외교정책'을 다루었다. 팔레비 시대와 호메이니 이후 시대의 '미국의 대이란 외교정책'은 매우 다른 양상을 보이고 있으며, 외교정책의 주요 현안도 변화되어 왔다.

루즈벨트 행정부에서 이란에 대한 미국 정책의 총체적 윤곽이 드러나기 시작했으며, 특히 제2차 세계대전 중인 1943년 11월 테헤란 회의 이후였다. 이 총체적 윤곽에 따르면 미국의 對이란 정책 목표는 ①이란의 독립 유지, ②이 지역 내에서 미국의 경제이익을 증진하는 것이었다. 전후, 이란 독립 및 영토 보전은 이란과 소련이 밀접한 관계를 갖지 못하게 하는 것을 의미했는데, 미국은 이 목표를 달성하기 위해서 유엔 안팎에서 강력한 외교적 노력을 통해 이란 북부지역을 점령하고 있었던 소련군을 철수하도록 만들었다. 이때부터 미국은 이란의 가장 중요한 서방 동맹세력이 되었고, 전후 냉전체제 하에서 미-이란 양국 간 상호 군사방위협정이 체결되었다. 1953년 모사데그 행정부의 몰락에 앞서 이란이 미국으로부터 몇 년간 받은 제한적 원조는 주로 1950년 포인트포 협정(Point Four Agreement)과 국제협력행정단(ICAM) 하에 시작한 프로그램에 따른 것이었다. 1950년대 초부터 이란은 미국의 '발전국가' 모델을 재빨리 채택하고 미-소간의 세계적 냉전 대결의 시험 장소가 되면서 미 외교정책의 주요 관심 국가로 떠올랐다. 이란의 석유국유화 위기로 인해서 모사데그 정권이 붕괴된 후, 미-이란 관계는 보다 우호적 관계로 발전했다. 예를 들면, 1946년 미국의 對이란 원조액은 1천만 달러, 1948

년 6천만 달러, 1954년 8천4백만 달러였으나 1957년 말에 총 3억2천3백만 달러였고, 그 이후 약간의 기복이 있었지만, 1961년 말 그 총액은 13억 달러, 1970년까지는 13억5천만 달러에 달했다. 또한 군사적 측면에서도 제2차 세계대전 후부터 총 11,000명의 이란군이 미국의 군사기지에서 훈련을 받았다.

1979년 호메이니의 이슬람혁명 성공은 미국-이란 관계가 적대관계로 돌변하는 계기가 되었다. 1979년 호메이니의 추종자들이 테헤란 주재 미 대사관을 점거하며 이슬람 혁명의 전파를 역설했었던 사건 이래로 2009년 현재까지 미국-이란 관계는 적대관계에 있다. 클린턴 정부 시절, 미국의 대이란 정책은 유연하게 돌아섰지만, 기존의 적대관계를 완전히 되돌리지는 못했다. 특히 조지 부시 정부 들어 이란의 핵 개발 의혹이 드러나고 2005년 대통령선거에서 강경보수주의자 아흐마드네자드가 당선되면서 급속히 악화되었다. 공세적 현실주의 외교정책을 이미 세워놓고 있는 부시 대통령이 중동석유에 대한 통제와 대량살상무기의 비확산 정책을 추구하고 있는 과정에서 아흐마드네자드는 당선되자마자 '석유주권'과 '핵주권'을 강조하면서 미국의 정책에 반기를 들면서 미-이 관계는 급속히 악화되었다. 부시정부는 이스파한과 나탄즈 핵 시설에 대한 선제공격을 구상하기도 했지만, 현실적으로 쉽지 않은 상황에서 민주당 오바마 정부로 공이 넘어간 상태에 있다. 오바마 정부의 외교정책이 아직까지 비교적 온건한 편이지만, 이러한 외교정책이 이란 핵문제를 해결할 수 있을 지에 대해서는 좀 더 시간을 두고 분석해 보아야 할 것으로 판단된다.

결과적으로 역대 미 행정부의 외교정책 기조나 전략전술의 변화와는 관계없이 특별한 지정학적 위치 때문에 이란은 항상 미국 외교정책의 중심을 차지했다.

이 저술의 목적은 이 연구를 통해 중동국가들의 외교정책 결정 과정에 미치는 여러 요인들을 연구 · 분석하고 중동 지역 국가들의 대외정책 결정 과정을 이해하여 우리의 대중동정책결정의 기초 자료를 제공하는 데 있다.

본 연구는 2003년 11월 6일 부시 미대통령이 발표한 중동 지역의 개혁과 민주화를 골자로 하는 '대중동구상'에 대해 중동국가들이 어떻게 대응해 왔는가, 그리고 미국의 이란 정책 변화 요인들을 탐구함으로써 중동국가들의 외교정책결정과정 메커니즘을 밝힌다.

9.11 사건 이후 미국의 부시 행정부는 ①강력한 군사력을 바탕으로 하는 미국적 국제주의 강화, ②재래무기 · 핵무기 전력의 증진을 통한 대테러정책 수행(NPR), ③선제공격 독트린 도입(2002 국가안보전략보고서)을 특징으로 하는 '공세적 현실주의'를 신안보전략으로 채택하였다. '대중동구상'은 이러한 신안보전략을 중동 지역에 적용한 것이라고 할 수 있다. 즉 민주적 변화와 개혁, 인간 개발을 통해 중동 테러리즘으로부터 미국 및 서구의 안보를 확보하겠다는 전략이다.

'대중동구상'은 중동 지역에서 전체주의적 이념, 국가 실패, 테러리즘, 대량파괴무기에의 접근성 용이, 급진적 정치세력(급진 이슬람원리주의 세력) 존재가 중동 지역뿐 아니라 미국, 서구, 세계에 해를 끼친다는 것을 전제하고 있다. 비효율적이고 억압적이며, 부패한 정부와 이스라엘-아랍 갈등은 소외와 실망감을 키우고, 결국 많은 젊은이들을 급진 이데올로기와 테러리즘에 가담하게 만든다는 것이다. 부시정부의 대중동 외교정책 현황을 보면, 테러와의 전쟁, 사우디아라비아 등 중동 11개국의 민주화 프로젝트 실행, 유일 패권을 유지하기 위한 석유 자원의 통제, 군사외교 목표인 '대량살상무기 확산금지' 실현 등으로 요약할 수 있다.

중동 지역 국가들은 국내외적으로 격동의 파고를 만난 상태에 있고, 그만큼 정치변동 가능성도 예측된다. 중동 지역 국가들 간 관계변화를 둘러싼 급격한 외교전쟁도 벌어지고 있다. 이러한 급변하는 세계질서와 중동질서 속에서 중동 지역 국가들이 자국의 정치문화(이슬람 정치문화,

부족주의 정치문화, 권위주의 세속적 정치문화 등)의 정체성을 유지하면서 자국의 이익(안보이익, 경제이익, 위신 등)을 극대화하기 위해 어떻게 대응하고 있는가도 연구대상으로 했다. 본 연구는 중동 지역 국가들의 외교정책결정과정에 가장 크게 영향을 미치는 요인으로 체제적 요인(세계체제, 중동 지역체제, 국가체제)과 문화적 요인(이슬람문화, 부족주의문화, 권위주의문화, 다원주의문화, 관료주의문화)을 중심으로 분석하며, 특히 이집트, 사우디아라비아, 시리아의 외교정책 결정과정의 보편성과 특수성, 미국의 이란 정책의 변화를 역사적으로 밝히려고 노력했다.

제2장 미국의 대중동구상과 이집트의 대응 외교

정 상 률

I 서 론

2003년 11월 6일 미국의 부시 대통령은 중동 지역의 개혁과 민주화를 골자로 하는 '대중동구상(GMEI, Greater Middle East Initiative)'을 발표했다. 이에 대해 이집트는 미국의 '대중동구상'에 대해 어떻게 대응하고 있는가?[1] 이미 예측되고 있었지만, 9.11 테러 사건 이후, 중동 지역의 국가들은 국내외적으로 격동의 파고를 만난 상태에 있고, 그만큼 정치변동 가능성도 예측된다. 사다트 정권 이후 친미 자본주의 발전 전략을 추진해 온 이집트도 정치변동과 정치발전 문제에 직면해 있다. 1981년부터 26년 장기 집권을 해온 무바라크 정권은 2006년부터 6년 임기의 제5기에 들어감으로써 30년 이상 1인 (실질적인) 1당 권위주의 정권을 유지하게 되었다.

중동 이슬람국가들의 정치체제는 권위주의 독재체제, 중동 특유의 이

1) 미국 및 서구의 대중동정책과 이에 대한 중동국가들의 대응에 대한 연구를 통해 중동국가들의 민주적 변동 가능성을 이해할 수 있을 것으로 판단된다. 물론 이러한 국가 간 작용-반작용 관계 속에는 각 지역 또는 각 국가 내에서의 시민사회의 역할도 또한 매우 중요하다.

슬람봉건제 형태의 정치체제라는 특징이 있다. 중동의 일부 국가들이 1990년대부터 약간의 민주적 정치변동을 해왔지만, 근본적인 체제변동을 통한 민주화가 추진된 것은 아니다. 대부분의 중동 이슬람국가들은 서구적 시각으로 볼 때 비민주적 정권이다. 권위주의적 독재국가와 중세기적인 이슬람왕정국가들을 정치 · 경제 · 군사적으로 지원해 왔던 미국이 이제 와서 민주화를 추진하겠다는 이유는 무엇인가? 그것은 새로운 세계질서 형성 과정에서 미국의 이익을 극대화하기 위한 전술적 측면으로 해석할 수 있다. 즉 중동 이슬람국가들의 민주화 의제는 중동질서 재편의 한 변수로 작용할 것이고, 중동질서 재편을 통해 미국의 국익을 극대화하겠다는 것이다.

일반적으로 정치문화와 민주주의 사이에는 밀접한 상관관계가 있다. 중동 이슬람 국가들의 정치문화는 국가에 따라 비민주적인 향리-신민형 정치문화, 약간의 참여를 허용하는 신민-참여형 또는 향리-참여형 혼합 정치문화의 특징을 가지고 있다. 첫째, 정치생활과 종교생활이 분리되지 않은 이슬람문화이다. 꾸란, 하디스 등 이슬람 경전에 대한 존중의식이 매우 강하다. 이집트의 경우, 1952년 왕정체제가 무너지고 군부 권위주의 공화정체제가 들어섰지만, 이슬람사회라는 특징을 가지고 있다. 둘째, 부족주의 가부장제문화이다. 부족 중심의 가부장제는 그대로 국가 통치자에게 투사된다. 사우디아라비아의 사우드家, 요르단의 하심家, 카타르의 알-싸니(Al Thani)家, 오만의 사이드家, 쿠웨이트의 알-사바흐家가 통치엘리트로 군림하고 있는데, 특정 가문 중심의 국가라고 할 수 있다. 이집트에 부족주의 문화가 어느 정도 잔존하고 있는지에 대해서는 별도의 연구가 필요하긴 하지만 가문 및 부족 문화가 매우 강하게 남아 있는 것으로 인식된다. 셋째, 봉건제문화, (이슬람)사회주의 문화, 남녀유별문화가 아직까지 강하게 남아 있다. 이집트는 사다트 이후 자본주의 시장 경제를 수용하긴 했지만, 역시 이슬람 사회주의 문화가 강하게 남아있다. 이러한 정치문화에서 민주주의 꽃이 피기 위해서는 많은 시간과 아랍인들의 희생이 따를 것으로 판단된다.

이집트는 1952년 나세르 군사혁명 이후,[2] 사다트 정권(1970-1981년), 현재의 무바라크 정권(1981-현재)에 이르기까지 50년 이상을 군부 권위주의 정권을 유지하고 있다. 군부 권위주의 정권의 외교정책은 권력 핵심의 몇몇 엘리트, 특히 대통령에 의해서 결정되는 것이 일반적이다. 즉 정책결정자의 개성(personality) 요인이 가장 크게 작용한다. 그럼에도 불구하고 국내의 사회부분 및 정치사회(군부, 정당 등), 정치문화, 그리고 외부 환경과의 역동적 관계로부터 영향을 받는 것으로 인식된다.

미국의 대중동정책과 이에 대한 중동국가들의 대응에 대한 연구는 중동 지역의 역동적 정치변동을 이해하는 데 매우 중요한 분석 방법이라고 본다. 따라서 본 연구에서는 기본적으로 미국의 대중동정책, 특히 2003년 부시정부의 '대중동구상' 에 대한 이집트의 대응외교를 탐구한다. 먼저 미국의 외교정책 결정 논리를 설명하고, 부시행정부의 대중동정책 기조와 '대중동구상'의 배경 및 주요 내용에 대해 정리한 후, 이집트 외교정책 기조 및 '대중동구상'에 대한 이집트의 대응외교에 대해 논의한다.

II 미국의 대외정책과 대중동정책의 기조

1. 미국의 외교정책 결정의 논리

미국의 모든 외교정책결정은 네 가지의 주요 요소들, 즉 ①기본적인 외교정책 전략(a prescription of a basic foreign policy strategy), ②미국 국가이익에 대한 분석, ③미국의 권력에 대한 해석 및 평가, ④정권의

---

2) 나세르는 1970년 9월 30일 심장병으로 사망

도덕성에 대한 시각으로 구성된다(Callahan 2004, 5-7).

첫째, 외교정책을 결정할 때에, 정책결정자들은 자국의 세계적 역할 또는 기본적인 외교정책 전략을 규정한다. 미국의 외교정책 전략은 국제적 업무(international affairs)에 대한 개입 수준,[3] 우선성,[4] 지리적 범위,[5] 일방주의 및 다자주의와 지도력,[6] 군사화,[7] 개입주의,[8] 세계화[9] 등을 포함하는 많은 차원들에 따라 설명될 수 있다.

둘째, 국가이익을 해석하는 데 필요한 정보를 얻기 위해 다음과 같은 질문을 할 수 있다. ①갈등은 세계정치의 본질인가, 또는 공동이익은 국가들 간의 실질적인 협력을 필요로 하는가? 전쟁, 전쟁에 대한 소문, 세력균형은 세계정치의 기본적인 요소인가, 아니면 다른 문제가 전쟁만큼 중요한가? ②어떠한 조건이 전쟁의 위협을 누그러뜨리거나 확대하는가? ③한 곳에서 일어난 사건이 전 세계에 반향을 일으킬 정도로 국제적 사건들은 밀접하게 연계되어 있는가? 아니면, 국제체계가 나머지로부터 분리되어 처리될 수 있는 독립적인 커다란 지리적 지역(geographic regions)과 쟁점영역(issue areas)으로 분해될 수 있는가? ④세계정치는 기본적으로 국가가 서로에 대해 행하는 것인가, 아니면 국가들 내부의

3) 미국이 국제적 업무에 적극적으로 개입해야 하는가?
4) 무엇을 가장 중요한 외교 목표로 할 것인가?
5) 지구적 차원에 초점을 맞출 것인가, 주요 국가나 지역에 초점을 맞출 것인가?
6) 타국과 어떻게 협력할 것인가? 만약 다자주의 길을 선택한다면, 그 안에서 지도자적 역할을 할 것인가? UN과 같은 국제기구와의 관계를 어떻게 할 것인가?
7) 외교정책이 어느 정도, 어떤 방식으로 군에 의존할 것인가?
8) 타국의 국내 구조와 과정을 형성하고 전환시켜야 하는가, 아니면 비개입주의를 선택할 것인가?
9) 경제적으로 외부 세계와 어떻게 관계를 맺을 것인가? 자유무역과 투자 원칙에 기초한 자본주의 경제모델을 세계가 채택하도록 해야 하는가? 정치적, 도덕적 목표를 증진시키기 위해서 국제경제관계를 정치적 통제(political regulation)에 따르도록 해야 하는가?

내적 발전(internal development)이 국제적 사건들에 대한 의제의 한 부분인가? 국제적 사건에서 누가 주요 행위자인가? 국가인가? 그렇다면 모든 국가인가, 또는 오직 주요 강대국뿐인가? 국제기구, 기업이나 비정부 행위자와 같은 사적 그룹은 세계무대에서 중요한 행위자인가? ⑤국제경제관계에 의해 발전된 중요한 가치는 어느 범위까지 적용되는가? 미국의 번영이 세계의 번영에 어떻게 관련되어 있는가?

셋째, 권력(power)에 대한 평가이다. 정치 평론가인 월터 리프만(Walter Lippmann)은 “외교정책의 기본 원칙”이라는 것을 말하면서 외교정책의 기본원칙은 공약과 권력의 균형(balance of commitment and power)을 맞추는 것이라고 주장했다. 정치인은 “목적과 수단 간 균형을 맞추어야 한다. 그렇게 할 수 없다면, 재앙에 직면할 것이다(Lippmann 1943, 9-10).” 미국의 이익과 마찬가지로, 미국의 권력에 대한 인식은 세계의 본성에 관한 견해와 밀접한 관계가 있다. 권력을 평가하는 것과 관련된 주요 질문은 다음과 같다. ①권력이란 무엇인가? 그것은 국가가 영향을 미칠 수 있는 자원인가? 또는 국가의 환경 내에 있는 사건들(events)에 대한 국가의 실질적인 영향력 또는 통제인가? ②권력은 어느 정도로 군사력에 의존하고 있는가? ③물적 자원 보다는 어떠한 다른 요인들이 권력수준(the levels of power)을 결정하는가? ④미국은 얼마나 많은 권력을 필요로 하는가? 미국은 얼마나 많은 권력을 가지고 있는가? ⑤미국의 국제적 역할은 미국의 권력을 얼마나 확장시키거나 감소시키는가?

넷째, 외교정책에서 도덕성의 역할은 투키티데스(Thucydides)가 『펠로폰네스 전쟁(Peloponnesian War)』을 쓴 이후, 정치적 분석에 있어서 계속 쟁점이 되어왔다. 도덕성 요인에 관해서는 두 개의 질문을 할 수 있다. ①국제관계(international affairs)에서 도덕성은 어떠한 역할을 해야 하는가? ②미국의 실질적인 국제적 의무는 무엇인가?

위에서 언급한 네 가지 요소들은 상호관계 속에서 서로를 구성하는 역할을 한다. 모든 신념체계와 마찬가지로 외교정책의 논리들(logics)은 위에서 언급한 요소들 간 내적 조화를 이루려고 한다. 그러나 이 요소들의 결합력은 아이디어들의 계서적인 질서(hierarchical ordering of ideas)에 기초하고 있지 않다. 즉 요소들 간 계서가 있는 것은 아니다. 매우 합리적인 정책결정자라면, 다른 요소들에 기초하여 첫 번째 요소인 외교 전략을 결정할 것이다. 미국의 이익, 권력, 도덕(윤리적 의무와 구속)이 결정되면, 외교정책 전략도 논리적으로 결정될 것이다. 그러나 현실 세계에서, 인간은 완전히 합리적인 것만은 아니기 때문에 매우 자주 정책결정자는 무의식적으로 신념체계를 모든 아이디어들과 일치시키면서, 우리의 핵심 신념을 보호하기 위해 우리의 현실에 대한 인식을 조정한다. 그래서 한 나라의 국가이익이나 도덕적 의무를 이행하기 위해서는 값비싼 공약을 해야 한다고 믿는 사람은 그 국가의 권력이 공약을 지키는 데 충분하다고 믿게 하는 심리적 압력을 받을 것이다.

미국의 대외정책 결정에 중요한 역할을 하는 행위자는 대통령과 행정부(부통령, NSC, 국무부, 국방부, 정보 담당 부서, 국토안보부〈Department of Homeland Security〉 등), 의회(상원 외교관계위원회와 하원 국제관계위원회 등), 국내 환경(로비그룹, 사업적 이해 그룹, 노동조합, 비정부기구, 싱크 탱크, 종교그룹, 외국 정부, 국제기구 등), 언론과 여론 등 다양하다(Cameron 2005, 34-117). 민주국가의 경우, 외교정책 결정 과정에 관여하는 행위자가 다양한 것이 일반적이지만, 9.11 사건 이후 미국의 외교정책 결정은 대통령과 주요 행정부 관료가 주도하고 있는 것으로 판단된다.

김성한 교수는 (주로 안보 외교를 중심으로 논하고 있는데) 1990년대 '10년 평화'의 시대가 종식되고 '반테러전쟁(테러와의 전쟁)' 시대가 도래했다고 보고, 미국은 9.11 사건 이후 '공세적 현실주의' 외교정책을 신안보전략의 핵심으로 채택했다고 주장한다. 신안보전략의 주요 내용은 미국적 국제주의 강화, 재래식전력과 핵전력의 증진을 통한 대테러정책 수행, 선제공격독트린(2002년 국가안보전략보고서)이다(김성한

2003, 1). 김 교수는 미국 외교안보이념의 양대 기둥이라고 할 수 있는 현실주의와 자유주의 양자를 방어적 유형과 공세적 유형으로 나누고[10)]①힘을 통한 평화(유엔 경시), ②인도적 사태에 대한 개입의지, ③일방주의(미국의 단독행동 불사)라는 세 가지 차원에서 비교한 후, 부시 정부의 외교정책을 '공세적 현실주의'라고 주장한다. 부시 정부는 정권 초기에 클린턴 정부의 자유주의 외교를 비판하고, '방어적 현실주의' 외교를 선택했으나, 9.11 사건 이후 공세적 현실주의로 전환했다고 주장한다. 공세적 현실주의는 힘을 통한 외교를 추진하고 일방주의적이다(김성한 2003, 12).

한편 칼라한(Callahan) 교수는 현대 미국 외교정책 논쟁에서 사용된 가장 중요한 논리들을 다음 〈표1〉과 같이 분류한 후, 〈표2-1〉 ~ 〈표2-8〉과 같이 여섯 가지 외교정책 논리를 ①일방주의-다자주의, ②군사주의, ③개입주의, ④지도적 역할, ⑤자본주의 세계화, ⑥권력, ⑦국가이익, ⑧외국에 대한 도덕적 의무 등 여러 차원에서 비교했다.[11)]

〈표 1〉 미국 외교정책 논리

<table>
<tr><td rowspan="3">확장된 현실주의 전통</td><td>① 패권주의(Hegemonism = H)</td></tr>
<tr><td>② 현실주의(Realism = R)</td></tr>
<tr><td>③ 고립주의(Isolationism = I)</td></tr>
<tr><td rowspan="2">윌슨주의(Wilsonianism)</td><td>④ 자유주의(Liberalism = L)</td></tr>
<tr><td>⑤ 자유주의적 국제주의
(Liberal Internationalism = LI)</td></tr>
<tr><td>⑥ 급진적 반제국주의(Radical Anti-imperialism = RA)</td><td></td></tr>
</table>

10) ①방어적 현실주의, ②공세적 현실주의, ③방어적 자유주의, ④공세적 자유주의로 분류

11) 〈표2-1〉 ~ 〈표2-8〉은 6개 외교정책 논리를 8가지 차원에서 비교한 것이다. 각 차원에 대한 해석은 또 다른 엄밀한 검증이 필요할 것으로 판단된다.

〈표 2-1〉일방주의-다자주의 차원의 비교

일방주의	I	H	R	LI	다자주의

* 일방주의-다자주의 차원에 따른 각 외교정책 논리의 위치

* 부시정부의 외교정책: 쟁점에 따라 일방주의(이라크 전쟁), 양자주의(FTA 추진), 다자주의(북핵 6자회담)를 채택하고 있으나, 많은 논자들은 부시정부의 외교정책을 패권주의, (공세적) 현실주의로 보고 있음.

〈표 2-2〉 군사주의(Militarism)-반군사주의(Antimilitarism) 차원의 비교

군사주의	R	H	L	I	LI	RA	반군사주의

* 군사주의 대 반군사주의 지속성(continuum)에 따른 각 외교정책 논리의 위치

* 부시정부의 외교정책: 군사주의이기 때문에 현실주의와 패권주의에 가까움. 2003년 미국의 총 국방비는 3,800억 달러(전 세계 국방비 7,500억 달러. 프랑스 350억 달러, 한국 130억 달러였음)였으며, 국방비 중 연구개발비 470억 달러(전 세계 연구개발비의 80%), 정보예산 300억 달러였음.

〈표 2-3〉 개입주의(Interventionism)-비개입주의(Noninterventionism) 차원의 비교

개입주의	L	H	R	I LI RA	비개입주의

* 개입주의-비개입주의 연속성에 따른 각 외교정책 논리의 위치

* 부시정부의 외교정책: 초기 선택적 개입에서 9.11 이후 선제공격 독트린 등 적극적 개입주의로 선회함. 따라서 자유주의적(신자유주의적 패권주의) 또는 패권주의임.

〈표 2-4〉 지도적 역할(Leadership Role) 차원의 비교

강 함	H	LI	L	R	I RA	약 함

* 지도력 차원에 따른 각 외교정책 논리의 위치

* 부시정부의 외교정책: 지도적 역할이 강한 편인가, 약한 편인가? 1945년 2차 대전 이후, 미국의 지도력은 약화되고 있다는 것이 학자들의 일반적 견해임. 그러나 1991년 걸프전 이후 미국이 유일 패권국으로 부상하면서 지도력이 강화되고 있다는 견해도 있음. 미국 패권의 약화(decline)에 대한 논쟁이 있음.

〈표 2-5〉 자본주의 세계화(Capitalist Globalization) 차원의 비교

지 지	H L	I	LI	R	RA	반 대

* 자본주의 세계화에 대한 지지차원에 따른 각 외교정책 논리의 위치

* 부시정부의 외교정책: 자본주의 세계화를 지지하기 때문에 패권주의와 자유주의(신자유주의 세계화)에 가까움.

〈표 2-6〉 권력(Power) 차원의 비교12)

확장적 (extensive)	H RA	R LI	I	제한적 (Limited)

12) 미국의 권력을 초강대국(superpower)으로 보는가(확장적), 아직 잠재적 권력을 가지고 있으나 적은 힘(considerably less power)을 가진 것으로 보는가(제한적)?

* 미국의 권력 정도(amount of U.S. power)에 따른 각 외교정책 논리의 위치
* 부시정부의 외교정책: 미국의 권력이 확장적이기 때문에 패권주의임.

〈표 2-7〉 국가이익(National Interests) 차원의 비교

최고(Most)	H	R	I	최소(Least)
	LI			
	L			

* 국가이익의 범위(extensiveness)에 따라 배열된 각 외교정책 논리의 위치
* 부시정부의 외교정책: 국가이익 추구에 있어서 최고를 추구하기 때문에 패권주의, 자유주의적 국제주의, 자유주의에 가까움.

〈표 2-8〉 외국에 대한 도덕적 의무(Moral Obligation Abroad)

높 음	RA	H	R	낮 음
		LI	I	
		L		

* 도덕적 의무의 지속성에 따른 각 외교정책 논리의 위치
* 부시정부의 외교정책: 외국에 대한 도덕적 의무가 낮은 편이므로 현실주의나 고립주의임

〈표2-1〉에서부터 〈표2-8〉까지의 분류에 따른 부시정부의 외교정책을 요약하면 다음과 같이 정리할 수 있다.

각 차원에 대한 부시 정부의 입장은 다르기 때문에 부시 정부의 외교정책을 어느 하나의 외교정책 논리로 설명하는 것은 부적절한 것으로

판단된다. 부시정부의 외교정책을 다차원에서 분석했을 때, 일부 차원에서는 패권주의, 현실주의, 고립주의 외교정책을 추진하고, 일부 차원에서는 자유주의 외교정책을 추진한다고 할 수 있다. 9.11 사건을 전후하여 미국의 '군사외교정책'을 너무 강조하여 미국 외교정책을 (방어적) 현실주의, 고립주의에서 (공세적) 현실주의, 패권주의로 급선회한 것을 너무 강조한 측면이 있다. 특히 '대중동구상'과 그 이후 발표된 이와 관련된 중동개혁안들만으로 판단했을 때, 미국의 대중동정책을 '공세적 현실주의'로 규정하기 어려운 측면이 있다.

2. 부시정부의 대중동정책 기조

냉전시기 미국의 대중동정책 기조는 ①소련의 남하 저지, ②중동 석유의 통제, ③이스라엘 경제 및 안보 지지 등 세 가지로 대별할 수 있 있다. 소련 및 동유럽의 붕괴와 1991년 걸프전 이후, 즉 냉전 이후에 미국의 대중동 외교정책 기조는 약간의 변화를 겪었다. (1979년 이란 호메이니의 이슬람혁명 이후 강조되기 시작되었지만) 이슬람으로부터의 위협이 더욱 강조되고[13] 중동 석유에 대한 영향력과 이스라엘에 대한 지지를 외교정책의 기조로 하고 있었다. 9.11 사건 이후에 미국의 대중동정책은 기존의 외교정책 기조를 유지하면서도 매우 공세적으로 변화했다.

9.11 사건 이후 미국의 부시 행정부는 ①강력한 군사력을 바탕으로 하는 미국적 국제주의 강화, ②재래무기 · 핵무기 전력의 증진을 통한 대테러정책 수행(NPR), ③선제공격 독트린 도입(2002 국가안보전략보고서)을 특징으로 하는 '공세적 현실주의'를 신안보전략으로 채택하였

13) 헌팅턴의 문명충돌론도 이때 발표되고 국제정치학의 주요 쟁점으로 부각되었다. 소위 미국 내 네오콘들의 세계에 대한 기본 인식도 이분법적이고 기독교 세계의 도덕적 우월성을 강조하며, 이슬람공포증을 노골적으로 보이고 있다는 점에서 문명충돌론에 기초하고 있는 것으로 판단된다.

고(김성한 2003, 14), 대중동정책에 있어서도 '테러와의 전쟁'을 수행한다는 명분으로 아프간전쟁(2001년), 이라크전쟁(2003년)을 수행했다.[14] '대중동구상'은 이러한 신안보전략(안보외교)을 포괄하는 '대중동 외교정책'을 중동 지역에 적용한 것이라고 할 수 있다. 즉 한편으로는 '공세적 현실주의라는 신안보전략'을 통해서, 다른 한편으로는 민주적 변화와 개혁, 인간 개발을 통해서 중동 테러리즘으로부터 미국, 서구 및 동맹국들의 안보를 확보하고, 중동 석유를 통제하겠다는 전략이다.

'대중동구상'은 중동 지역에서 전체주의적 이념, 국가 실패, 테러리즘, 대량파괴무기에의 접근성 용이, 급진적 정치세력(급진 이슬람원리주의 세력) 존재가 중동 지역뿐 아니라 미국, 서구, 세계에 해를 끼친다는 것을 전제하고 있다. 비효율적이고 억압적이고 부패한 정부와 이스라엘-아랍 갈등은 소외와 실망감을 키우고, 결국 많은 젊은이들을 급진 이데올로기와 테러리즘에 가담하게 만든다는 것이다. 부시정부의 대중동 외교정책 현황을 보면, 테러와의 전쟁, 사우디아라비아 등 중동 11개국의 민주화 개혁 프로젝트 실행, 유일 패권을 유지하기 위한 석유 자원의 통제, 군사외교 목표인 '대량살상무기 확산금지' 실현 등으로 요약할 수 있다. 이러한 외교 현황들을 종합하여 '대중동구상'을 기획한 것으로 인식된다.

3. '대중동구상'의 배경과 주요 내용

(1) '대중동구상' 배경과 과정

부시 행정부는 아프간전 이후인 지난 2002년에 사우디아라비아를 포함한 중동 11개국의 민주화를 추진하겠다고 밝힌 바 있다. 미국은 2003

14) 아프간 전쟁을 수행하는 과정에서 중앙아시아의 석유를 통제하게 되었고, 미군을 중앙아시아에 주둔시킬 수 있게 되었다. 또한 이라크전쟁을 통하여 이라크의 석유를 통제하고 이라크에도 미군을 주둔시킬 수 있게 되었다.

년 ‘이라크 국민의 해방’을 명분으로 이라크를 전격 공격했다. 혹자는 이라크 전쟁을 방어적 공격, 예방 전쟁 및 선제공격 독트린의 이행으로 해석하고, 혹자는 침략전쟁으로 규정한다.

부시 정부는 지속적으로 중동의 개혁을 강조해 왔다. 중동 이슬람지역 국가들의 자유화, 민주화를 통해 1980년대 이후 아시아, 아프리카, 중남미 국가들에서, 그리고 1990년대 소련과 동유럽에서 일어났던 ‘민주화 혁명’의 도미노 현상을 중동에도 불러일으키겠다는 의도로 해석할 수 있다.

‘그동안 미국이 중동에서만 민주주의 가치를 추구하지 않고 비민주적 정권을 일방적으로 지원해 옴으로써 결국 이 지역의 반미(反美) 정서와 9.11슈퍼테러를 부추겼다’는 것이 민주화 프로그램의 배경이다. ‘테러와의 전쟁’을 선언한 부시 정부 내 네오콘들은 ‘중동의 민주화 없이는 테러의 근본 원인을 제거할 수 없다’ ‘9.11 테러범들은 모두 국내 정치에 환멸을 느끼고 미국에 테러를 감행했다’ 는 인식에서 ‘중동국가들의 민주화’를 들고 나온 것이다. 2002년 콜린 파월(Powell) 국무장관은 중동지역 민주화 · 개혁 프로그램은 크게 ①이슬람 지역 인권 · 노동운동 주도세력들을 상대로 하는 선거제도 · 정당 구축 교육 프로그램(1300만 달러), ②비정부 민간단체의 활동 강화(2500만 달러), ③해외원조액(연간 10억 달러)을 경제개혁과 민주개혁 촉진에 활용, ④여성의 정치활동과 인권 강화 등이라고 발언한 바 있다. 당시 워싱턴 포스트도 ‘국무부의 민주주의 · 인권 · 노동국이 주로 이슬람 지역과 중국의 민주주의 운동가들을 모로코, 바레인, 레바논 등에 모아서 대중운동 · 선거 감시 · 정당 설립 등에 대해 훈련하고, 11개 중동 지역 언론인들을 상대로 세미나를 열며, 이 지역 노동운동가들을 정치적 자유 · 투명성 · 책임성의 대변자로 키울 계획’이라고 보도했다.

부시 대통령이 대중동구상을 언급하기 전인 2002년 7월, UN은 30명의 다양한 아랍 전문가들로 구성된 유엔 패널(UN-commissioned panel)을 구성했고, 아랍 인간개발 보고서(AHDR, Arab Human Development Report)를 발표했다(http://www.undp.org/rbas/ahdr/english2002.html 2006/6/10). 영어, 아랍어, 불어로 출판된 이 보고서는 중동 지역이 직면하고 있는 정치적, 경제적, 사회적, 인구학적 도전들을 명확하게 함으로써 그 이후 발표된 미국 및 서구인들과 여러 아랍인들이 구상한 개혁 제안들(Arab-initiated reform proposals)의 토대가 되었다. 이와 같은 인식의 변화를 종합적으로 반영하여 추진하려고 하는 것이 '대중동구상'이라고 할 수 있다.

부시 대통령은 2003년 11월 6일, '민주주의를 위한 국가 의무(National Endowment for Democracy)' 창설 20주년 축하 연설에서 중동의 민주주의를 증진시키기 위한 '자유의 발전 전략(Forward Strategy of Freedom)'을 발표했다(http://www.whitehouse.gov/news/releases/2004/02/20040204-4.html 2006/6/10). "미국은 새로운 정책, 즉 중동에서의 향후 자유 전략을 채택했다. 이 전략은 우리가 이전에 보여주었던 것과 같은 지속성(persistence), 노력(energy), 이상(idealism)을 요구한다.....유럽, 아시아, 세계 모든 지역에서와 같이 (중동에서의) 자유의 발전은 평화를 가져올 것이다." 부시 대통령은 이 연설에서 세계사적 변화 시점에서 자유의 발전은 우리 시대의 '소명'이라고 주장하고, 중동에서 자유와 민주주의가 꽃피우지 않는 한 중동 지역은 침체(stagnant), 분개(resentful), 폭력(violent)이 지속되고, 자유국가에 대한 폭력과 테러의 수출 지역으로 봉사할 것이라고 주장했다. 그는 또한 민주주의와 이슬람은 공존할 수 있으며, 자유와 민주주의의 확산이 중동의 국민들뿐 아니라 미국인들에게 자유와 안전을 위한 기회를 제공해 줄 것이라고 주장했다.[15)]

---

15) 미국과 미국의 유럽 동맹국들은 중동의 개혁과 중동 및 세계의 장기적 안전 사이에 밀접한 관계가 있다고 보고 중동 개혁을 추진하고 있으며, 제2기 부시 정부는 중동개혁을 외교정책의 최우선 의제로 정하고, 기회 있을 때 마다 이를 강조해 왔다. 부시의 '대중동구상'은 이른바 '민주평화론'에 기초하고 있다.

미 행정부는 부시 대통령의 이러한 연설을 좀 더 구체화 시켜서 2004년 초에 G-8 정상 회담 실무그룹(working group)에 제출했고(http://www.meib.org/documentfile/ 040213.htm 2004/02/13), 이 제안을 대폭 수정한 수정안이 2004년 6월 9일 미국 조지아주의 시 아일랜드(Sea Island)에서 개최된 G8 정상회담에 제출되었다. 이 회담에서 미국이 제출한 본래의 GMEI 보다 강도는 약화되고 규모는 확대된 "광역 중동 및 북아프리카 구상(BMENAI, The Broader Middle East and North Africa Initiative)"(http://usinfo.state.gov/ei/Archive/2004/Jun/09-319840.html 2006/6/1)을 채택했다. 부시 대통령이 주도적으로 개최한 이 회담에서 중동과 북아프리카 지역에서 자유, 민주주의, 번영을 발전시키기 위한 노력을 지원하기 위해 광역 중동 및 북아프리카(국가들)와 함께 "발전과 공동의 미래를 위한 파트너쉽(Partnership for Progress and Common Future)"을 설립하기로 하고, 이 목적을 달성하기 위해서 G8 정상들은 다음과 같이 합의했다.

① "미래를 위한 포럼(Forum for the Future)" 설립: 개혁을 위한 정기적인 토론을 하기 위해 이 포럼에 G-8 및 이 지역의 외교, 경제 및 기타 장관들과 기업, 시민사회 지도자들이 참여한다. 이 포럼의 개회 모임은 2004년 가을에 열린다.

② 새로운 개혁안(new initiatives)을 통하여 원조할 "지원계획(Plan of Support)"을 채택한다. 새로운 개혁안으로는 "민주주의 지원(Democracy Assistance Dialogue),"[16] "금융 지원(Microfinance

16) "Democracy Assistance Dialogue"는 민주적 제도를 증진시키고 강화시키기 위해, 상호협조하고 민주화 프로그램에 관한 정보를 공유하기 위해, 그리고 새로운 민주주의 프로그램과 후원자 상호 교환을 시작하기 위해 민주주의 재단(democracy foundations), 시민사회 그룹, G-8과 광역 중동 및 아프리카 지역의 정부들, 그 외 다른 국가들을 소집할 것이다. 터키, 예멘, 이탈리아가 "Democracy Assistance Dialogue"의 공동 후원자가 되고, 2004년 첫 모임에서 공동 주최국이 된다.

Initiative),"[17] "교육 지원(Literacy Initiative),"[18] "기업훈련 지원(Business and Entrepreneurship Training Initiative),"[19] "중소기업 지원(Private Enterprise Development Facility at the International Finance Corporation, IFC),"[20] "연구소 지원(Network of Funds),"[21] "투자 지원(Task Force on Investment)"[22] 등이 있다.

부시 정부의 대중동정책의 기조가 되고 있는 GMEI 및 G8의 BMENAI가 공개된 이후, 중동과 유럽 등의 여러 행위자들(정부, 비정부기구, 다양한 행위자들)이 중동의 정치개혁(자유화와 민주화) 및 인간 개발을 주장하는 구상을 발표했다.[23]

중동의 경우, 2004년 1월 이후에 아랍사업위원회(Arab Business Council)에서부터 이집트 무슬림형제단(Egyptian Muslim Brotherhood)에 이르기

---

17) "Microfinance Initiative"는 향후 5년 이상 소액자금대출(microfinance loans)을 통하여 200만 이상의 기업들이 자금 결핍으로부터 탈피하도록 도와준다. 요르단이 'Microfinance Best Practices Training Center'의 주최국이 되고, 예멘은 'Microfinance Pilot Project'의 첫 주최국이 된다.

18) 2009년까지 10만 명의 교사를 훈련시키는 것을 포함하여 향후 10년 이상 동안 문맹률을 절반으로 줄이는 노력을 지원한다. 아프가니스탄과 알제리아가 공동 후원국이 된다.

19) 기업들의 고용 기회를 늘리기 위해 25만개의 젊은 기업인들, 특히 여성 기업인을 돕는다. 바레인과 모로코가 공동 후원국이 된다.

20) 중소기업들에게 자금을 지원하기 위해 1억 달러를 투자한다.

21) 광역 중동과 북아프리카에서 활동하는 발전연구소(development institutions), 국제금융연구소(international financial institutions)의 작업을 통합 조정한다.

22) 기업 환경을 개선하기 위해 광역 중동과 북아프리카의 노력을 돕는다.

23) 부시 정부 및 유럽의 정부들과 자유주의적이고 세속적이며 친-서구 엘리트들이 제기한 중동의 개혁 의제가 중동 지역 절대다수의 민중들의 입장을 반영하고 있지 않았으나, 이슬람주의자들로부터 사업가에 이르는 여러 아랍 개혁 옹호자들의 개혁 구상들은 매우 관심을 끄는 것이었다. 그동안 미국의 정책 결정자들은 온건 이슬람주의자들이 그 지역에서 매우 많은 지지를 받고 있음에도 불구하고 그들의 개혁 목소리를 무시해왔다. 지속가능한 개혁을 하기 위해서는 투명한 제도를 만들고 법의 지배를 확고하게 해야 하는데, 이를 실현하기 위해서 미국은 온건 이슬람주의자와 정권을 분리하지 않고 함께 중동의 개혁을 수행해야 할 것으로 판단된다.

까지 다양한 그룹과 NGO들은 자기 그룹의 입장에서 개혁안들을 발표했다. 일부 개혁안들은 정부와 함께 공표되었고, 일부는 독립적으로 발표되었다. 이 개혁안들의 대부분은 '정치적 개혁'을 옹호했다.24)

---

24) 아랍 지역에서 발표된 대표적인 개혁안들(initiatives)은 다음과 같다.
비정부 개혁안(Nongovernmental Reform Initiatives)으로 ①Arab NGOs Beirut Summit Letter(March 19-22, 2004)((http://www.apfw.org/indexenglish.asp?fname=news\english\ 12437.htm 2006/6/1), ②100개 이상의 시민 단체 활동가, 교수, 언론인, 정당원들이 카타르대학 Gulf Studies Center가 개최한 회의에서(2004년 6월 3-4일) 발표된 민주주의와 개혁을 위한 도하선언(Doha Declaration for Democracy and Reform, June 3-4, 2004)(http://www.thepeninsulaqatar.com/commentary/commentaryother.asp?file=junecommentary132004.xml 2006/6/1), ③알렉산드리아 성명(Alexandria Statement, March 12-14, 2004)(http://www.al-bab.com /arab/docs/reform/alex2004.htm 2006/6/1), ④사나선언(Sana'a Declaration, January 10-12,2004) (http://www.al-bab.com/arab/docs/ reform/sanaa2004.htm 2006/6/1) 등이 있다. 유권자에 기초한 개혁안(Constituent-based Reform Initiatives)으로 ①아랍사업가위원회 선언(The Arab Business Council Declaration, January, 2004)(http://www.weforum.org/pdf/ABC/ABC_R1.pdf 2006/6/1), ②이집트 무슬림형제단 개혁 구상(Egyptian Muslim Brotherhood Reform Initiative,March13, 2004)(http://www.usip.org/pubs/specialreports /sr136. html 2006/6/1) 등이 있다. 또한 이집트, 모로코, 요르단, 사우디아라비아 등이 각각 정부개혁안(Government Reform Initiatives)을 내놓았고, 다국안(Multilateral Initiatives)으로 2004년 5월 22-23일 아랍연맹 정상회담에서 합의한 투니스 선언(The Tunis Declaration)(http://www.arabsummit. tn/en/tunis-declaration.htm 2006/6/1)이 있다.
한편 미국과 유럽의 학자들이 미국의 독일 마샬기금(The German Marshall Fund of the United States: GMF)의 후원으로 2004년 6월 25-27일 3일간 회합을 한 후, GMF의 대표 케네디(Craig Kennedy)를 중심으로 "이스탄불 백서(Istanbul Paper)"를 발표했다. 가장 최근의 개혁안으로 미국 평화연구소가 제안한 "중동의 민주화 증진(Promoting Middle East Democracy: European Initiatives)"(Special Report No. 127. October 2004), "중동의 민주화 증진Ⅱ(Promoting Middle East Democracy II: Arab Initiatives Special Report)"(May 2005) 등이 있다.
또한 주로 서구인들로 구성된 국제위기그룹(International Crisis Group)이 이집트의 개혁을 언급한 "이집트 개혁(Reforming Egypt: In Search of a Strategy)"이 있다(Middle East/North Africa Report 2005).

(2) '대중동구상'의 주요 내용

부시 대통령의 GMEI에 대한 대강의 내용이 발표된 후, 여러 개혁안이 발표되었다. 그중에서 앞서 언급한 BMENAI의 대강의 내용에 더하여, "확대 중동의 민주주의와 인간개발(Democracy and Human Development in the Broader Middle East: A Transatlantic Strategy for Partnership)"이라는 이름으로 발표된 "이스탄불 백서(Istanbul Paper, IP)"를 통해 GMEI 내용을 더 구체적으로 파악할 수 있다(http://www.gmfus.org/publications/article.cfm?id=47 2006/ 6/1).[25)]

IP에 의하면, 이제 미국과 유럽이 어떻게 광역 중동에 접근할 것인가에 대한 패러다임이 변할 때, 즉 '새로운 패러다임이 필요한 때'이다. IP는 "독재적 현상유지(autocratic status quo)가 제공해주는 안정성의 망상을 폐기하고 대신에 미국과 유럽의 사회와 가치를 파괴하려고 하는 급진 이데올로그들과 테러리스트 그룹에 대한 대책으로 민주적 전환과 인간 개발(democratic transformation and human development)을 증진시키는 정책을 추진해야 한다"고 주장하고 있다. 광역 중동에서 민주주의와 인간 개발을 증진시키기 위한 범대서양(미국과 유럽) 전략(transatlantic strategy)은 다음과 같은 원칙에 기초해야 한다.

지역적 소유의 문제(Regional Ownership): 그 지역의 민주화와 인간 개발은 토착적 뿌리에 근거해야 한다. 서구적 민주주의는 민주적 변화에 대한 민주적 변화를 위한 어떠한 특별한 형식을 강요해선 안 된다. 그러나 서구 민주주의는 외부에서 정치적으로, 도덕적으로, 물질적으로

---

25) GMF(The German Marshall Fund of the United States)의 회장 케네디(Craid Kennedy)를 포함한 20명의 학자들이 발표했다. 케네디를 제외한 19명의 학자들은 미국인 9명, 독일인 4명, 영국인, 스웨덴인, 터키인, 스페인인, 네덜란드인, 체코인이 각각 1명으로 구성되어 있다. 따라서 이스탄불 백서(Istanbul Paper)가 부시 정부의 GMEI의 내용을 가장 잘 반영한 것으로 판단된다. 2004년 6월 29일은 부시 대통령이 테러리즘으로부터의 방어를 목적으로 개최된 NATO 정상회담 후 이스탄불을 방문하여 갈라타사라이(Galatasaray) 대학에서 "자유가 중동의 미래"라고 연설했던 날이다.

도울 수 있고 도와야 한다.

통치자와 비통치자에 대한 개입 문제(Engaging Rulers and Ruled): 개혁을 위한 주체와 파트너를 정할 때에, 서구는 국가 공직자만을 상대할 수 없다. 오히려 시민사회와 직접 접촉해야 한다. 통치자와 비통치자 모두와 관계하고 모두와 함께 작업을 해야 한다.

이슬람과 민주주의 문제(Islam and Democracy): 그 지역의 국민들이 민주적 거버넌스를 할 수 없다는 주장을 거부한다. 또는 세계 대부분의 다른 지역에서 당연한 것으로 간주되는 것과 같은 권리를 원하지 않는다. 많은 무슬림 사상가들이 설득력 있게 주장하는 것과 같이, 이슬람과 자유민주주의는 모순되지 않는다. 여론조사에 따르면 그 지역의 국민들은 민주주의를 가치 있는 것으로 평가하고 있다.

맞춤형 정책(Tailored Policies): 그 지역의 각 국가들은 자국의 유일한 역사, 문제와 기회를 가진 국가이다. 각 국은 정부, 야당, 시민사회 사이에 공개적 협상으로 얻은 민주적 변화를 위한 자체의 국가적 개혁 계획(national reform plan)을 찾아내야 한다.

신뢰의 갭(Credibility Gap): 서구 정부들은 그 지역에서의 신뢰의 갭 문제를 해결해야 한다. 이것은 단순한 공적 관계의 문제가 아니라 지금까지 서구가 해온 일과 과거의 이중 잣대를 극복하는 문제이다.

IP는 광역 중동에서 민주주의와 인간 개발을 증진시키기 위한 범대서양 전략은 다음 세 가지 기준(pillars)에 기초해야 한다는 점을 강조한다.

첫째, 이들 사회 내부로부터의 민주적 전환과 안정적인 자유민주 정치를 강화하도록 도와주어야 한다. IP는 내부로부터의 민주주의와 인간 개발을 강화시키기 위한 8가지의 요인들을 잘 조화시켜야 한다는 점을 강조한다. ①북아메리카와 유럽정부는 진정한 정치개혁과 좋은 거버넌스(good governance)를 위해 직접적으로 경제지원을 해야 한다. ②그러한 벤치마크는 경제적 지원을 넘어 다른 영역의 협력으로 확대되어야 한다. ③서구는 이 지역의 독재정권의 안보제도들(security institutions)

과의 관계를 재고해야 한다. ④서구는 인권과 민주주의를 위해 이미 일하고 있는 광역 중동의 사람들과 결속을 보여주어야 하고 그들을 방어해 주기 위해 새롭고 공동의 범대서양 벤치마크(transatlantic benchmark)를 구축해야 한다. ⑤그러한 정치적, 도덕적 지지를 넘어서서, 서구는 민주주의 증진과 인간개발을 위한 인큐베이터로서 봉사하고 있는 시민사회와 그룹들에게 물적 지지를 증대시켜야 한다. ⑥광역 중동의 사람들과 서구의 사람들의 접촉은 대폭적으로 확대되어야 한다. ⑦서구의 정부들은 - 특히 미국 정부는 - 민주적 거버넌스 제도를 강화시키기 위해, 특히 한 번 진정한 민주화가 시작되었을 때, 기술적 지원을 할 준비가 되어 있어야 한다. ⑧서구의 정부들은 - 특히 미국 정부는 - 그 지역에서의 우리의 의도와 관련하여 그들이 일관된 메시지를 명확히 하고 분명한 (개혁) 진행 방향을 잡을 때까지 그 지역의 민주 세력을 효율적으로 도와주는 데 한정해야 할 것이다.

둘째, 범대서양 전략은 민주적 전환을 용이하게 할 수 있는 안정적인 지역적 외교정책(secure regional foreign policy context)을 창출하는 작업을 해야 한다. 민주적 변화를 용이하게 하기 위해서는 지역 안보환경을 창출해야 하는데, 지역안보문제는 여섯 가지 문제, 즉 ①이스라엘-팔레스타인 문제, ②아프가니스탄과 이라크의 문제, ③이란 문제, ④민주적이고 세속적인 터키 문제, ⑤동맹국인 이집트와 사우디 문제, ⑥(광역 중동) 지역협력안보 레짐(regional cooperative security regime)을 구축하는 문제를 해결해야 한다.

셋째, 이러한 정책들이 한 세대 또는 그 이상동안 효율적으로 지속되도록 하기 위해 미국과 유럽은 자신들과 그 지역의 파트너들을 재조직할 필요가 있다. 미국과 유럽 및 광역 중동 지역 파트너들을 재조직하기 위해서는 세 주요 영역에서 재조직화하는 것에 초점을 맞추어야 한다. 이를 위해 ①우리의 지식을 향상시켜야 하는데, 그 지역의 종교, 언어, 역사, 문화를 알고, 지도자들에게 가장 최고의 정책을 제안할 기술을 가지고서 그들을 적절하게 설득할 방법을 알고 있는 새로운 학자, 외교관, 군인, 민주주의 구축 세대를 형성할 필요가 있다. 광역 중동에 대한 미국과 유럽의 지식수준과 이해수준은 수년 동안 하향되었다. 새로운 전문가 세대, 새로운 전문가와 재능을 가진 사람들의 인력 풀을 만들 필요가 있다. ②서구와 유럽은 광역 중동의 민주주의와 인간 개발을 우선적 과제로 하기 위해서는 국가안보와 외교정책 편재를 재조직해야 할 필요가 있다. ③범대서양 파트너십을 개혁해야 한다. NATO는 가장 강력한 범대서양을 제도적으로 연계시킨 것이긴 하지만, 그것은 광역 중동에서 민주화와 인간 개발 정책을 수행하기에는 너무 좁은 군사적 동맹일 뿐이다.

III '대중동구상'에 대한 이집트의 대응외교

1. 외교정책 결정 요인

이집트는 나일 계곡에서 중앙 집중적 통치를 했던 파라오 시대부터 원시적 국가(proto-nation)였다. 7세기 아랍이슬람군의 침범으로 아랍화 · 이슬람화 되었다. 수 세기 동안의 외국 통치를 받았고 오랜 기간 동안 반영 독립투쟁을 함으로써 통치 엘리트의 정당성에 중요한 강력한 민족주의가 탄생했다. 나세르(Gamal Abdul Nasser)는 이러한 민족 감정을 자신의 정권을 공고히 하고 서구 지배에 도전하며, 이집트를 지역 강국으로 만드는데 이용했다. 그러나 그의 후계자인 사다트(Anwar Sadat)와 무바라크(Husni Mubarak)는 이집트 외교정책에서 민족주의 야망 보다는 경제적 생존을 해야 하는 상황에 직면하게 되었다. 현재 이집트가 외교정책을 결정하는 데 작용하는 중요한 요인은 다음과 같다.

첫째, 이집트의 지정학적 요인이다. 이집트는 두 대륙과 두 해양(지중해와 인도양)을 서로 이어주는 연육교(land bridge)로서의 전략적 위치에 놓여있다. 훌륭한 문명의 중심지이고, 아랍이슬람 세계의 동서로 날개가 걸쳐있는 아랍 국가이기 때문에 이집트는 지역적 지도력을 발휘할 수 있는 위치에 있다. 또한 정복 루트에 위치해 있기 때문에 역사적으로 외부 강대 세력의 정복 목표가 되었다. 이집트는 나일강의 수자원에 의존하고 잇기 때문에 나일 수자원 관련국들과의 관계가 매우 중요하다. 그래서 전통적으로 이집트 통치자들은 아나톨리아나 유프라테스 계곡의 다른 강국들과 경쟁하면서 수단, 시리아, 아라비아로 권력을 확대하려는 계획을 세웠다. 거의 600여 년 동안 카이로는 몽고와 십자군으로부터 이슬람 세계를 방어한 아랍-이슬람왕국, 즉 파티마 왕조(Fatimids), 아유브 왕조(Ayyubids), 맘룩왕조(Mamluks)의 중심지였다. 오스만 제국의 한 주였지만, 이스탄불의 권력이 약화되자 근대화를 시작한 통치자 알리(Muhammed Ali)를 중심으로 오스만 제국에 저항하고 지방 왕조를 재건했다. 나세르 시대에 이집트는 아프리카, 아랍, 이슬람이라는 세 동심원의 중심, 즉 아랍 핵심 국가가 되었다. 1967년 이스라엘과의 전쟁에서 패배함으로써 시나이를 잃었고, 1979년 이스라엘과의 평화협정으로 시나이 반도를 회복하긴 했지만, 아랍연맹으로부터 추방당하였다. 사다트와 무바라크 정권 하에서 이집트는 아랍지역에서 여러 강국 중 하나로서의 역할만을 해 왔지만, 아랍연맹에 재가입한 이후부터 친서구 정책의 지속과 중동 평화의 중재자 역할을 하고 있다(Hinnebusch 2002, 91-92). 역사적으로 이집트 외교정책은 지정학적 위치의 영향을 받아 왔다고 할 수 있다.

둘째, 국가 또는 정권의 정체성과 국내정치가 외교정책 결정에 영향을 미치는 주요 요인이다. 국가 정체성 또는 정권 정체성은 외교정책 유형을 형성하는 데 무엇을 우선적으로 선택해야 하는가를 결정하는 중요한 요인이 된다. 이집트 정치엘리트들이 추구해 왔던 정체성들에는 민족 정체성(national identity), 아랍정체성, 이슬람정체성, 중동정체성

(Middle Eastern identity), 아프리카정체성(African identity), 지중해정체성(Mediterranean identity) 등이 있다(Karawan 2002, 156). 역사적으로 형성된 국가-사회 관계의 여러 특징들, 특히 이슬람적 특수성은 다른 지역의 행위자들에 비해 이집트의 외교정책 영역에서 국가 행위를 막거나 축소시키기도 하고 촉진시키기도 한다(Birnbaum 1982, 36-48; Jakson 1982; Karawan 2002, 155).

이집트의 민족 정체성은 획일적인 아랍주의(undifferentiated Arabism)에 통합되지는 않았다. 이집트는 이슬람이 전파되기 이전에 오랜 기간 동안 고립된 나일 계곡에 존재하면서 인종적 동질성을 유지해 왔기 때문에 이집트 특유의 민족 정체성을 가지고 있다. 영국 식민지 시기에 아랍 세계와 분리되었고, 소수 서구화된 상류 계층은 이집트를 '지중해 국가(Mediterranean)' 또는 '파라오 왕국(Pharaonic)'으로 간주했다. 그러나 가장 많은 이집트인들은 이집트가 아랍이슬람 정체성(Arab-Islamic identity)을 가지고 있는 것으로 본다. 이집트인은 아랍어를 말하고 인구의 90% 이상이 무슬림이다. 1930년대 독립운동 과정과 시오니스트의 팔레스타인 식민지화를 경험하면서 더욱 더 심화된 아랍이슬람 정체성을 갖게 되었다. 경쟁 관계에 있던 파루크(Faruq) 국왕과 와프디스트(Wafdist) 지도자 무스타파 알-나하스(Mustafa al-Nahhas)는 국민의 지지를 얻기 위해 아랍-이슬람 감정을 이용했다. 그러나 나세르는 아랍이집트인 정체성(Arab content of Egyptian identity)을 형성했다(Hinnebusch 2002, 93-94). 가끔 국가는 이집트의 문화적, 정치적 정체성들의 복잡한 문제들을 통제했고, 실질적인 토론 없이 가장 상위의 정체성(primary identity)을 국가가 결정해야 한다고 주장했다. 이러한 상황 하에서 국가가 결정한 집합적인 가장 우선적인 정체성(state-determined collective primary identity)에 대한 어떠한 사회적 도전은 정당성이 없는 것으로 간주되었다. 그럼에도 불구하고, 지난 30여 년 동안 이집트 외교정책을 결정할 때에 정체성과 정체성의 역할에 관한 논쟁이 있었다. 이집트가 아랍-이스라엘 갈등에 개입하지 않고, 아랍연합으로부터 이탈함으로써 외교정책을 재구성하기로 할 때에 가장 중요한 논쟁이 발생했다. 국가중심적 정치정체성에 대한 옹호(advocates of state-centered political identity)와 아랍중심적 정치정체성의 지지(proponents of Arab-centered political identity)가 이러한 논쟁의 중심이었다. 위기 시에 이 각각의 정치정체성은 주요 외교정책을 선택하는 데, 고무적인 것이 될 수도 있고 방해하는 것이 될 수도 있을 것이다(Karawan 2002, 155-156). 오스만의 이집트 통치는 크게 억압적이지 않았고, 영국 식민지도 정체성의 변환을 강조하지 않았으며, 사회는 인종에 따라 파편화되지 않았다. 그러므로 이집트에서 아랍 민족 정체성(Arab national identity) 보다 이집트 민족 정체성(Egyptian national identity)을 우선시하는 기반이 훨씬 넓게 퍼져있었다.

이집트는 나세르 시대에 새로운 통치엘리트의 사고방식에 따라 국가의 경제적, 사회적 정체성뿐 아니라 문화적, 정치적 정체성을 재구성할 것을 열망하는 행동주의자 국가(activist state)에 의해 정체성이 크게 변환되었다. 1960년대 동안에는 '국가사회주의(state socialism, ishterakiyat al-dawlah)'에 관한 많은 서적이 출판되었다. 이전에는 큰 관심을 받지 못했던 '국가아랍주의(state Arabism, urubat al-dawlah)'에 관한 서적도 출판되었다. 실은 국가아랍주의 또는 이집트 국가정체성의 재구성이 시작된 시기는 1950년대 중반으로 거슬러 올라간다. 나세르는 이집트에서 '아랍민족주의(Arab nationalism)'을 고안해내지는 않았지만, 팔레스타인전쟁 경험(1956년 제2차 중동전쟁)을 통해 이집트의 정체성 차원에서 아랍민족주의를 보았다. 그는 군사쿠데타 직후에 이집트에 정치적으로 적합한 여러 정체성, 즉 아랍적인 것(Arab), 이슬람적인 것(Islamic), 아프리카적인 것(African)을 만들어 냈다. 1955년에, 확실히는 수에즈전쟁 다음 해에 국가기구들은 아랍주의를 강조했고, 다른 정체성들도 관련은 있지만 매우 중요한 것으로 간주되지는 않았다. 그러나 1967년 전쟁에서 패배함으로써 이집트 사회에서 (이슬람주의자들을 중심으로) 이슬람 정체성이 강화되었다. 이슬람주의자들은 1967년 패배는 나세르 정권이 올바른 알라의 길로부터 일탈했고, 정권이 범아랍주의와 아랍사회주의와 같은 세속적 대의명분(secular causes)을 정치적으로 강조했기 때문이라고 주장했다.

사다트 정권은 새로운 정체성을 형성했는데, 사다트 자신과 주요 엘리트들은 '이집트 우선성이라는 정치 정체성(Egypt's primary political identity = 'Egypt first' identity)'을 형성했다. 이들은 사다트 자신의 신념인, 그리고 그의 정치적 목적과 행동에 영향을 미치고 있는 '이집트 민족주의의 우선성(primacy of Egyptian nationalism)'에 초점을 맞추었다. 사다트는 자신을 아랍인으로서 보다는 이집트인으로 규정함으로써 상황에 대한 인식은 훨씬 더 유연해졌다. 따라서 사다트가 1973년 10월 전쟁(제4차 중동전쟁)을 끝내고 정전을 추구함으로써, 그리고 불개입 합의(disengagement agreements, 1974-1975)를 수용하고 이스라엘과 협상하고 합의(1977-1978)하는 것이 이집트의 이익이 된다고 주장했을 때, 10월 전쟁을 가능하게 만들었던 아랍연합(Arab coalition)을 유지시키는 데에 관심을 갖지 않았다. 아랍 세계는 이러한 움직임을 이집트의 '변절'의 표명으로 보고 사다트를 비난했고, 아랍연맹에서 이집트를 제명시켰다.

무바라크 시대에 '아랍주의자라는 정치 용어(Arabist political language)'가 정치적 반대자들 사이의 담론에서 뿐 아니라 국가의 공식적 발표에서도 널리 사용되었다. '정치적 아랍주의자(political Arabist)'라는 이름으로, 이집트는 팔레스타인을 지지했고, 중동에서 이스라엘의 핵무기 독점권을 포함한 아랍-이스라엘의 갈등문제를 해결하기 위해서 이스라엘과 보다 정상화된 관계를 설정했다. 이집트는 이스라엘과의 평화협정 이후 아랍 국가들과의 관계를 재구축했다. 이집트는 리비아, 이라크, 수단에 강요된 경제제재의 중단을 지지했다. 무바라크 정권은 1998년 시리아와 터키가 군사 대결을 하지 않도록 하는 데 적극적인 역할을 했다.

또한 2000년 제2차 팔레스타인 인티파다에 이스라엘이 무력으로 대응하려는 것에 항의하기 위해 텔아비브로부터 이집트 대사를 소환하기로 결정하기도 했다(Karawan 2002, 158-168).

셋째, 이집트 외교정책에 영향을 미치는 주요 요인은 반제국주의 비동맹과 점증하고 있는 경제적 종속성 사이에 존재하는 긴장이다. 역사적으로 오랜 기간 동안의 식민 경험을 통하여 매우 강한 반식민주의가 팽배해 있고, 나세르는 이를 반영하여 강력한 민족주의를 정치 이념으로 수용했다. 그러나 외국(특히 미국)으로부터의 식량 원조를 받아야 했고, 60년대의 경우 수출의 60% 이상을 면에 의존하는 경제체제, 수입대체산업화의 실패, 1967년 전쟁 후 막대한 복구비용(67-75년 사이에 250억 $), 만성적인 부채 등으로 고통 받고 있다. 이스라엘과의 평화협정 이후, 매년 미국으로부터 20억 달러의 원조를 받고 있으나, 그 원조의 대부분은 값비싼 미국 무기를 구입하는데 들어가고 있다(Hinnebusch 2002, 94-96).

넷째, 총체적 균형 외교와 역할 찾기(omni-balancing and search for a role)가 이집트 외교정책 결정에 또 하나의 요인으로 작용하고 있다. 지정학적 중심성, 아랍세계에서의 이집트의 지위, 외부 세계와 중동 지역 사이에 균형 외교의 필요성 등이 외교정책 결정의 주요 요인으로 작용하고 있다(Hinnebusch 2002, 96-97).

2. 외교정책 결정 행위자로서의 대통령

일반적으로 권위주의 국가의 헌법은 대통령의 배타적 특권을 대통령 고유 권력과 일치시킨다. 이집트의 경우, 외교정책이 리더십을 강화하기도 하고, 파괴시키기도 했다. 그래서 역대 대통령들은 외교정책을 자신들의 배타적 특권으로 만들었다. 이집트 헌법에 의하면, 대통령은 최고 명령권자이고, 전쟁 선포, 조약 체결의 최종 결정자이며, 의회에 제안도

하고 거부권도 행사한다. 국회가 위임한 긴급조치권 하에서 포고령을 통해 통치하기도 한다.[26)]

나세르의 카리스마는 무엇보다도 제국주의에 대한 그의 민족주의 승리에 근거하고 있고, 1967년 이스라엘에 패배함으로써 나세리즘은 쇠퇴하기 시작했다. 1952년 쿠데타 이후, 카리스마적 지도력을 가진 나세르는 토지개혁, 복지 프로그램, 국가 고용(state employment) 등 혁명과업을 성취함으로써 대중들의 압도적 지지를 받았다. 그러나 그는 다원주의를 억압하고 대통령 지배, 군부 지도력, 권위주의적 관료주의 정권을 창출했다. 정권 초기에 나세르는 외교정책을 결정할 때에 혁명 동지였던 자유장교단(Free Officer)과 상의했으나, 수에즈 운하 국유화 문제를 일방적으로 결정하고 이 결정이 성공하면서부터, 나세르는 주위의 동의를 구하지 않고 내각과의 정책토론도 하지 않았다. 나세르 사망 이후 사다트도 외교정책결정에 있어서 대통령의 특권을 주장했다. 그는 사회주의 노선의 정책을 추진해 왔던 좌익 자유장교단과의 권력투쟁 과정에서 동안(East Bank)으로부터 이스라엘군이 부분 철수한다는 조건으로 수에즈 운하를 개방하기로 일방적으로 결정했다. 1973년 전쟁 결정 시에 군부, 정치엘리트들과 상의하긴 했으나 권력과 정당성을 공고히 한 후부터 대통령의 일방주의 전통을 강화했다. 1973년 전쟁 이후, 이스라엘과의 불개입 협정(disengagement agreements)인 시나이 I (Sinai I)과 시나이 II(Sinai II) 협상 과정에서나 이스라엘 방문 결정 시, 최고위 정책 고문, 의회, 정당의 의견을 배제했다.

무바라크 대통령의 경우, 외교정책 결정시 대통령의 통제력을 계속 이어가고 있긴 하지만 전임 대통령들에 비해 측근 고문이나 외교장관의 의견을 고려하고 있다(Hinnebusch 2002, 98-100). 무바라크 정권의 외교정책의 주요 도전은 ①나세르 정권 하에서 구축된 아랍 민족주의를 유

---

26) 무바라크 대통령은 1981년부터 현재까지 계엄령 하에서 통치하고 있다.

지하고, ②미국, 이스라엘과 밀접한 관계를 유지하면서도 사다트의 정책(이-이 평화협정)으로 발생한 아랍세계로부터의 고립을 조화시키는 것 사이의 모순을 해결하는 것이었다.

첫째, 무바라크 대통령의 아랍정책은 성공적이었다. 거의 10년이 걸리긴 했지만, 무바라크는 이집트를 아랍세계에 재통합시키는 데 성공했다. 1983년 아라파트가 이란의 지원을 받고 있는 시리아와 싸울 때, 팔레스타인 저항운동의 후원자가 됨으로써 이집트의 고립은 해소되기 시작했다. 이란과 근본주의의 확대를 두려워하고 있던 아랍 석유 생산국들은 이집트를 균형추로 보았고, 아랍세계의 중심지로서 부분적으로 인정해주었다. 1989년 아랍연맹 재가입, 이라크, 예멘, 요르단과 함께 비산유국 온건 기구인 아랍협력위원회(Arab Cooperation Council) 창설로 이집트는 이라크가 쿠웨이트를 침공하기 전까지 아랍국가간 정치의 중심지가 되었다. 무바라크 대통령은 이집트를 아랍 세계의 조정자, 안정자로 발전시켰다. 무바라크는 모든 아랍 정권과 선린 관계를 구축하려고 노력했다. 그 결과 보수적 아랍 산유국, 특히 캠프 데이비드 협정 이전에 이집트의 주요 동맹국이었던 사우디아라비아와 관계가 급속도로 호전되었다. 대신에 테러에 격노하고 있는 미국에 대한 대항의 후원자 역할을 하고 있는 민족주의 세력인 시리아, 리비아와의 관계를 재조정했다. 무바라크는 아랍 국가들 간 갈등을 중재했고, 억지군(deterrent force), 아랍 세력균형자, 이스라엘과 이란과 같은 잠재적인 위협에 대항하기 위해 잘 무장된 군대를 양성했다. 무바라크는 대부분의 아랍 국가들이 희망하는 아랍-이스라엘 갈등의 공평한 해결사가 됨으로써 이집트를 아랍 중추국가로 만들었다. 1980년대 내내 이집트 외교 전략의 가장 큰 장애는 이스라엘의 리쿠드당 정권이었다. 이스라엘의 이라크 핵시설 및 투니스에 있는 PLO 본부의 폭격, 1982년의 레바논 침공은 이집트와의 평화협정으로 이스라엘 남부 국경이 중립화되어 있었기 때문이었다.

둘째, 무바라크 대통령은 사다트 정권이 재정립한 이집트-미국 관계를 계속 유지했다. 미국의 경제 지원, 군사원조, 안보협력에 대한 대가로 이집트는 미국이 아랍세계로 들어가는 관문 역할을 해주었다. 이집트는 반서구 급진주의에 반대하는 안정자로서 역할을 했고, 아랍 국가들이 이스라엘을 받아들이도록 하는 중심 역할을 했다. 그러나 이스라엘이 평화를 깨는 행위를 하고 있음에도 불구하고 미국이 이스라엘을 적극적으로 후원했기 때문에 미국과의 관계는 1980년대 내내 그의 정권에 부담이 되었다. 미국에 대한 경제적 종속성 심화, 1985년 아킬레 라우로(Achille Lauro) 납치사건[27] 이후 미국이 이집트 정기여객선을 강제 착륙시킨 사건 등은 이집트인들의 민족적 분노를 일으켰고 거리 시위를 초래했다. 무바라크 정권은 1985년 리비아에 대적하기 위한 반테러 행위에 협조하라는 미국의 압력과 라스 나마스(Ras Namas)에 영구 군사기지를 건설하겠다는 미국의 제안을 거절하기도 하고, 미국의 압력에 굴복하긴 했지만 이스라엘의 NPT 탈퇴에 대해 강하게 저항하기도 했다. 그러나 미국의 대체 세력으로 유럽이나 소련을 선택할 수 없었다. 오히려 무바라크 정권은 미국의 새로운 적인 이슬람 테러리즘의 공격을 막아주는 새로운 역할을 했다. 친미 정책은 근본적인 모순을 안고 있다. 즉 국방 관계자들은 미국의 후원을 받는 이스라엘을 이집트와 아랍 국가들의 주요 군사 위협국으로 보고 있지만, 이집트의 미국에 대한 군사

27) 1985년 10월, 중무장한 네 명의 팔레스타인 테러리스트들이 400명 이상의 승객과 승무원을 태운 이탈리아의 여객선 아킬레 라우로호를 지중해상에서 납치하여 이집트에 입항한 사건. 납치범들은 이스라엘이 50명의 팔레스타인 죄수들을 석방할 것을 요구했다. 납치범들은 69세의 미국인 장애인인 레온 클링호퍼(Leon Klinghoffer) 씨를 살해하여 그의 휠체어와 함께 바다에 던져버렸다. 이틀 후, 납치범들은 안전통행을 약속받고 항복했으나, 그들을 풀어주기 위해 이집트 제트기가 그들을 태우고 이륙했을 때, 미 해군 소속 F-14 전투기가 이들을 시실리에 강제 착륙시켰다. 테러리스트들은 이탈리아 당국에 넘겨졌다. 미국의 대항 테러조직(counter- terrorist units)인 델타 포스 (Delta Force)와 실 팀 식스(SEAL Team Six)가 이 납치사건을 해결하려고 준비했으나, 실제로 행동하기 전에 상황이 종료됨으로써 이 사건은 해결되었다.

의존성은 이스라엘로부터 아랍 국가들의 안보를 보장하는 데 잠재적 역할을 한다는 것이다. 미-이스라엘 관계와 미-이집트 관계는 미국을 축으로 하는 미-일, 한-미 관계를 연상케 한다.

Ⅳ 무바라크 정권의 외교정책 기조와 '대중동구상'에 대한 대응외교

제4기 무바라크 정권(2000년-2005년)의 외교정책 기조를 통하여 제5기 무바라크 정권(2006-2011년)의 외교정책 기조를 파악할 수 있다. 이집트 외교정책은 국내정치에 비해서 정부와 반대자들 사이에 큰 갈등은 없었다. 1922년 이후, 특히 1952년 6월 혁명 이후 이집트 외교정책의 주요 특징은 초강대국과 외부 동맹 세력으로부터 독립을 유지하는 것이었다. 무바라크 대통령의 주요 외교정책은 정치적 성향과는 관계없이 국내의 대다수 정치권력의 승인을 받았다. 무바라크 외교정책의 특징은 국가의 경제적 이익과 밀접하게 관련되어 있다. 1990년대 양극 체제의 붕괴로 세계질서가 변동함으로써 이집트인들의 중심 가치에 영향을 미치진 않았지만, 이집트인들이 인식하고 실천하는 방식에는 영향을 미쳤다. 이집트 외교정책은 이집트의 지역적, 국제적 역할을 공고히 하는 데 목적을 두었다. 이집트의 외교정책은 이집트의 인적, 물적 잠재력 이상의 역할을 했다. 그 이유는 이집트의 오랜 역사, 지리적 위치, 동서 문화가 혼합된 문화 때문이다. 이집트는 또한 적대감, 광신적 행위, 극단주의를 제거하고, 인내심과 온건함을 강조함으로써 전통과 현대를 조합하는 데 성공했다. 이러한 특징들이 이집트 주요 외교정책에 반영되고 있다. 무바라크 대통령의 외교 정책 기조를 요약하면 다음과 같다.

첫째, 무바라크 대통령의 외교정책은 아랍-이스라엘 평화 과정을 공고히 하는 데 목표를 두고 있다. 무바라크는 이-이 평화조약 체결 2년 후인, 그리고 시나이반도로부터 이스라엘군이 완전히 철군하기 전인 1981년에 대통령이 되었다. 당시에 이집트에 대한 아랍 국가들의 적대감은 매우 컸기 때문에 이집트는 두 가지 외교 목표, 즉 평화 조약을 실천함과 동시에 이집트-아랍 관계를 복원해야 했다.[28] 1980년대에 이 두 목표는 성공적으로 달성되었다. 1990년 8월 이라크의 쿠웨이트 침공은 아랍 통합의 희망은 사라지고, 아랍의 단결력을 약화시켰다. 그러나 아랍-이스라엘 평화의 중요성은 증대되었다. 1990년대에도 이집트는 아랍-이스라엘 평화과정을 중요한 외교목표로 설정했고, 이 정책은 현재까지도 지속되고 있다.[29]

둘째, 이집트 외교정책의 두 번째 목표는 종속보다는 평등의 원칙에 기초하고, 이집트 정책결정의 독립성을 양보하지 않고서 미국과 선린관계를 유지하는 것이다. 이러한 미-이 관계는 중동 지역 강국과 세계질서의 정상에 있는 초강대국 사이에 꼭 필요한 관계이고, 이러한 관계는 중요한 지역문제에 대한 양국 사이의 협력을 통해 확인된다. 무바라크 정

---

28) 1977년 사다트의 이스라엘 방문, 1978년 캠프 데이비드 협정 체결, 1979년 이-이 평화조약 체결은 중동 지역의 정치에 근본적인 변화, 즉 대결 전략으로부터 전략적 선택으로서의 평화 전략으로의 변화를 보여주는 것이었다. 이스라엘과 평화조약을 체결함으로써 이집트는 1979년부터 1989년까지 다른 아랍 국가들에 의해 아랍연맹으로부터 추방되었다.

29) 이집트는 미국과 러시아의 후원 아래 중동평화에 대해 토론하기 위해 그 지역의 주요 행위자들이 모였던 1991년 마드리드 평화회담에서 중요한 역할을 했다. 아랍-이스라엘 평화 외교는 오늘날까지 지속되고 있는데, 무바라크 대통령은 가끔 평화협상을 증대시키기 위해 중재자 역할을 해 왔다. 무바라크는 빌 클린턴과 다른 세계 지도자들이 참석한 1996년 샤름 엘-셰이크(Sharm El-Sheikh) '평화 정상회담(Summit of Peacemakers)'을 주재했다. 캠프 데이비드 협상을 계속하기 위한 노력의 일환으로 2000년에 샤름 엘-셰이크에서의 두 번의 정상회담, 타바(Taba)에서의 한 번의 정상회담이 있었는데, 이때도 무바라크가 주재했다. 무바라크는 중동평화과정을 논의하기 위해 2003년 6월 부시를 초대했고, 2005년 초 샤름 엘-셰이크에서 개최된 이집트, 이스라엘, 팔레스타인 자치정부, 요르단의 정상들이 참석한 정상회담도 주재했다.

권 기간 동안 중동과 전 세계의 핵무장, 이스라엘과의 평화과정에 대한 상세한 내용, 리비아, 이라크, 수단에 대한 이집트 정책과 같은 문제에 있어서 양국 사이에 많은 의견 차이가 있었다. 그러나 이러한 의견 차이는 이집트 외교정책의 독립성을 약화시키지 않았고, 오히려 높여주었다.

셋째, 이집트는 테러리즘과 폭력을 반대하고 평화를 강조해 왔다. 무바라크 대통령은 중동에서 핵무기를 제거하고, 국제 테러리즘에 대항하기 위해 협력할 것을 제안했다. 미국은 후자의 문제에 대해서는 동의했으나 미-이스라엘 간 특별한 관계 때문에 첫 번째 문제(이스라엘 핵문제)에 대해서는 동의하지 않고 있다.[30] 이집트와 중동 아랍 국가들은 미국의 이러한 정책을 이중 잣대(double standard)라고 비난해 왔다. 또한 나세르 정권의 외교정책은 주로 아랍, 아프리카, 이슬람 문제에 집중했으나, 무바라크 정권의 외교정책은 아시아 국가들과[31] 장래 지역 협력에서 중요한 역할을 하게 될 지중해 국가들을 포함한 새로운 지역으로 확대되었다.

이와 같은 무바라크 제4기 외교정책은 제5기 외교정책에서도 크게 변화할 것으로 보이지 않는다. GMEI가 발표된 이후, 이집트는 미국과 직접적인 대립각을 세우기보다는 수용외교를 통해 대응하고 있는 것으로 판단된다.

---

30) 이집트는 중동-아프리카에서 이스라엘을 제외하고 가장 강력한 군대를 보유하고 있다. 1990-91년 걸프 위기 시에 쿠웨이트를 해방시키기 위해 반이라크 전선에 35,000명의 군대(연합군 내에서 미국, 영국 다음으로 세 번째 규모)를 파견했다. 이집트는 시리아 및 걸프 국가들과 함께 걸프안보를 강화시키자는 다마스커스 선언에 서명했다. 이집트는 유엔 평화유지군으로서 역할을 해왔다. 가장 최근에는 동티모르, 시에라리온(Sierra Leone), 리베리아에 평화유지군을 파견했다. 2001년 9.11 테러 이후, 테러리스트의 테러 목표가 되고 있는 이집트는 미국의 테러리스트와 테러리스트 조직에 대한 전쟁에 주요한 지지자 역할을 하고 있다. 이집트는 1998년 3월에 아랍연맹 국가들의 국제테러리즘과의 전쟁 조약 체결에 크게 기여했다.

31) 중국의 국제 정치에 있어서의 역할 증대와 경제적으로 크게 영향력을 확대해온 일본, 인도, 한국 등 네 마리 용이 된 국가들

중앙집중적인 계획 경제를 실시한 나세르의 사회주의 경험은 결국 국가에 부채를 남겨두었고, 사다트의 경제적 재구조화(infitah), 즉 자본주의 경제발전 추진은 그 문제를 해결하는 데 큰 도움이 되지 않았다. 인피타흐는 생산적인 또는 수출지향 산업에 투자를 유도하는 데 실패한 채로 소비 붐만 초래했다. 더욱이 무바라크 대통령은 개인적인 권위 체제에 잠재적으로 도전할 수 있는 새롭게 구성된 다당제 활동이라는 것을 유산으로 이어받았다.

사다트 재임 기간이었던 1971년 헌법 76조에는 중임제(two-term limitation)가 규정되어 있었으나, 1980년에 자신이 3기에 들어갈 수 있도록 헌법을 개정했다.[32] 무바라크도 대통령이 된 이후 첫 몇 해 동안 자신을 '민주주의의 확고한 옹호자'로 묘사했다. "민주주의는 우리의 미래를 가장 잘 보증해 줄 것이다" "정책 결정의 독점을 원하지 않는다"라고 말함으로써 장기집권을 원하지 않는 것처럼 주장했다(Kassem 2004, 27). 그는 1984년에 "나는 대통령직을 2회 초과해서는 안 된다고 믿고 있다..... 나는 이 규칙이 적용되는 최초의 대통령이 될 것(BBC

32) 6년 임기의 대통령제인 이집트 헌법은 1970년 국민 찬반투표(referendum)로 승인을 받았고, 1980년과 2005년에 국민 찬반투표로 개정되었다. 무바라크 대통령은 1981년 10월 14일 대통령에 취임했고, 1987년, 1993년, 1999년(의회에서 단일 후보를 결정 한 후 국민 찬반투표로 최종 결정하는 간선제), 그리고 2006년(다수 후보 출마와 국민이 직접선거를 통해 선출하는 직선제)에 대통령에 당선되었다. 2005년 5월 25일 실시된 헌법 개정 국민투표에서 신헌법안은 투표자의 82% 이상의 지지를 받았다. 그러나 와프드당을 포함한 야당들은 이 국민투표를 반대했다. 왜냐하면 2005년 신헌법은 대통령 후보자는 140명의 지방의원(local council members, 26개 지방위원회 중 14개 지방위원회에서 각 10명), 65명의 하원의원(People's Assembly, 총 454명임. 그중 444명은 선출, 10명은 대통령이 임명), 상원에 해당하는 25명(총 264명, 그중 2/3는 선거에 의해, 1/3은 대통령 임명)의 슈라위원회(Shura Council) 위원을 포함하여 선출직 공무원 250명의 지지를 받아야 하고, 후보자가 속한 정당은 설립 후 최소한 5년 이상이 되어야 한다고 규정되어 있기 때문이다.

1984/6/26; Kassem 2004, 27)"이라고 말한 바 있다. 그러나 민주주의에 대한 그의 견해는 바뀌었다. 1987년에 다른 개도국과 마찬가지로 이집트가 가장 우선적으로 해야 할 일은 경제개발이라는 인식 하에 '민주주의는 하룻밤 사이에 성취될 수 없다'고 주장했다. 개발독재의 논리를 공개적으로 주장하기 시작한 것이다. 이러한 민주주의에 대한 입장 변화는 '민주주의를 옹호한 것'이 자신의 지위를 정당화하고 권력을 공고히 하기 위해서 민주주의를 옹호한다는 이미지를 미리 기획했다는 것을 의미한다. 이러한 인식변화 하에서 2005년 헌법 개정과 개정 헌법에 의한 대통령 선거에서 당선된 무바라크는 2006년부터 제5기 대통령직에 들어갔다.

미국의 '대중동구상'은 이집트 무바라크 정권의 외교정책에 새로운 도전으로 작용하고 있다. 2003년 '대중동구상' 및 이집트 시민들의 민주화 시위에 대한 대응으로 무바라크 정권은 헌법 개정을 통해 복수 후보 출마와 직접 · 비밀 선거 등을 골자로 하는 선거제도를 도입했다.[33)]2005년 2월 26일, 대통령의 고향인 카프르 알-무셀하(Kafr al-Muselha)가 있는 나일 델타(Nile delta)에 위치한 메노우피야 대학(University of Menoufiyah)에서의 연설에서 '대통령은 모든 정당들이 참여하는 복수입후보자에 대한 직접 · 비밀 투표로 선출될 것'이라고 밝히고 국민의회에 헌법 개정을 요구했다. 기존 헌법 76조를 개정하여 대통령 직선제를 수용한 것이다. 이러한 연설이 있기 전후에 무바라크의 연임 및 권력 세습 반대, 정치 개혁, 언론 통제 및 검열 폐지 등 민주화를 요구하는 '키파야(Kifaya)' 운동이 일어났다.[34)] 국내외로부터 정치개혁 요구 압력이

33) 미국의 '대중동구상'에 대한 무바라크 정권의 대응 외교정책은 수용적(accommodative) 외교형태를 띠고 있다고 판단된다.

34) 키파야는 아랍어로 '충분하다'는 의미를 가지고 있다. 키파야는 '이집트 변화운동(Egyptian Movement for Change)'이라는 새로운 조직이 주도했다. 그러나 키파야는 '어떻게 이집트가 변화해야 하는가'라는 구조적 전망이라기보다는 무바라크 개인에 대한 저항운동이라는 한계를 보여주었다

높아지자 무바라크는 이에 대해 대응하지 않을 수 없게 된 것이다.[35] 이에 따라 2005년 5월 개헌 국민투표를 통해 새로운 헌법이 채택되었고, 무바라크는 9월 대통령 선거를 통해 제5기 대통령직에 들어섰다. 2005년 9월 7일 선거에서 국민민주당(NDP, National Democratic Party, Al-Hizb Al-Watani Al-Democrati)의 후보였던 무바라크는 투표자의 88.6%인 6,316,714 명의 지지를 받았고, 내일당(TP, Tomorrow Party, Hizb Al-Ghad)의 후보였던 누르(Ayman Nour)는 7.3%(540,405명), 신와프드당(New Wafd Perty, Hizb Al-Wafd Al-Zadid)의 고마아(Numan Gomaa)는 2.8%(201,891명)를 득표했다(http://en.wikipedia.org/wiki/politics_of_egypt2006/6/10).[36]

이러한 헌법 개정, 선거 과정 및 선거 결과가 이집트의 정치 개혁을 담보할 것인가에 대해서는 부정적인 견해가 많은 것으로 판단된다. 요약하자면, 부시 대통령의 '대중동구상'에 대한 이집트의 반응은 크게 두 형태를 띠었다.

첫째, 이집트 정부의 반응이다. 여당인 NDP를 통하여 제안된 개혁안들은 자발적인 적극적인 개혁 조치가 아니라 무언가 형식적, 장식적인

(International Crisis Group 2005, i).

35) 이에 대해 언론들은 1990년대 동유럽에서 확산된 '민주화의 봄'에 이어 2000년대에 불어 닥친 (외부의 강제에 의한) 아프가니스탄과 이라크의 선거혁명, 2003년 장미혁명(그루지아), 2004년 오렌지혁명(우크라이나), 2005년 백향목혁명(레바논), 1989년 벨벳혁명(체코)에 빗대어 '나일강혁명'이 일어나고 있다고 보도했다. 이집트는 1952년 왕정이 무너진 후 처음으로 대통령직선제를 수용한 것이다. 기존의 선거 방식은 총 454명으로 구성된 의회(2005년 현재 집권 여당인 국민민주당이 80% 이상을 차지하고 있었음)가 단일 후보를 지명하고, 국민의 찬반토표로 대통령을 최종 확정했었다.

36) 2005년 11월 7~12월 9일 사이에 치러진 국회의원(People's Assembly, 하원에 해당됨) 선거에서 총 454석 중 국민민주당이 의석의 68.5%인 311석을 차지했고, 무소속의 무슬림형제단(Independents = Muslim Brotherhood)이 88석(19.4%), 기타 무소속(Independents)이 24석(4.6%), 신와프드당 6석(1.3%) 등을 차지했다(http://en.wikipedia.org/wiki/politics_of_egypt 2006/6/10 검색).

것에 불과하고, 미국과 같은 외적인 개혁 압력에 대한 이집트 정부의 대응을 표현하는 정도이다. 그러나 몇 가지 정부 차원의 민주화 조치를 취했다. 2004년 10월, 과거에 세 번이나 선거 참여를 거부했던 야당인 내일당(TP)에게 선거 참여를 허용한 이집트 정부 조치는, 오래 가지는 못했지만, 이집트 민주주의에 매우 가치 있는 것이었다.[37] 세속 정당인 TP는 입법부를 강화시킴으로써 대통령과의 균형을 이루어야 한다는 친개혁 정강정책(pro-reform platform)을 선전했다.

또한 무바라크 대통령은 2005년 2월 말에 발표한 다수 후보가 참여하는 대통령 선거(multi-candidate presidential election)를 실시하겠다고 발표했고, 2005년 가을에 예정되어 있는 선거에서 공정한 선거를 하겠다는 추가 조치가 필요하긴 했지만, 다수 후보가 경쟁하는 선거를 치루겠다고 발표한 것만으로도 이집트 민주주의를 향한 커다란 첫걸음이었다. 또한 자유주의 성향을 가진 두 개의 일간지가 출판되는 것을 허용했다.

그러나 여러 회의와 모임에서 개혁 필요성에 관해 토론했음에도 불구하고, 근본적인 정치 개혁의 장애물이 존재한다. 미국의 '대중동구상'에 대한 대응으로 2003년 9월 NDP 협의회(NDP conference)에서 '신사고(new thinking)'를 홍보하고 애매한 개혁안을 제안하면서 민주적 개혁 필요성에 대해 피상적으로 언급했다. 2004년 NDP 협의회에서도 여러 소폭 개혁 조치를 소개했지만, 당은 무바라크 대통령을 5대 대통령 후보로 선임했고, 결국 그가 새로운 대통령으로 선출되었다. 또한 NDP 지도자들은 23년간 지속된 긴급조치법을 폐지하고 대통령 임기를 제한하라는 야당의 요구를 거부했다. 또한 2004년 5월에는 이슬람주의 행동가들을 탄압하면서 50명을 체포하고 무슬림형제단(MB)의 웹사이트를 폐쇄했다. 이에 대해 다양한 정치적 견해를 가진 그룹들을 대표하는 반대 세력들은 정부의 개혁안을 회의적으로 보았다. 결국 이집트 정부의 피상

37) Al-Ghad는 '내일(tomorrow)'이란 의미가 있음.

적인 정치개혁은 탈 무바라크 시대에나 가능하게 되었다. 이집트 정부의 개혁조치는 외부 압력에 의해 어쩔 수 없이 하는 수동적이고 피상적인 것에 머물렀다. 따라서 가까운 시일 내에 보다 근본적인 개혁은 가능하지 않을 것으로 판단된다.

둘째, 이집트 사회 부문의 개혁요구가 있었다. 그러나 사회 세력들의 개혁 요구는 미국과 서구에서 요구한 개혁 조치와는 근본적으로 다른 입장에서 제안된 것이다. 2004년 3월 13일 이집트 MB의 개혁안(Egyptian Muslim Brotherhood Reform Initiative)이 발표되었다. 이집트에서 가장 강력한 반정부 세력인 이집트 MB는 이 개혁안에서 정치적, 법적, 경제적, 사회적, 종교적, 교육적, 그리고 선거에 있어서의 개혁 등 여러 개혁 형태를 언급했다. 개혁안 전문에서 MB의 의장(general guide)인 아케프(Muhammad Mahdi Akef)는 '외부에서 지속적으로 그 지역의 변화를 강제하려는 것', 특히 중동 지역에서 패권을 누리려고 하는 미국을 비난하면서 외부 개입을 거부한다고 밝혔다. 그는 이집트 정부의 '작은 개혁(small doses of reform)'을 '너무 작고 너무 느린(too little and too gradual)' 것이라고 주장했다. 개혁안은 '이슬람 원칙 내에서 민주적 입헌공화국(democratic and constitutional parliamentary republic)' 건설을 주장했다. 개혁안은 또한 모든 정당이 자유선거를 통한 자연스런 권력 이양뿐 아니라 기본적인 자유를 보장하는 국민헌장(national charter, mithaq watani)에 동의할 것을 주장했다. 개혁안은 보통선거(universal suffrage), 대통령의 임기 제한, 의회에서 남녀 모두 봉사할 수 있는 권리, 정치생활로부터 군의 철수와 긴급조치법의 폐지, 정치적 구금의 해제, 고문 종식 등을 요구했다.

MB의 개혁안은 여성 평등권을 포함한 민주주의 원칙을 이행하겠다는 MB의 약속으로도 보이고, 보다 논쟁이 되고 있는 이슬람화 프로그램의 중요성을 약화시키는 것처럼 보이기도 한다. 그러나 MB의 개혁안도 많은 중요한 문제들을 어떻게 해결할 것인가를 해결하지 못한 채 남아있다. 원론적으로 민주개혁을 이행하는 것과 샤리아법 이행을 어떻게 조화시킬 것인가? 개혁안에서 형제단의 샤리아법에 대한 입장은 모호하다. 형제단의 개혁안은 현재 중동 지역의 개혁에 대한 관심을 이용하기 위해 디자인 된 전술적 책략인가, 아니면 진정한 사고의 변화를 나타내는 것인가? 이러한 문제점에도 불구하고, 형제단의 개혁안은 온건 이슬람주의자들을 개혁을 위한 대화에 끌어들이는데 매우 중요한 문서이다. 특히 '모든 정당이 동의하는 국민헌장' 채택 제안은 매우 좋은 제안이라고 할 수 있다. 모든 정당이 지지하는 공유된 민주적 가치와 원칙을 결정하기 위한 대화에서 정치적 스펙트럼상의 모든 행위자가 참석하고, 모든 요인들을 논의 할 수 있는 중요한 기회를 제공해 주고 있다. 그러한 헌장을 채택하는 것은 개혁의 길로 나아가는 중요한 첫걸음이 될 것이다. 더욱이 신뢰할만한 개혁이 되려면 포괄적이어야 한다. MB 개혁안이 이집트 특수적인 것이긴 하지만, 개혁 증진에 이슬람주의자의 역할이라는 더 큰 목표를 달성할 수 있다. 이슬람주의자들은 아랍세계에서 많은 국민들을 대표하고 있고, 정치적 개방을 이용하는 데 가장 훌륭한 역할을 할 수 있을 것이다. 그러나 가끔 온건 이슬람주의자들의 개혁은 극단주의에 대한 잠재적 해독제로 보이기도 하지만, 자유선거를 통해 권력을 잡은 이슬람주의자들이 민주체제를 전복할지도 모른다는 두려움을 갖게 하기도 한다. 이집트에서는 아직까지 터키 정의발전당(Justice and Development Party)과 같이 이슬람주의자들이 체계 내에서 정치행위를 하는 이슬람 정치의 평화적 진화라는 대안적 생각(alternative notion of a peaceful evolution of Islamist politics)은 고려되지 않고 있다. 만약 MB의 개혁안이 진실이라면 MB 개혁안은 개혁 과정에서 건설적인 역할을 하려고 하는 중동 지역의 다른 이슬람 그룹에게 유용한 모델을 제공할 수 있을 것이다.

V 결 론

2003년 9월 발표된 미국의 '대중동구상'은 중동정치에 새로운 의제, 즉 중동의 개혁(민주화와 자유화, 인간개발)이라는 담론을 제시한 것이었다. '대중동구상'에 대한 다양한 후속 개혁안들이 제시되기도 하고, 중동의 관련 당사국들은 새로운 정치변동 국면에 직면하여 직간접적으로 대응을 하게 되었다. 중동국가들은 지방자치제 도입, 여성 참정권 확대 등 약간의 민주화 조치를 통해 '대중동구상'의 압력에 대응했다. 이집트는 '다수후보자가 참여하는 직선대통령제'를 골자로 하는 헌법 개정과 그에 따른 대통령 선거, 약간의 언론자유 부여라는 방식으로 대응했다. 미국의 '대중동구상'에 대해 일단은 '수용적' 입장을 취한 것이다. 그러나 야당 및 이슬람주의 세력, 미국 및 서구가 요구하는 정도의 개혁 조치에는 거리가 먼 피상적이고 형식적인 개혁에 머물렀다. 작은 개혁 조치로 대응했다는 점에서 작은 정치발전이라고 할 수 있다. 근본적인 개혁은 포스트 무바라크 시대에나 가능할 것으로 판단된다. 작은 개혁이 장기적으로 이집트의 민주화에 어떻게 영향을 미칠 것인가에 대해서는 장기적인 모니터링이 필요할 것으로 본다.

한편, 2008년 10월, 미국 대선에서 '변화와 통합'을 강조하는 민주당 오바마가 대통령에 당선됨으로써 부시정부의 '대중동구상' 정책의 실행은 매우 어려운 상황에 직면해 있다. 오바마 정부는 모기지 문제로 촉발된 경제위기 극복에 최우선의 정책을 두고 있다. 경제위기 극복은 세계의 많은 국가들과의 협력과 협조를 통해 해결해야 하는 문제이다. 즉 경제외교가 외교정책의 우선순위를 차지할 수밖에 없는 입장이다. 그러나 오바마의 외교정책 기조가 대결에서 대화로, 일방주의에서 다자주의로의 변화이기 때문에 중동에서의 외교정책에도 큰 변화가 예상된다. 우선 오바마 정부는 아프가니스탄을 포함한 중동정책에 매우 큰 비중을 두고, 적극적인 중동 외교를 펼치고 있다. 특히, 이라크, 아프가니스탄, 이스라엘-팔레스타인 문제에 대해서는 매우 적극적으로 나서고 있다. 2011년으로 예정된 이라크에서의 미군 완전 철군과 더불어 알 카에다와 탈레반 소탕 작전의 일환으로 계획된 아프가니스탄 안정화 전략, 이-팔 평화 로드맵(두 국가 지지 표명) 등에 적극 나서고 있다. 또한 오바마 정부는 이집트 무바라크 정부가 중동평화의 중재자로서의 역할을 기대하고 있는 것으로 판단된다. 따라서 부시정부의 '대중동구상'에 대한 이집트 무바라크 정부의 대응외교는 오바마 정부에서도 큰 변화는 없을 것으로 판단된다.

제3장 미국의 대중동구상과 사우디 아라비아의 대응 외교정책

금상문

I 서 론

19세기 후반 오스만 터키가 사우디아라비아반도에 영향력을 끼치고 있을 때 무함마드 이븐 압둘 와합(1703-1792)이 나왔다. 와합은 "술과 담배는 금하여야 한다, 무슬림이 아닌 자가 주는 음식을 먹지 말아야 한다, 무슬림이 예배하는 모스크는 검소하게 지어야 한다. 거짓말을 하면 혀를 잘라야 하고, 도둑질을 하면 손목을 잘라야한다"는 것을 골자로 하는 와하비즘(Wahabism)을 주장하였다. 이후 사우드 가문은 와하비즘과 결탁하여 명실상부 군주와 종교에 있어서 수장지위를 확보하면서 사우디아라비아왕국을 선포하였다. 이러한 사우디 가문의 행동에 격분한 오스만 터키는 당시 이집트총독 무함마드 알리를 보내서 사우디아라비아왕국을 멸망시켰다.

하지만 우여곡절 속에서 사우드 가문의 압둘 아지즈는 영국의 도움으로 1927년에 사우디아라비아왕국을 재건한다. 재건된 사우디아라비아는 엄격한 와하비즘을 바탕으로 국내정책을 수행하였다. 예컨대, 국민들의 신앙생활을 감시하는 종교경찰이 창설되었다. 종교경찰은 예배시간에 국민들이 예배하는 것뿐만 아니라 일반인들의 신앙생활을 독려한다. 이러한 와하비즘으로 인하여 사우디아라비아로 술의 반입이 금지되었다. 외국인이라 할지라도 사우디아라비아 내에서 음주를 한다는 것은 상상도 못하였다. 이와 함께 남성과 동등한 여성의 활발한 사회참여는 꿈도 꾸지 못하였다. 예를 들면 다른 사람과 접촉과 많은 물건판매도 여성이 하지 못하고 있다. 또 여성은 엄격히 분리된 공간에서 생활을 영위하고 있다.

이전 미국 클린턴 행정부는 신자유주의 이데올로기를 앞세워 사우디아라비아에 대하여 공세를 취하였다. 특히 미국은 자본의 후원아래 세계화라는 이름으로 전 세계에 생산과정의 세계화와 무역의 자유화와 탈규제를 통한 시장의 세계화를 강요하고 있다.

이에 사우디아라비아는 전반적으로 투자유치의 적극화, 무역의 자유화 등으로 자국의 경제구조를 조정하였다. 다시 말하면 사우디아라비아는 자본의 공세에 수동적이 된다. 즉 1970년대 세계체제에 나타났던 신자유주의 영향이 중동 지역 전반에는 곧 나타났지만, 세계체제 지배이데올로기이자 지문화인 자유주의가 변형된 신자유주의의 영향이 비록 늦은 감이 있지만 사우디아라비아로 1990년대 초에 미치게 되었다.

1967년 아랍-이스라엘 전쟁 때 이스라엘이 예루살렘을 점령한 이후부터 사우디아라비아는 이슬람에서도 聖都로 간주하는 예루살렘의 반환을 요구하였고, 아울러 당시 사우디아라비아 외교정책은 이스라엘에 대한 적대감을 외교정책으로 삼고 있었다. 그러나 사우디아라비아는 신자유주의의 영향과 미국의 '대중동구상'에 대응하여 이스라엘 인정과 팔레스타인 국가 수립을 지지하는 방향으로 정책의 선회가 있었다.

역사적으로 볼 때, 주변국들은 강대국들의 지배와 영향에 대하여 자율성을 확보하기 위해 중립주의, 고립주의, 유화정책, 비동맹정책, 동맹정책, 집단안전보장정책 등을 구사하여 왔으며, 시대적 상황에 따라 그 적응 형태에 변화가 있어 왔다. 사우디아라비아의 경우도 자국의 안전보장을 위하여 역대 왕 정권에 따라 동맹정책, 비동맹정책, 집단안전보장정책을 구사하여 왔다. 이전 사우디아라비아는 제2차 세계대전 초기에는 중립정책을 채택한 바 있었다. 사우디아라비아도 이러한 틀을 벗어나지 못하고 체제의 유지와 생존을 가장 기본적인 목표로 삼는다. 그래서 사우디아라비아는 이전 미국과의 동맹정책의 틀 속에서 외교정책의 소 목적으로 집단안전보장정책, 비동맹운동에의 참가를 운용하였다. 그러나 탈냉전시대에 들어와 사우디아라비아는 미국과의 동맹을 강화하고 있다. 최근 미국의 오바바 행정부가 들어선 이후에도 사우디아라비아는 변함없이 미국과 동맹을 강화하고 있다. 이러한 것들은 바로 사우디아라비아가 자국의 안전보장이란 목적을 달성하기 위함이다. 사우디아라비아의 외교정책 근간은 중동안정과 에너지 안보, 아랍-이스라엘 평화협상, 무기구매, 석유생산정책 등이다.

이러한 맥락에서 사우디아라비아 외교정책 결정을 보면, 외교정책 결정은 세계체제의 틀 안에서 기본요인인 대외적 요인에 의해서 제약되고 영향을 받으면서 또 한편 대내적 요인에 의해서 영향을 받는다. 대외요인으로는 주로 세계체제 내에서 세계석유시장의 영향, 중심국인 미국의 영향과 팔레스타인 문제이고, 대내적 요인은 국왕, 로얄 패밀리를 비롯한 지배계급과 부르주아, 뿌띠 부르주아와 여러 부족들의 영향이다.

미국의 '대중동구상'의 발표 이후 사우디아라비아는 부분적인 민주화를 도입하여 지방선거 등을 실시하여 미국의 정책에 대응하는 모습을 보여주었다. 미국에서 오바마 행정부가 등장한 이후에도 오바마는 전임 행정부의 정책을 유지하고 있다. 이러한 맥락에서 본 논문에서는 부시 정부 시절 내놓은 '대중동구상'(Middle East Initiative) 즉 중동의 민주화 정책과 자유화 정책에 초점을 맞추면서 사우디아라비아의 대응 및 순응 외교정책 및 결정과정이 살펴진다. 아울러 오바마 행정부의 중동정책에 대한 사우디아라비아의 순응 및 대응 외교정책도 다루어진다.

II 분석의 틀

외교정책 연구의 대부분 모델들은 외교정책연구의 미시적 접근방법으로 불리며 국가중심적 시각으로 외교정책에 접근하는 시각이다. 이러한 미시적 접근방법은 외교정책 결정에 영향을 주는 일국내의 행위자인 정부, 의회, 정치적 반대세력, 이익집단 등이 어떻게 어떤 방법으로 외교정책 결정에 영향을 주는 가를 밝힌다는데 그 장점이 있다. 그렇지만 이 접근방법은 자극-반응을 설명하는 국제체제의 영향력과 유엔, 지역기구들과 같은 국제행위자를 전혀 고려하지 않기 때문에 그 단점을 가진다. 더욱이 미시적 접근방법은 자본주의 국가권력과 초국적 자본이 결합한 작금의 세계화 현상에 직면한 국가의 외교정책 결정을 전혀 설명하지 못한다. 앞서 살펴본 바와 같은 외교정책 연구에 대한 미시적 분석방법의 단점을 보완하면서 전혀 다른 차원에서 외교정책에 접근한 방법이 거시적 접근방법이다. 거시적 접근방법은 무엇보다도 국제체제의 속성에 대한 연구로부터 출발한다.

이러한 거시적 접근방법을 사용한 사우디아라비아의 외교정책에 관한 분석의 틀은 다음과 같다.

(분석의 틀)

세계자본주의체제 ←—←—←—←—←—←—←—←—←—←—←—←— 환류
↓ 민주화, 시장화, 테러와의 전쟁 ↑
미국(대중동구상) ←—←—←—← ←—←—←—←—←—←—←—←—←—↑ 환류
↓ ↓ ↑
↓ ↑

* 자유민주주의
* 시장경제
* 테러와의 전쟁

사우디,
외교정책메커니즘
(외교정책결정 행위자
→ 제도 및 구조 등)

<u>구외교정책기조</u>
예) 이슬람 가치
팔레스타인 지지
등거리 안전보장 등

<u>신외교정책 기조</u>
예) 이슬람가치와 서구민주주의 가치 융합
팔레스타인 평화공존
독자적 안전보장 추구
투자유치
↑
시민사회 영향
(사우디아라비아 시민사회)

즉 미국은 세계자본주의체제 내의 패권국이다. 미국은 패권국의 지위를 이용하여 자유민주주의, 시장경제, 테러와의 전쟁을 사우디아라비아에 강요하고 있다. 이러한 미국의 태도에 대해, 사우디아라비아의 외교정책은 미국의 영향을 한편으로는 받지만 한편으로는 대응하고 있다. 즉 사우디아라비아의 외교정책이 이슬람가치를 전면적으로 내세운 과거의 외교정책을 이슬람가치와 서구민주주의 가치 융합은 전자의 예이고, 독자적 안전보장추구는 대응외교정책의 이러한 것은 다시 세계체제로 환류 된다.

Ⅲ 미국의 대중동구상과 사우디아라비아

미국은 제2차 세계대전 이후에 본격적으로 제국주의 정책의 일환으로 중동 특히 사우디아라비아와 관계를 맺었다. 미국이 제2차 세계대전 이후 중동뿐만 아니라 세계에서 헤게모니 국가가 된 것은 로버트 길핀이 파악하는 바와 같이 달러의 국제적 역할, 미국의 핵 우위, 미국의 다국적 기업에 그 원인이 있었다. (Robert Gilpin(저) 김동수(역) 1989, 155)

미국은 9.11 사건으로 극단이슬람주의자들에게 일격을 당하였고, 이후 미국이 아프가니스탄 공격, 이라크 침공이란 사건을 일으킨 이후부터 준비해 온 결과가 2003년에 나타났다. 2003년 11월 조지 W. 부시 미국 대통령은 중동에 자유가 없음을 연설하면서 중동에서 자유의 전략을 채택하였다. 이후 미국 내 정책입안자들은 계속하여 선진 8개국과 협력하면서 중동 지역의 정치, 경제적 개혁을 증진시키기 위한 대중동구상(the Greater Middle East Initiative) 계획을 입안하였다. 수립된 "대중동구상"정책은 물론 즉시 아랍정부들에게는 분노를 샀지만 미국 관리들이 아랍 측과 접촉하면서 아랍 정부들의 분노가 희석되었다. 마침내는 미국이 제출한 대중동구상 안은 '시 아이슬랜드(Sea Island)' 선진 8개국 정상회담에서 이슈화되었다. 2003년 후반기에 미국과 다른 선진 7개국 회원들과 중동에서 정치, 경제개혁을 증진시키기 위한 협력관계가 구체화되었다. 이때 규정된 중동개념은 아랍연맹 22개국 회원국과 이란, 터키, 이스라엘, 파키스탄, 아프가니스탄을 포함하는 것이었다.

미국은 "대중동구상"이 마련되었던 당시의 중동사정을 다음과 같이 파악하였다. 즉 22개국 아랍연맹 회원국의 국내총생산(GDP)은 스페인보다 작다. 6천5백만 아랍 성인들의 40%는 문맹이고, 그들 중 3분 2는 여성이다. 오천만 이상의 젊은이들이 2010년까지 2020년 까지 일억의 젊은이들이 새로운 노동시장에 진입할 것이고, 최고 6백만 개의 새로운 일자리가 젊은이들을 흡수하기 위하여 매년 창출되어야 하다. 현재의 실업률을 고수된다면 지역 실업자는 2010년까지 2천 5백만에 달할 것이다. 전지역인구의 3분의 1은 하루에 2달러 미만으로 생활하고 있다. 생활수준을 높이기 위하여 지역 경제성장은 현재 3% 보다 낮은 성장률을 적어도 6% 성장률까지 끌어 올려야 한다. 인구의 1.6%만이 인터넷에 접근하고 있고, 이 수치는 사하라 사막 이남 아프리카를 포함한 다른 지역보다 낮다. 여성은 아랍국가내 의회 의석수의 3.5%를 점유하고 있는데, 이것은 사하라 사막 이남 아프리카 국가들의 8.4%와 비교된다. 2002년 조사에 따르면 중동아랍 국가들의 젊은이 51%가 다른 국가들로 이민 가길 원한다.

이러한 중동사정에서 미국은 2003년 11월 6일 부시 미대통령이 발표한 중동 지역의 자유민주주의, 자유 시장경제를 위한 개혁과 테러방지 프로그램인 '대중동구상'을 내놓았다.(Louise Fawcett 2005, 299) 그렇지만 기실 미국은 사우디아라비아의 석유에서부터 나오는 경제적 이익을 노렸다. 그렇기 때문에 미국은 더 많은 경제적 잉여의 이전을 위하여 정치적 힘을 사용하여 사우디아라비아에 대중동구상을 강요하다시피 하였다. 이러한 환경 내에서 사우디아라비아는 대중동구상을 받아들이면서 여태까지의 내부 환경이 변하게 되었다.

이러한 맥락에서 본 절에서는 미국의 대중동구상 즉 민주화, 시장화, 테러와의 전쟁 같은 요인들이 어떻게 사우디아라비아와 관련되어 있는지 살펴본다.

1. 민주화와 사우디아라비아

미국은 민주적 변화와 개혁, 인간 개발을 통하여 중동 테러리즘으로부터 미국 및 서구의 안보를 확보하겠다는 목적으로 사우디아라비아에게 민주화를 강요하고 있다. 미국의 오바마 행정부가 들어선 이후에도 미국의 정책은 거의 변하지 않았다. 즉 오바마는 이스라엘이 유일하게 중동에서 민주주의를 확립한 국가로 간주하면서 아랍국가들에게 민주화를 강요하고 있는 실정이다. 오바마는 "이스라엘은 중동에서 우리의 강력한 동맹자이며 중동에서 유일하게 민주주의를 확립한 국가이다라고 피력한 바 있다.(http://middleeast.about.com/od/usmideastpolicy/a/me071202a.htm 검색일 2009.2.29)

중동국가 내부에서 민주화는 성직자가 새 정치와 공개통치를 요구할 때 정권과 국민사이에서 보통 협약이 체결된다. 이러한 것은 새로운 국가통합을 향한 단계이다. 이 단계에서 정부는 국민에게 다소 자유스러운 정치활동을 허용한다. 이후 성직자에 의해 주도되는 정치엘리트와 반대엘리트 사이에서 대화가 빈번하고 밀도 있게 일어난다. 이때의 단계는 이미 정치질서가 없는 상황에서 정치질서를 세우기 위함이다.(Abdo Baaklini, Guilain Denoeux, and Robert Springborg 1999, 33-43) 이후 다음 단계는 선출된 입법의원이 나오고 제도화된 입법기관이 세워 진다.

대중동구상은 세 가지 측면을 강조하고 있다. 첫째, 대중동구상은 선진8개국 정부가 직접적으로 민주주의, 인권, 언론, 여성과 NGO를 위하여 직접적인 자금을 증대시킴으로써 아랍 시민들에게 힘을 부여하는데 일조할 것을 제안하였다. 둘째, 대중동구상은 선진8개국의 함축적 목적인 공공자유에 대한 아랍정부의 규제를 철폐한다. 선진8개국들은 중동지역 정부들에게 인권, 언론과 NGO 같은 시민사회 단체를 허용하도록 북돋운다. 셋째, '대중동구상'은 시민사회 감시과정의 메커니즘을 제안하고 있다, 특히 NGO 자금은 지역의 법전문가, 또는 언론전문가에게 공여할 것이 제안되었다.

'중동대구상'은 중동에서 서구 민주주의 증진을 위하여 급격한 변화를 뜻하지 않는다. 이러한 '대중동구상'에 대하여 중동국가 지도자들은 탐탁하게 여기지 않았지만 아랍 국가들이 '대중동구상'을 받아들이는 것은 필연적이었다. 그래서 이집트를 필두로 점차로 중동국가들에서 개혁이 확산되었다. 권위주의정권인 사우디아라비아도 개혁(David Harvey 2003,78)에 예외가 아니었다. 사우디아라비아는 미국의 압력으로 인하여 위로부터의 민주화를 실시하고 있다.(Larry Diamond 2002, 82) 그동안 선거라고 생각치도 못한 사우디아라비아에서 지방선거가 실시된 바 있다. 다시 말해 석유지대를 바탕으로 하고 있는 사우디아라비아는 석유수입에 바탕을 둔 폭력으로 민주화를 통제하나 세계화와 미국의 요구로 말미암아 강도가 약한 정도의 민주화를 실시하고 있다.

이러한 단계를 볼 때, 사우디아라비아는 민주화과정에 있어서 첫 번째 단계라 할 수 있는데, 이 첫 단계에서 지방선거가 실시된 결과, 이슬람부흥주의자들이 지방의원으로 대거 당선되는 등 반대엘리트가 정면으로 나서고 있다. 이럼에도 불구하고 사우디 정치엘리트들은 부족주의 정체성을 가진 지방의회 의원도 나타나기를 기대하면서 부분적인 민주화를 실시하고 있다. 다시 말하면 집권부족 엘리트들은 정치질서가 무너지지 않는 범위에서 선거를 실시하였지만 기대와는 다르게 이슬람부흥주의자들이 지방의회에 참여하고 있어 부족주의를 이용하는데 실패하고 있는 실정이다. 집권부족 엘리트들은 부족주의를 정치적으로 도구화 하였지만 실패하였기에 민주화에 대한 딜레마가 커지고 있다.

한편으로 사우디아라비아는 이슬람에 기반을 둔 민주화를 이행하고 있다. 2003년 6월 사우디아라비아 왕정은 그동안 왕의 단순한 자문기관이었고 구성원 전원이 왕에 의하여 임명되었던 슈라(Shura) 회의가 법률심의를 할 수 있게끔 명문화되었다. 특히 슈라(Shura)회의 구성원 반수가 선거로 충원되었고, 슈라회의 기능도 외교정책, 사회, 경제정책을 포함한 정부정책을 토의하고 의견을 개진할 수 있게 되었다.(Faisal Bin Mishaal bin Saud Al-Saud 2004, 82) 슈라회의가 외견상으로는 타국의 의회기능에 근접하고 있는 것이다.

또 한편 9.11사건 이후 사우디아라비아는 민주적인 개혁을 미국과 사우디 국민으로부터 요구받고 있다. 즉 근대화에 입각한 사우디아라비아 개혁의 주자로 손꼽히던 파이잘 왕이 보수적인 이슬람과격주의자의 의해 암살된 망령이 사우디아라비아 왕정에 따라다니고 있기 하지만 대다수 사우디아라비아인들의 가치체제가 변하고 있다. 그래서 시위자체가 불법인 사우디아라비아 내에서 정치, 사회, 경제, 교육, 행정 등 분야에서 전반적인 개혁을 요구하는 시위가 빈번히 나타나고 있다. 예컨대, 사우디아라비아 왕정이 책임, 부패, 민주화, 여성에게 권리부여, 청년의 임무를 공공에서 결코 발설하지 못하게 함에 따라 이의 시정을 요구한 시위가 빈번하게 나타났다. 특히 사우디아라비아 여성들은 다양한 시민사회단체에서 중요한 역할을 수행하면서 내부 민주주의 발전에 영향을 끼침과 동시에 외교정책에도 영향을 끼치고 있다.

사우디아라비아 여성들은 자동차를 몰고 나와 여성의 자동차운전을 허가를 요구하기도 하였다. 과거 1990년 여성들의 시위 때 사우디 경찰은 과거 여성 시위자 50여 명을 체포하고 그녀들의 직업을 박탈하고 2년간 해외여행을 제한한 바 있었다. 사우디 경찰은 이번에도 개혁을 요구하는 시위를 무산시키고자 최루탄을 발포하면서 시위 참가자 중 300여 명을 검거한 바 있었다. 이러한 개혁주의자들의 행동은 사우디아라비아 내에서 강력한 힘을 발휘하고 있는 이슬람 보수주의자들에 반대하는 것이었다. 개혁주의자들은 금년 내에 실시할 지방선거에 만족하지 않고 절대적 왕정이 영국과 같이 입헌왕국으로 변화하는 것을 바라고 있다. 이전 사우디아라비아는 개혁주의자들에 의한 내부적 압력과 미국에 의한 외부적 압력으로 인하여 정치적 자유를 위하여 지방선거를 실시하겠다고 발표한 바 있었다.

이처럼 사우디아라비아 왕정에 전반적인 개혁을 주장하는 파와 이를 반대하는 보수파들이 공존하고 있다.

압둘라 왕이 강력히 뒤를 봐주고 있는 일단의 개혁주의자들은 보수성향의 군부의 동향을 저지하기 위하여 서구식인 교육개혁을 사우디아라비아 왕정에 적극 권유하고 있다. 이러한 사우디아라비아 개혁 움직임에 대하여 사우디 군부와 연계를 맺고 있으면서 이슬람가치를 주장하고 있는 보수주의자들은 사우디아라비아의 어떠한 변화에도 반대한다는 성명을 낸 바 있다. 이러한 개혁과 보수 사이의 갈등은 압둘라 황태자와 내무장관인 압둘라 황태자의 보수적인 동생 나이프간의 갈등으로 서구학자들은 분석하고 있다. 이러한 여파로 금년 1월 압둘라 황태자는 사우디아라비아 시민들에게 개혁을 지지하지만 개혁이 국가단합과 통일을 저해해서는 아니 된다고 경고한 바 있다.

2. 시장화와 사우디아라비아

미국은 자본의 후원아래 세계화라는 이름으로 전 세계에 생산과정의 세계화와 무역의 자유화와 탈규제를 통한 시장의 세계화를 강요하였다. 이러한 일환으로 부시는 중동 지역 내 민주주의, 자유선거, 자유 시장(free market), 자유언론과 자유노동조합을 위하여 국가기부금 예산을 2배인 4억 5천 8백만 달러로 늘려달라고 의회에 제안했다. 특히 미국은 세계무역기구(WTO)를 앞세워 사우디아라비아에 자유 시장경제를 유도하고 있다. 미국의 이러한 조치는 이후 미국의 대중동구상의 바탕인 '워싱턴 합의'(Washington Consensus) 이다. 조셉 스티그리츠(Joseph Stiglitz)는 워싱턴 합의를 무제한 규제철폐, 민영화 및 사유화, 교역에 있어서 자유시장 정책 실시, 단기 투기자본의 자유스런 흐름에 관한 내용을 담고 있다고 말한다.(Jesaiah Ben-Aharon 2004, 66).

이러한 것을 볼 때 미국의 '대중동구상'이 목적으로 하는 시장화는 궁극적으로 다음과 같이 파악된다. 첫 번째 단계는 뇌물화라 불릴 수 있는 민영화로서 각국 정부 지도자가 민영화를 행할 때 문건의 10%에 달하는 금액이 비밀리에 스위스 은행에 입금된다. 국제통화기금(IMF)과 세계은행이 각국에서 행하는 두 번째 단계는 자본시장의 자유화이다. 이론적으로 자본시장의 탈규제화는 자유롭게 자금이 유입되고 나가는 것이다. 그러나 대부분의 경우는 부동산투기로 자금이 들어왔다가 이익을 낸 후 자금이 해외로 유출된다. 이것이 '핫머니 사이클(hot money cycle)'이다. 세 번째 단계는 IMF 폭동으로 불리어지며 가격에 근거를 둔 시장(Market-Based Pricing)인데, 이 단계에서 각국 정부에게 보조금 지급이 금지됨으로써 식량, 물, 가스 등 생필품 가격 인상이 이루어진다. 네 번째 단계는 IMF와 세계은행이 빈곤층 감소 전략이라 부르는 자유무역이다.(Greg Palast, 2003, 155-160)

이 같이 단계를 거쳐서 즉 미국의 '대중동구상'에 따라서, 사우디아라비아는 경제 분야에서는 점진적인 변화와 시장화를 추구하고 있다. 한 예를 들면 여태까지 실시한 공기업부문 치중보다는 사기업부문의 활성화를 위하여 이슬람금융이 중점적으로 지원되고 있다. 원래 이슬람의 원리에서 이슬람의 금융은 다음 네 가지가 있다. 무라바하(Murabaha), 무샤라카(Musharaka), 무다라바흐(Mudarabah), 이자라(Ijara)가 그것이다. 무다라하(Murabaha)는 이슬람은행은 고객이 필요한 상품을 사서 이윤을 붙여 고객에게 분할상환을 조건으로 고객에게 상품을 팔고, 상품 명의는 고객이 대금을 전부 지불할 때까지 은행이 가지며, 고객은 상품 대금을 분할로 전부 지불이 완료될 때 비로소 상품의 명의를 가진다. 무샤라카(Musharaka)는 은행과 고객은 이익과 손해를 사전에 정하면서 공동으로 자본을 출자하여 사업을 벌이는 것과 같음을 말한다. 무다라바흐(Mudarabah)는 은행과 고객은 손해와 이익을 사전에 정하고 공동으로 기업을 만드는데, 보통 은행은 자본을 공여하고 고객은 땅이나 기계 혹은 기술을 가지면서 사업을 추진한다. 또 은행은 자산을 사서 고객에게 빌려주고 고객은 고정된 가격을 매달 지불하는 것이 이자라(Ijara)의 예이다.

이러한 이슬람금융의 형태가 사기업에 점차 치중하는 개혁의 방향으로 나가고 있다. 특히 경제발전을 위하여 이슬람은행은 개인들과 사기업을 위한 무다라바흐(Mudarabah)에 중점을 두고 있다. 사기업부문에서 주식회사의 등장과 이에 대한 지원이 그것이다. 특히 사우디아라비아는 외국인투자노력으로 전력과 텔레콤 분야에서 개방을 하였고, 아울러 세계무역기구(WTO)가입을 위하여 점차적으로 경제 각 분야에서 개방을 하고 있는 중이다.

3. 테러와의 전쟁과 사우디아라비아

미국의 부시 행정부는 ①강력한 군사력을 바탕으로 하는 미국적 국제주의 강화, ②재래무기 · 핵무기 전력의 증진을 통한 대테러정책 수행(NPR), ③선제공격 독트린 도입을 특징으로 하는 '공세적 현실주의'를 新안보전략으로 채택하였다. 미국의 '대중동구상'은 이러한 新안보전략을 중동 지역에 적용한 것이라고 할 수 있다. 다시 말해 '대중동구상'은 민주적 변화와 개혁, 인간 개발을 통해 중동 테러리즘으로부터 미국 및 서구의 안보를 확보하겠다는 정책이다. 아울러 '대중동구상'은 중동 지역에서 전체주의적 이념, 국가 실패, 테러리즘, 대량파괴무기에의 접근성용이, 급진적 이슬람원리주의 세력 존재가 중동 지역뿐 아니라 미국, 서구, 세계에 해를 끼친다는 것을 전제하고 있다. 비효율적이고 억압적이고 부패한 정부와 이스라엘-아랍 갈등은 소외와 실망감을 키우고, 결국 많은 젊은이들을 급진 이데올로기와 테러리즘에 가담하게 만든다는 것이다.

미국이 이라크를 침공한 진짜 이유는 미국 정보 분석가 조지 프리드먼(George Friedman)에 따르면 사우디아라비아에 있었다. 즉 그는 다음과 같이 말한 바 있다. "대량살상무기(WMD)에 관한 것은 잊어버려라. 미행정부는 이라크 침공에 대한 복잡한 이유에 관하여 설명하기를 원하지 않는다. 근본적으로 사우디아라비아가 알까에다에게 지금이동에 대한 전초기지이었고, 사우디아라비아는 본질적으로 미국은 알까에다에게 어떠한 조치도 취하지 않을 것이라고 믿으면서 미국에 대한 협조를 거절하였기 때문에 미국은 이라크를 침공하였다"[38)]는 것이다.

여기에서 사우디아라비아의 안전보장을 위협하는 반국가 활동과 사우디아라비아가 세계체제에 깊숙이 편입됨으로써 야기되었던 테러에 대하여 살펴본다.

제2차 세계대전 직후 사우디아라비아에서 일어난 반국가 활동은 아랍-아메리카 석유회사(ARAMCO)가 있었던 사우디아라비아 동부의 알하싸(al-Hasa)지역에서 일어났다. 이 당시 이란에서 무함마드 모사데크가 이끄는 정권은 미국계 석유회사를 국유화하였는데, 이 영향과 더불어 지하에서 활동하는 국민개혁전선(National Reform Party)을 모태로 하는 사우디아라비아 공산당의 주동으로 사우디아라비아의 석유노동자들이 생활조건의 개선을 이유로 1953년 10월에 시위를 한 바 있다.(Ghassan Salamé,1993,.596-597) 이 시위는 사우디아라비아 정부가 동부지역의 베드윈들에게 진압하라고 불법적으로 명령하는 바람에 이것에 대한 항의로 한 달 이상 가는 과격한 시위로 번졌다. 이 시위는 미국석유회사를 국유화하라는 요구를 함으로써 사우디아라비아 내 최초

38) (AAP; http://www.axisoflogic.com/cgi-bin/exec/view.pl?archive=124&num=6137 검색일: 2005.11.22)

의 반국가 운동이었다. 이후 사우디아라비아 내에서 테러는 점점 과격해진다.[39)]

39) 테러에 관한 것을 살펴보면, 북예멘 근처에서 아라비아 반도의 아들(The Son of the Arabian Pennisular)과 공산주의 민족전선(National Front)이 1950년대와 1960년에 걸쳐 북예멘 국경선 밖에서 사우디아라비아 정권의 전복을 요구하였다. 이러한 요구에 힘입어 1966년에는 "성스런 영토의 해방을 위한 단체"(Society for the Liberation of Holy Soil)와 사우디아라비아 내에서 결성된 인민 나세르 연맹은 사우디 정부와 아람코(ARAMCO)의 설비를 공격하였다. 이후 1967년 6월 전쟁 기간에 다란 지역에 있었던 MAN이 활동을 개시하였고, 이들은 사우디아라비아 정권의 전복과 사우디 국내 경제의 평등을 도모하는 계획을 채택하였다.[1)] 이 활동은 미국에 종속적인 사우디아라비아에 대한 반국가적 행동이었다. 이후 반국가 활동과 반체제 운동은 이란혁명의 여파로 나타났다. 1979년에 하싸의 시아파(Shia of al-Hasa)파와 이후 아라비아반도의 이슬람혁명기구(Ialamic Revolution Organization)와 반도의 혁명당 같은 여러 지하 시아파들이 그 예였다. 그렇지만 이러한 반국가운동들과 반체제운동들은 곧 사우디 국방군과 사우디 州의 경제개발을 원하는 각료들에 의하여 차단되었다. 반국가운동으로서 사우디아라비아 정권에 가장 위협적인 집단은 1970년대 말에 등장한 자하이만 빈 무함마드 알우라이바가 이끄는 단체인 바, 이 집단은 1979년 11월 서구문화를 비호하는 이슬람학자들인 울라마(Ulama)와 사치스런 생활을 하는 지배계급을 비난하면서 메카 대사원을 습격한 바 있다. 이후 간헐적으로 특히 외교정책 분야에서 이슬람의 색채가 없는 현재의 사우디아라비아 왕정과 자본주의에 반대하는 반국가 활동이 있었다. 예컨대 1989년 초에 사우디아라비아 정권의 전복을 꾀하는 대규모 시위가 알 하싸(al-Hasa)지역에서 있었고, 같은 해에 16명의 쿠웨이트인 시아파가 정부전복 혐의로 처형되자 헤즈볼라는 사우디아라비아 정권에 피의 보복을 선언하였고, 이후 헤즈볼라는 터키와 레바논에 있는 사우디아라비아의 시설물과 리야드에 있는 내무성 본부에서 폭발사건을 일으켰다. 또 1990년 8월 이라크가 쿠웨이트를 병합하자, 이후 사우디아라비아 정부는 사우디아라비아에서 대규모의 미군주둔을 허용하였는데. 이러한 미군의 대규모 배치는 사우디아라비아 내에 있는 영향력 있는 종교지도자들에게 사우디아라비아 정권이 미국이 원하는 바대로 항복을 한 것이라고 생각하게 하였다. 예컨대 움무 알 쿠라(Ummu al-Qura)대학의 이슬람學 학장의 연설과 설교가 그러했고, 또 사우디아라비아의 수피 이슬람학자들의 카세트 테이프와 비디오 테이프가 이러한 의견을 나타내었다. 이러한 것들이 사우디아라비아의 안전보장에 위협이 되었다. 이후 소규모로 反사우디 家에 대한 시위가 1990년 11월 제다에서 발생하였고, 이후 1992년 초 파아드 빈 압둘 아

이후 사우디 정부가 미국이 선포한 테러와의 전쟁과 발맞추어 2004년 테러와의 전쟁을 선포한 상황에서 최근 들어 사우디 내에서 이슬람주의자 집단에 의한 테러가 연쇄적으로 발생하였다. 사우디 내 이슬람주의자집단은 반 사우디 왕정 구호뿐만 아니라 반 이스라엘 구호를 내걸고 있다. 미국이 사우디왕정과 이스라엘을 적극적으로 보호하고 있다(David E. Lond and Christian Koch 1987, 61-62)는 것이 사우디 내 이슬람주의자들의 생각이다. 물론 미국도 이슬람을 믿는 대다수 아랍 대중이 국민의 뜻을 따르지 않고 오로지 정권안정을 위하여 힘쓴다는 데서 불만을 가지고 있고, 더욱이 이러한 아랍정권을 미국은 두둔한다는 것을 알고 있다.(Graham E.Fuller 2003, 10) 그래서 미국인 역시 사우디 내 이슬람주의자들의 테러대상이다. 실제로 2004년 5월 미 휴스턴에 본사를 둔 엔지니어링 회사인 ABB루머스의 사우디 얀부 사무실이 무장세력의 공격을 받아 ABB 직원 등 6명이 사망했고, 그 다음날 은행 현금인출기에서 돈을 찾으려던 한 독일인이 괴한이 쏜 총에 맞아 숨졌다. 특히 얀부(Yanbu)에선 테러범들이 미국인 사체 1구를 자동차에 매달아 끌고 다닌 바 있다.

과거의 테러유형은 거주지, 상점에서 심야시간에 자살폭탄 공격을 하는 게 전형이었다. 그러나 최근 사우디를 충격의 도가니로 몰아넣은 테

지즈(Fahd bin Abul al-Aziz)왕의 공금유용을 비난하는 팜플렛과 사우디아라비아가 이슬람적 성격을 수호하는 데 있어서 본연의 의무를 게을리 한다고 사우디 정권을 공공연하게 비방하는 팜플렛이 대학 캠퍼스와 사우디 동부, 중부의 시와 마을에 위치한 이슬람사원에까지 배포되었다. 이에 사우디아라비아 정권은 국가보위군을 동원하여 청년학도 약 50명을 체포한 바 있다. 이후 1995년 11월에 리야드에 있는 사우디아라비아 국방부 청사 밖에서 폭발사고가 있었는데, 이 폭발사고에서 미국인 6명을 포함한 60여명이 죽거나 다쳤다. 이 사건은 이슬람 원리주의운동 그룹의 소행으로 밝혀졌다. 또 이후 1996년 6월에 다란 근처의 코바르(Khobar)에서 폭발사고가 일어나 147명의 사우디아라비아인, 118명의 방글라데시인, 109명의 미국인들이 중경상을 입었다. 이 사건의 배후에는 이슬람원리주의를 따르는 사우디아라비아 시아파가 있었던 것으로 밝혀졌다.

러는 주로 무슬림이 아닌 외국인을 타깃으로 하면서 희생자의 시신을 차량에 매달아 끌고 다니는가 하면 무한공포를 유발하는 인질극을 연출하는 등 다양한 양상을 띠고 있다.(연합뉴스 2004년 6월 1일자)

이러한 테러활동을 방지하고자, 특히 미국의 공적 1호이자 오사마 빈 라덴 제국(Fauji Rabia Ahmad nd,.162)의 구성원으로 불리는 이슬람과격세력 박멸에 사우디아라비아 왕정은 나서고 있다. 사우디아라비아 왕정은 국내 도처에 있는 이슬람사원에서 반미와 군사행동을 주장하는 약 3,000명에 달하는 이맘들을 해직하면서 1,500명의 이맘들을 재교육이나 감옥에 보냈다. 특히 사우디아라비아인들의 종교생활을 감시하는 종교경찰의 역할은 축소되었다. 또 이슬람사원 근처에 있는 자선함이 이슬람테러집단의 활동자금에 도움이 된다는 이유로 철거되었다. 동시에 과격 무슬림들의 테러자금이 될 수 있을 자선단체의 자금을 추적한다는 왕의 칙령이 대내외적으로 발표된 바 있었다.

미국에 오바마 행정부가 들어 선 이후에도, 오바마의 행정부는 테러에 대하여 단호하다. 오바마는 말하길 "카에다를 박멸하기 위하여 21세기 군대와 21세기 협력관계를 세울 것이다." 아프가니스탄에서 미군을 철수하기보다는 군대를 증파할 것이라고 말한 바 있다.(http://middleeast.about.com/od/usmideastpolicy/a/me071202a.htm 검색일 2009. 2. 29)

이러한 미국의 정책에 발을 맞추어 사우디아라비아 정부는 테러를 박멸하기 위하여 알카에다 사우디아라비아 지부를 공격하였기에 알카에다는 예멘으로 그 활동무대를 옮긴 바 있다.

Ⅳ 사우디아리비아 대응 외교정책

앞 장에서 살펴본 민주화, 시장화, 테러와의 전쟁이란 요인들이 다시 사우디아라비아의 외교정책으로 표현되고 있다. 민주화, 시장화, 테러와의 전쟁 같은 외교정책은 사우디아라비아 자율성을 가진 외교정책이 아니라 미국의 '대중동구상'에 발을 맞추는 정책이다.

한편 '대중동구상' 같은 미국의 정책은 사우디아라비아의 과도한 석유의존, 정치적 의지의 결여, 외부간섭에 대한 반대, 안전보장 염려 등으로 외부 개혁이란 한계를 가지고 있다. 더욱 사우디아라비아는 미국의 '대중동구상'을 미국 내 총기독교인 중 41%에 달하는 기독교 근본주의자(Gaji Abdul 2002, 108)들이 구상한 정책이라고 믿고 있다는 사실이다. 이외 프리드먼(Friddman)이 지적한 바와 같이 사우디아라비아는 미국이 중동 지역에서 결코 승리할 수 없다는 알카에다의 신념을 함께 공유하고 있다. 또 사우디아라비아는 소련붕괴 이후 미국이 새로운 적으로 과격이슬람을 지목하고 있다.(Abdu alhahi Yahiya jalum 2005, 317)는 것을 잘 알고 있다.

이러한 점을 염두에 두면서 사우디아라비아의 외교정책 결정메커니즘을 보면, 사우디아라비아의 외교정책 결정은 국가가 완전한 자율성을 행사하지 못하고 사실상 세계체제의 환경적 요인에 의해서 제약되면서 영향을 받는다. 즉 사우디아라비아아의 외교정책 결정이 세계체제의 자본주의 세계경제와 미국에 의해 영향을 받는다. 외교정책 분석시각으로 볼 때, 외교정책 목표가 결정되면 이를 달성하기 위한 수단으로서 국가 자체적으로 외교정책 결정이 내려진다고 외교정책 분석의 미시적 접근방법인 국가중심 이론에서 설명된다. 그러나 사우디아라비아의 외교정책 결정은 세계체제의 틀 안에서 기본요인인 대외적 요인에 의해서 제약되고 영향을 받으면서 또 한편 대내적 요인에 의해서 영향을 받는다. 그런데 사우디아라비아 외교정책 결정에 영향을 미치는 기본요인으로서 대외적 요인은 주로 세계석유시장의 영향, 중심국인 미국의 영향과 팔레스타인 문제이고, 또 대내적 요인은 왕, 로얄 패밀리를 비롯한 지배계급과 상인계급과 친왕족 경향을 갖고 있는 부족들의 영향이다.

그래서 결국 사우디아라비아는 어쩔 수없이 미국의 '대중동구상'을 한편으로는 수용하면서 한편으로는 대응외교정책을 표출하고 있다. 사우디아라비아는 석유수출국기구(OPEC)의 가격조정 능력 붕괴 이후 미국과의 마찰을 일으키면서 석유 가격을 극대화하면서 오일머니를 축적하려는 대외정책을 표방하고 있다. 즉 사우디아라비아는 상대적 자율성을 가지며 대응 외교정책을 강구하면서 이를 실행하고 있다. 다시 말해 사우디아라비아는 미국의 정책에 대하여 순응을 하고 있으며, 동시에 대응외교정책을 구사하고 있다. 이러한 순응외교정책과 대응외교정책을 합쳐서 사우디아라비아는 걸프서클, 아랍서클, 이슬람서클, 국제서클이라는 항목으로 설정해 놓고 있다.(http://www.mofa.gov.sa/Detail.asp?InSectionID=3989&InNewsItemID=34645 검색일 2006.3. 5)

요컨대, 사우디아라비아는 미국의 정책인 민주화, 시장화, 대테러정책에 순응하고 있다. 아울러 비록 미국이라는 외부에 의하여 영향을 받지만 이익극대화 추구, 독자적 안전보장 추구, 걸프만안 국가들과의 협력, 유럽 및 아시아 국가들과의 협력 같은 요인들이 상대적 자율성 범위 내에서 사우디아라비아의 자율적인 외교정책 근간을 이루고 있다. 본장에서는 이를 살펴본다.

1. 이익극대화 추구

사우디아라비아의 석유 확인매장량은 세계매장량의 약30%로 추정된다. 이러한 석유가 수출되면서, 사우디아라비아는 자본 축적을 하고 있다.

그런데 일반적으로 한 국가는 경제력을 통하여 개인들과 집단들을 만족시키고, 또 국가 대 국가간의 관계에 있어 경제력은 그 국가의 능력이기 때문에(Keith R. Legg and James F.Morrison 1991, 62) 일국가가 자본축적을 국가의 목적으로 삼는다. 다시 말하여 경제력이 국가행동의 원천이기 때문에 一國家는 자본축적을 국가의 최대 목적으로 삼고, 이를 달성하기 위하여 一國家는 기본적으로 자본축적을 외교정책으로 삼는다. 똑같은 논리로 사우디아라비아도 석유수출을 통한 자본축적을 외교정책의 기조로 삼고 있다.

요컨대, 사우디아라비아는 석유수출로 벌어들인 석유달러를 기반으로 더 많은 자본축적과 서구식 경제성장을 원하고 있기 때문에 궁극적으로는 자본축적이 대외관계 역량의 핵심(W. J. 크로우 1982, 305)인 외교정책 기조로 작용된다. 즉 사우디아라비아의 석유가격은 세계석유시장과 미국의 영향을 받지만 한편으로 석유증산과 감산수출 즉 석유생산량의 조절수출은 사우디아라비아 외교정책을 결정 지우는데 가장 근원이 되는 요인이다. 이것을 구체적으로 살펴본다.

1973년 1월 사우디아라비아 정부는 미국정부의 대리자인 아람코(Aramco) 지분을 25% 인수하였고, 1973년 10월 제4차 중동전쟁으로 촉발된 자원민족주의의 결과로 사우디아라비아는 로얄 패밀리, 부르주아 및 뿌띠 부르주아, 부족장의 3자동맹의 이익을 위하여 상대적 국가자율성을 증대시킴으로써 아람코(Aramco)의 시설을 일부분 국유화할 수 있었다. 이처럼 사우디아라비아는 미국 중심의 헤게모니에 대항하면서 자본주의 세계체제에서 유리한 위상을 점하고 자 석유수출국기구(OPEC)를 통하여 세계석유가격을 인상시킬 수 있었다. 역시 1979년 이란 호메이니의 이슬람혁명 결과로 파생된 제2차 석유위기 때도 사우디아라비아는 세계석유가격을 역시 인상시킬 수 있었다. 이후 사우디아라비아 정부는 아람코의 라스 타누라 정제공장을 1980년에 100% 인수하기로 하였으나 그 당시에는 아람코의 라스 타누라 정제공장을 인수치 못하다가 1989년 4월에 들어와서야 완전히 인수하여 독립법인인 사우디아라비안 석유회사(Saudi Arabian Oil Company: Saudi Aramco)를 설립하면서(W. J. 크로우 1982, 784) 아람코를 완전히 국유화하였다. 이와 같이 정유정제 시설을 포함하여 석유생산 시설을 국유화한 사우디아라비아는 현재 자국의 석유생산과 석유가격을 완전히 통제할 수 있는 기반을 갖추었다.

그렇지만 사우디아라비아는 세계석유시장에서 석유생산수준, 가격을 다른 산유국들과는 달리 적정선을 유지한다. 즉 사우디아라비아는 세계 석유시장에서의 지배적 위치로 가격경쟁에서 온건적 역할을 하였고 현재도 하고 있는 중이다.

이 같은 현상에 대하여, 서방학자들은 세계시장에서 사우디아라비아산 석유가격과 생산량의 적정화가 합리적이라 한다. 즉 "사우디아라비아 국내와 국외에서 사우디아라비아 재정에 필요한 만큼이 생산되고 수출되는 것은 다른 OPEC 국가들과 달리 사우디아라비아가 원유매장량과 부의 원천으로서 석유에 의존한다는 견지에서 볼 때 합리적이다"라고 주장한다. 반면, 사우디아라비아의 테크노라트와 다른 학자들은 "과도한 잉여 금융의 축적을 피해가면서 하루생산 8백만~1천만 배럴 대신에 5백만~6백만 배럴 정도로 석유를 생산하는 것이 사우디아라비아 재정에 도움을 주고, 이것은 미래에 대한 투자형태로 땅속에 놔두면서 미래의 가격에 대비하는 것이다"라고 주장한다. 이처럼 두 가지 의견을 주장하는 이들의 견해 차이는 세계석유시장을 고려하는 것인가 또는 고려하지 않는 것인가에 기인한다.

그렇지만 언급한 두 견해와는 달리 사우디아라비아 석유가격의 정책결정은 '정치적 고려'에 더 중점을 두는 견해가 있다. 이전 석유문제에 정통한 경제학자들이 적정가격으로 석유생산수준을 높이는 것과 최고가격으로 석유생산수준을 낮출 것인가를 고려하는 것은 굉장히 어려운 문제라고 피력한 바 있다. 그렇지만 사우디아라비아 정부는 가끔 석유가격 결정에 정치적 차원을 강조한다. 즉 사우디아라비아가 거대한 잉여 금융을 만들기 위해 석유를 생산하든가 또는 세계시장이 지탱되도록 낮은 가격에 석유를 팔든가 간에 '정치적인 고려'를 하지 않을 수 없음이다. 여기에서 말하는 '정치적인 고려'란 결국 사우디아라비아 주권성에 대한 것이다. 즉 미국의 압력을 고려하면서 또 한편 국가의 상대적 자율성을 확보하기 위하여 자국 국가목표에 대한 고려를 하고 있다.(William B. Quandt 1981, 123-124) 이러한 입장에서 사우디아라비아는 미국의 허수아비 정권이 아니라고 항변하고 있다.(http://www.saudi-us-relations.org/articles/2008/ioi/080303-saud-shoura.html 검색일2009. 2. 27)

이유가 어떻든 간에 사우디아라비아는 상대적 자율성 범위 내에서 이익 극대화정책을 추구한다. 사우디아라비아는 석유수출로 벌어들인 오일달러로 중동의 다른 산유국들과 같이 자국의 안전보장에 필요한 군수무기구입, 정부지출사업 등을 벌이고 있기 때문에 오일달러가 외교정책과 대내정책 수립의 근간이 되고 있다.(Emil A. Nakhlih 1989, 21)

요컨대 사우디아라비아는 세계석유시장과 미국의 영향을 받지만 근원적으로 석유증산수출과 감산수출은 사우디아라비아의 외교정책의 근간으로서 작용하고 있다. 이외 사우디아라비아는 석유수출국기구(OPEC)에 참여하고 있다. 물론 석유수출국기구(OPEC)에는 반제국주의, 반식민주의 정책을 내걸면서 미국과 달러화가 세계기축통화가 되는 것에 반대하는 베네수엘라 차베스대통령(『한겨레신문』, 2006년 6월 2일자)도 참여하고 있다.

2. 독자적 안전보장 추구

일반적으로 세계체제 내 주변국들의 외교정책은 중심국과 비교하여 볼 때 외부적 환경에서 일어나는 사건과 행위, 외부환경에서 오는 도전과 중심국의 외교정책에 의하여 영향을 아주 많이 받는다. 다시 말하여 주변국들은 일반적으로 대외관계가 대내관계보다 우위에 놓이게 되고 큰 비중을 갖게 됨으로써 중심국의 영향을 굉장히 받게 된다. 그래서 중심국이 주변국을 어떤 형태로 지배하느냐 혹은 주변국에게 영향을 주느냐에 따라 그 주변국의 기본적 성격, 정치사회적 구조, 지배계급, 국민의 가치관이 다르게 형성되기도 한다. 이러한 현상에 관한 심층적인 분석을 볼 때 주변국들은 외부와의 관계에서 부분적인 역할을 하는 데 그치지 않고 보다 광범위한 역할과 기능을 한다. 이러한 의미에서 주변국들은 외부적 환경을 이용하기 위해 외교정책에서 자국의 체제유지와 생존의 목표(김정원 1996, 25-26)를 자본축적의 목표와 함께 우선적 목표로 삼는다. 그래서 주변국들은 안전보장을 중요시하고 그들의 외교정책에서 안전보장문제를 우선적으로 다루고 있다

독자적 안전보장을 추구하기 위하여 사우디아라비아는 일차적으로 자체 내의 군에 의존하고 있다. 즉 사우디아라비아 내에는 성격과 명령계통이 다른 군대가 둘이 있다. 왕의 직속부대인 사우디아라비아 국방군(Saudi Arabia National Guard)과 정부에 속하는 국방항공부 소속 정규군(MODA) 및 비정규군이 그것이다. 사우디 국방군은 대략 7만 7천명이고, 정규군은 약 10.7만명(지상군 7.5만, 공군 2만, 해군 1.2만)이다. 비정규군으로서 내무성 산하 치안군은 경찰 2만, 경비대 1.5만, 특수군 8천명 등 총 4만 3천명이다

사우디아라비아 국방군은 내부반란과 다른 사우디 정규군으로부터 왕족을 보호하는 임무를 가지고 있다. 왕족인 아미르 압둘라와 그의 아들이 국방군에서 주요한 위치를 차지하고 있다. 국방군의 본부는 리야드에 있고, 주요 국방군 부대는 알아흐사 오아시스, 동부주의 유전지대, 나지드주의 알카심지역, 타이프, 담맘, 제다에 있고, 국방군은 주로 이 근처의 부족으로부터 차출된다. 1950년대와 1960년대에는 국방군과 정규군은 대등한 세력균형이 이루어졌으나 1990년대 이후 세력이 국방군 쪽으로 기울어졌다. 국방군은 유력 부족장들의 명령계통아래 부족대대로 재편되었으나 왕족을 보호하는 임무는 변함이 없다. 사우디아라비아 내 유력 부족원들은 주로 국방군으로 복무를 하고 있다. 국방군은 부족의 지지로 왕족을 보호하기 위한 수단이다. 대신에 왕족은 국방군으로 차출되는 부족에게 보조금을 준다.

반면 정규군은 외부공격으로 사우디를 방어하는 임무를 가진 공적인 사우디 군대이다. 정규 군대는 지원제이다. 정규군은 지상군, 해군, 공군, 방공군을 단일 지휘체계화하여 통합군 형태로 편성 운용되고 있으

며, 총참모장(합참의장)이 각 군 사령관을 지휘하는 체계를 갖추고 있다.

이밖에 비정규군인 치안군은 말 그대로 사우디아라비아 내 치안을 담담하고 있다.

사우디아라비아는 미국, 영국, 프랑스 등 서방 선진국으로부터 대규모의 첨단무기를 도입하여 운용해왔으며, 따라서 이들 서방국가에 대한 무기체계 종속이 심화되고 있다. 이러한 형편으로 인하여 사우디아라비아 국방성은 서구 선진국위주의 무기 의존도를 낮추기 위하여 무기구매의 다변화를 모색하고 있다.(http://www.mofat.go.kr/ek/ek_a004/ek_sasa/ek_a02/ek_b07/1212736_6440.html 검색일 2006.11.6)

한편 역사적으로 볼 때, 주변국들은 강대국들의 지배와 영향에 대하여 자율성을 확보하기 위해 중립주의(neutralism), 고립주의(isolation), 유화정책(appeasement), 비동맹(non-alignment)정책, 동맹정책(alliance policy), 집단안전보장정책(collective security policy) 등을 구사하여 왔으며, 시대적 상황에 따라 그 적응 형태에 변화가 있어 왔다.(김정원 1996), .26-27) 사우디아라비아의 경우도 자국의 안전보장을 위하여 역대 왕 정권에 따라 동맹정책, 비동맹운동정책, 집단안전보장정책을 구사하여 왔다. 이전 사우디아라비아는 제2차 세계대전 초기에는 중립정책(Policy of neutrality)(George Lenczowski 1980, 580)을 채택한 바 있었다. 그러나 사우디아라비아는 1950년대에 들어와서 미국에 완전히 의존하는 성격으로 변화하게 된다. 예컨대 사우디아라비아의 이븐 사우드 왕은 1950년 미국 트루만 대통령으로부터 사우디아라비아가 영토적 통합을 이룩하고 보존하는 것이 미국의 이익에 부합된다"고 하는 확인을 받은 바 있다. 이렇게 사우디아라비아의 외교정책 기조인 안전보장 정책도 세계체제의 헤게모니 국가인 미국에 의존하는 즉 완전한 자율성을 가진 외교정책 기조가 아니라 미국의 영향에 구속되는 상대적 자율성을 가진 정책이다.

이럼에도 불구하고 사우디아라비아는 걸프전이 있기 전까지는 미국과의 밀접한 관계를 원했지만 외부에 알려지길 꺼려서 공식적 동맹의 조인이나 미군의 주둔을 피하였다. 그러나 걸프전쟁 후에는 사우디아라비아는 자국의 능력만으로 안전보장을 달성할 수 없기(Middle East Report, July-September 1997, 16)때문에 미국과 동맹을 맺으면서 적극적으로 미국의 군사력에 의존하였다. 미국도 사우디아라비아와의 안보동맹을 과시하기 위해 사우디아라비아에 전투기와 항공모함을 파견하면서(중동문제연구소(편) 1987, 325) 사우디아라비아와 공동으로 군사훈련 및 고문지원을 실시 한 바 있다. 더욱이 미국의 지원으로 사우디아라비아는 해군력증강계획을 추진시켰다. 이러한 미국의 도움으로 한 사우디아라비아 해군력 증강은 사우디아라비아 자체로 홍해와 페르시아만 일대의 활동을 감시할 수 있게 되었다(W J.크로우 1982, 307-308). 이것 외에 미국은 1991년 9월초 걸프전쟁 때 사우디아라비아에 배치하였던 미군 54만 1천 명 중에서 3만 7천명을 사우디아라비아에 남아있게 하면서 사우디아라비아의 안전보장을 책임지고 있다(Europa Yearbook, 38th edition,1991, 780). 이러한 점들로 볼 때, 사우디아라비아의 안전보장은 많은 부분을 미국에 의존하였다.

요컨대 세계체제 속에서 국가의 기본적인 목표는 국가의 유지와 생존을 위한 자국의 안전보장이다. 사우디아라비아도 이러한 틀을 벗어나지 못하고 국가 유지와 생존을 가장 기본적인 목표로 삼는다. 그래서 사우디아라비아는 이전 미국과의 동맹정책의 틀 속에서 외교정책의 소 목적으로 집단안전보장정책, 비동맹운동에의 참가를 운용하였다. 이러한 것들은 바로 사우디아라비아가 자국의 안전보장이란 목적을 달성하기 위함이다.

이처럼 세계체제에 편입된 사우디아라비아가 본래의 대내외적인 이슬람국가적 성격을 일부 버리고 서구 자본주의 국가와 같은 기능을 수행함으로 인해서 좀 더 구체적으로 말하면 기업과 같은 역할을 하기 때문에 사우디아라비아를 전복하기 위하여 이슬람원리주의자에 의한 반국가 활동과 반체제운동이 사우디아라비아 반도에서 끊임없이 일어나고 있다.

이렇게 이슬람 원리주의자들은 사우디아라비아의 왕정타도와 미국타도를 구호로 내걸면서 사우디아라비아의 안보를 위협하고 있다. 그래서 사우디아라비아는 대외정책의 기조로 안전보장을 내걸고 있다. 이러한 결과로 사우디아라비아는 안전보장을 외교정책 기조로 삼고 있는 한편 또 미국의 도움으로 사우디아라비아의 안전보장이 유지되고 있다.

그러나 사우디아라비아는 이란 자체가 걸프에서 무서운 힘을 가지고 있다고 자체적으로 판단하고 있고, 더욱 사우디아라비아는 판단 결과에 대해 걱정하고 있다. 또 사우디아라비아는 미국이 이란의 핵개발 프로그램을 저지하려고 하고 있음을 알고 있다. 즉 사우디아라비아와 알카에다는 미국은 사우디반도지역에서 싸우지 않으려고 하고, 만일 싸움이 일어난다 하더라도 미국은 승리할 수 없다는 점을 인식하고 있다. 이러한 이유로 사우디아라비아는 이란의 도발에 대하여 미국이 사우디를 방어할 것에 확신을 가지고 있지 못하고 있다.

그래서 사우디아라비아는 이란과 이슬람 이데올로기 즉 수니와 시아란 종교적 지도력 경쟁, 경제적 경쟁관계란 관점에서(Henner Fürtig 2002, 230-231) 볼 때 완전한 안전보장을 이루기 위하여 독자적 무기구매를 외교 전략으로 내걸고 있다. 즉 사우디아라비아는 석유수출로 벌어들인 오일달러를 근간으로 하여 외교정책으로 군수무기 구입을 시행하고 있다. 이전 사우디아라비아는 1973년 석유국유화 조치 전에는 미국의 무기지원과 원조를 받았으나 석유국유화 이후부터는 미국에 편중하면서 무기구입을 한다. 1973년 이후 사우디아라비아는 미국의 약 ¼ 되는 국토면적에 약 2천만 명의 인구와 자국의 안전보장을 위하여 매년 많은 무기와 군수물자를 구입한다. 1980년대에 사우디아라비아는 세계에서 군비지출을 많이 한 국가들 중에 끼었다.

이전 칼리드 왕 재임 시인 1977년 외교정책 결정메커니즘에서 사우디아라비아 자율성의 증가로 힙 입어 사우디아라비아 무기구입비는 75억 달러에 달하였다. 이는 이전보다 대폭 증가하였던 것이다.(W.J.크로우 1982, 307) 또 미국의 카터가 대통령으로 재임 시인 1978년에 미국은 사우디아라비아, 이집트, 이스라엘에 총2백대의 전투기 판매를 승인함에 따라 (Robert Solomon 1994, 304-305) 사우디아라비아는 F-15기를 구입한 바 있다. 또 1983년에 사우디아라비아는 GNP의 22%에 달하는 24억 8천만 달러를 무기구입비로 지출한 바 있다.

또 1989년에는 14억 7천만 달러로 이전보다 군비지출이 다소 줄긴 하였지만 그래도 세계 11번째 군비지출 과다국에 들어갔다. 1990년에는 이라크의 쿠웨이트 침공으로 인하여 사우디아라비아의 군비지출은 주로 미국과 영국에 편중하면서 31억 9천만 달러에 달하였다. 또 1991년에는 사우디아라비아가 미국, 영국, 프랑스가 걸프전쟁 때 공헌하였다고 전쟁보상금조로 지불한 13억 7천만 달러를 포함하여 무기구입비용이 26억 8천만 달러에 달하였다. 바로 이렇게 사우디아라비아의 외교정책 목표인 안전보장을 위하여 군비에 지출되는 금액의 원천은 석유수출로 받은 대금과 自國産 석유로부터 나온다. 예컨대 이전 사우디아라비아는 1985년 프랑스 정부로부터 7천 5백만 달러에 상응하는 현물석유와 미라주전투기 45대를 맞교환한 바 있다. 또 사우디아라비아는 영국과 75억 달러에 상응하는 석유와 132대의 군용기를 맞교환하기로 계약을 체결한(Europa Yearbook 38th edition 1991, 777)바 있었다.

또 사우디아라비아는 파키스탄으로부터 핵무기 프로그램을 구입하려 하고 있다. 더욱 핵무기 프로그램 외에 사우디아라비아는 사우디 영토에서 미군과 미군기지 철수를 요구하고 있다.

3. 중동안정화 추구

사우디아라비아는 중동 지역 내 안정화정책을 추진하고 있다. 사우디아라비아는 이집트와 협력하여 레바논 前총리 하리리 암살에 개입하였다고 추정되는 시리아를 미국이 공격의 두려움과 중동안정화를 바라면서 이집트와 협력하여 시리아가 UN의 조사를 받도록 독려하는 외교가 그 좋은 예이다.(Gulf News, January 3, 2006)

한편 사우디아라비아는 반 이스라엘정책에서 팔레스타인 안정화 정책으로 선회하였다. 즉 1967년 아랍-이스라엘 전쟁 때 이스라엘이 예루살렘을 점령한 이후부터 사우디아라비아는 이슬람에서 聖都로 간주되는 예루살렘의 반환을 요구하였고, 당시 사우디아라비아 외교정책은 이스라엘에 대한 적대감을 외교정책으로 삼고 있었다. 그러나 사우디아라비아는 신자유주의의 영향과 미국의 '대중동구상'에 부응하여 이스라엘 인정과 팔레스타인 국가 수립을 지지하는 방향으로 정책의 선회가 있었다. 이 같은 이유는 사우디아라비아가 중동안정화를 바라기 때문이다.

또 사우디아라비아 압둘라 빈 압둘 아지즈왕의 암살미수사건에 개입을 하였던 리비아와는 불편한 관계에 있었지만 지금은 사우디아라비아가 중동안정화를 바라고 있기 때문에 점차 친미 성향으로 돌아선 리비아와 관계 개선 중에 있다.

4. 걸프만(GCC)국가와의 협력

사우디정부는 미국의 만약에 있을지도 모를 사우디 정권교체에 대항하기 위해 정권보장이란 측면에서 내부정통성과 정체성을 확립하고자 한다. 이러한 내부정통성(legitimacy)과 정체성 확립 목적[40]이 외교정책으로 표현된 것이 걸프만 국가들끼리의 협력이다.

사우디아라비아는 1982년 걸프만 연안의 보수적인 국가들 즉 쿠웨이트, 오만, 바레인, 아랍에미리트, 카타르와 함께 걸프만협력기구(GCC)를

40) 사우디의 정체성은 이슬람, 아랍, 걸프, 사우디 정체성이 복합적으로 작용하고 있다. 이러한 정체성에 대하여 구성주의적 시각으로 사우디아라비아의 외교나 안보정책을 설명할 수도 있다.

결성하였다. 현재 사우디아라비아를 통치하고 있는 사우드가문, 쿠웨이트를 다스리고 있는 사바가문, 바레인을 다스리고 있는 칼리파가문이 아니자('Aniza)부족 (Rada Nasr Husein 2005, 37-39)이기에 부족정체성과 이슬람정체성이 어우어지기에 걸프만국가들 간 협력의 바탕이 되고 있다.

이 기구를 통하여 사우디아라비아는 내부정통성 확립이란 목적과 함께 역내 국가와의 경제협력, 집단안전보장을 통해 에너지 안보를 공유하고 있다. 한편 중동 에너지 안보를 위협하는 미국의 석유안보를 살펴보면, 미국 밖에서 생산되는 석유는 미국 내에서 생산되는 석유보다 싸기 때문에 미국은 미국 내에 매장되어 있는 석유보다는 필연적으로 외국 특히 중동에서 석유를 확보하고 들여오려고 한다. 그러나 또 한편 미국은 국내석유산업을 보호하기 위하여 미국 내에서 생산되는 석유를 외국생산 석유와 경쟁하기 위해 높은 가격으로 유지시켜야 한다. 바로 이러한 점에서 미국은 딜레마에 놓여있지만 미국 석유 다국적 기업들은 중동에서 값싼 석유를 더욱 확보하여 공급함으로써 미국 내 석유산업을 더욱 악화시킨다(Ian Rutledge ,2005, 39).

이러한 상황에서 사우디아라비아를 비롯한 GCC회원국들은 미국의 석유안보에 대항하여 자체 석유안보를 공유한다. 즉 사우디아라비아를 비롯한 GCC회원국들은 OPEC의 석유가격 담합구조가 붕괴된 이후부터 오일머니를 더욱 확보하기 위해 석유가격을 GCC회원국들과 석유가격 정보를 공유함으로써 자체적으로 인상시키고 있다. 사우디아라비아는 석유가격을 지탱하기 위하여 1982년 하루 6.7백만 배럴 생산에서 1985년 3.6백만 배럴로 감산한 바 있었다. 단지 1986년에는 하루 5백만 배럴 생산으로 생산량을 늘려서 1985년 1배럴 27.53US달러에서 1배럴 12.97US달러로 유가를 낮춘 바 있었다(Ian Rutledge 2005, 49-50). 하지만 서부텍사스유 중질유를 기준으로 할 때 2004년 1배럴에 43.80US달러, 2005년 4월 1배럴에 57.27US달러, 2006년 4월 69.32US달러(연합뉴스 2006년 4월 14일자)로 꾸준히 석유가가 소폭 오르는 것은 값싼 석유를 구입하려는 미국의 다국적 기업에 반하여 사우디아라비아의 석유안보를 위하여 GCC국가들과 에너지 안보를 공유하여 생산량을 감산하고 있다.

5. 유럽국가 및 아시아 국가와의 협력 강화

사우디아라비아는 EU, 러시아, 중국, 일본 등 국가들과 협력 체제를 구축하면서 미국의 '대중동구상' 정책에 대응하고 있다.

사우디아라비아와 EU와의 협력관계를 보면, 사우디아라비아는 EU에 대한 이중석유가 시스템을 철폐하고 자유무역협정(FTA)을 체결하였다.

사우디아라비아와 러시아와의 협력관계를 보면, 사우디아라비아는 러시아 루크오일(Lukoil) 석유회사, 스트로이트란스가스(Stroytransgaz) 회사 및 러시아 군수물자회사의 자국 내 활동을 허용하면서 러시아와의 외교관계를 돈독히 하고 있다.(Gulf Yearbook 2004- 2005, 242-242)

사우디아라비아와 중국과의 협력관계를 보면, 사우디아라비아는 그동안 맑스계열 사회주의국가라고 경원하였던 중국과 1990년 외교관계를 수립하였다. 1999년 10월에는 중국 주석 장쩌민(Jiang Aemin)이 사우디아라비아를 방문한 바 있다. 이러는 가운데 사우디아라비아와 중국은 경제 및 무역협정을 체결한 바 있다. 중국은 수입원유의 30%를 사우디아라비아를 비롯한 GCC국가와 이란으로부터 가져간다(Gulf Yearbook 2004- 2005, 236). 반면 사우디아라비아는 많은 중국 제품을 수입하고 있다. 이렇게 양국은 경제 및 무역협력을 통하여 관계를 돈독히 하고 있다.

사우디아라비아의 일본과의 협력관계를 보면, 일본은 원유를 사우디아라비아를 비롯한 GCC 회원국들로부터 20.9%를 수입하고 있다고 일본 외교청서(Diplomatic Blue Book)에 쓰여 있다. 사우디아라비아는 일본에게 원유를 수출하고 일본제품을 수입하면서 협력관계를(Gulf

Yearbook 2004- 2005, 232-233) 맺고 있다. 일본은 이라크에 군을 파병한 이후 파병을 싫어하는 중동국가들에게 소외를 당하지 않도록 사우디아라비아와 협력관계를 강화하고 있다.

V 결 론

이상과 같이 부시정부의 '대중동구상' 즉 중동의 민주화 정책과 자유화 정책에 초점을 맞추면서 사우디아라비아의 순응 및 대응 외교정책 내용 및 결정과정이 구체적으로 고찰되었다. 그래서 다음과 같은 분석틀이 설정된 바 있다. 즉 미국은 세계체제 내의 패권국이다. 미국은 패권국의 지위를 이용하여 자유민주주의, 시장경제를 사우디아라비아에 강요하고 있다. 그렇지만 사우디아라비아의의 외교정책은 미국의 영향을 한편으로는 받지만 한편으로는 대응하고 있다. 사우디아라비아의 외교정책이 이슬람가치와 서구민주주의 가치 융합으로 변모된 것은 전자의 예이고 독자적 안전보장 추구 같은 대응외교정책은 후자의 예이다. 물론 이러한 것은 다시 세계체제로 환류 된다.

즉 미국은 민주적 변화와 개혁, 인간 개발을 통하여 중동 테러리즘으로부터 미국 및 서구의 안보를 확보하겠다는 목적으로 사우디아라비아에게 민주화를 강요하고 있다. 그렇지만 사우디아라비아는 미국의 '대중동구상'을 탐탁하게 여기지 않았지만 아랍 국가들이 대중동구상을 받아들이는 것은 필연적이었다. 권위주의정권인 사우디아라비아도 개혁에 예외는 아니었다. 그렇지만 사우디아라비아는 이슬람가치에 손상시키지 않는 범위에서 개혁을 하고 있다.

또 시장화란 관점에서 사우디아라비아는 경제 분야에서는 점진적인 변화와 시장화를 추구하고 있다.

아울러 테러란 관점에서 사우디아라비아는 미국이 선포한 테러와의 전쟁과 발맞추어 2004년 테러와의 전쟁을 선포하였고, 이후 사우디정부는 이슬람주의자들의 색출에 나섰다.

그렇지만 사우디아라비아는 과도한 석유의존, 정치적 의지의 결여, 외부간섭에 대한 반대, 안전보장 염려 등으로 미국의 대중동구상 같은 외부 개혁은 한계를 가지고 있기에 사우디아라비아는 독자적으로 대응정책을 강구하지 않을 수 없다. 즉 이익극대화 추구, 독자적 안전보장 추구, 걸프만안 국가들과의 협력, 유럽 및 아시아 국가들과의 협력 같은 요인들이 상대적 자율성 범위 내에서 사우디아라비아의 자율적인 외교정책의 근간을 이루고 있다. 즉 사우디아라비아는 세계석유시장과 미국의 영향을 받지만 근원적으로 석유증산수출과 감산수출은 사우디아라비아의 외교정책의 근간으로서 작용하고 있다.

독자적 안전보장추구란 관점에서 사우디아라비아는 이란의 도발에 대하여 미국이 사우디를 방어할 것에 확신을 가지고 있지 못하고 있다. 그래서 사우디아라비아는 이슬람 이데올로기 즉 수니와 시아란 종교적 지도력 경쟁, 경제적 경쟁관계란 관점에서 이란과 독자적 안전보장을 이루기 위하여 독자적 무기구매를 외교 전략으로 내걸고 있다. 이외 사우디아라비아는 핵무기 프로그램 외에 사우디 영토에서 미군과 미군기지 철수를 요구하고 있다.

또 사우디정부는 미국의 만약에 있을지도 모를 사우디 정권교체에 대항하기 위해 정권보장이란 측면에서 내부정통성을 확립하고자한다. 이러한 내부정통성(legitimacy) 확립이 외교정책으로 표현된 것이 걸프만 국가들과의 협력이다. 사우디아라비아는 걸프만협력기구를 통하여 사우디아라비아는 내부정통성 확립과 정체성이란 목적과 함께 역내 국가와의 경제협력, 집단안전보장을 통해 궁극적으로 중동안정화정책과 에너지 안보를 공유하고 있다. 이외 사우디아라비아는 EU, 러시아, 중국, 일본 등 국가들과 협력 체제를 구축하면서 미국의 '대중동구상' 정책에 대응하면서 외교의 다변화를 꾀하고 있다.

이처럼 사우디아라비아는 미국의 대중동구상 정책에 한편으로는 동조하면서 한편으로는 상대적 자율성을 가지면서 외교정책을 수립하고 실행하고 있다. 따라서 미국의 대중동구상은 완전한 실효성을 가지지 못한다고 하겠다. 이러한 점을 우리 정부는 잘 살핌으로써 양국 간의 더 나은 외교관계를 맺을 수 있다고 사료된다.

제4장 미국의 대중동구상과 시리아의 대응외교

박웅철

Ⅰ 서 론

조지 W. 부시 미대통령은 2001년 9.11 테러가 발생하자 테러와의 전쟁을 선포하고, 같은 해 10월7일 오사마 빈 라덴의 은신처였던 아프가니스탄을 침공, 탈레반 정권을 제거한 이후 카르자이를 대통령으로 하는 친미 정권을 자유선거로 수립하였다.

미국은 이라크 정권이 유엔안보리 결의안에 반하여 대량살상무기 개발을 지속적으로 추진하고, 테러를 지원하여 세계 평화를 위협하며, 자국 국민들을 억압하기 때문에 무장해제 시켜야 한다는 명분을 앞세워 2003년3월19일 이라크를 공격, 사담 후세인 정권을 제거하였다.

미국은 테러와의 전쟁을 수행하면서 테러를 자행하는 테러분자들이 이슬람 원리주의자들에 의해 양성되는 민주주의가 정착되지 않은 이슬람 국가에서 사회적 불만을 갖는 국민들이라는 인식을 갖고 2004년6월 미국 씨 아이랜드(Sea Island)에서 개최예정이었던 G8[41] 회의에서 대중

41) G8은 선진국 8개국으로서 미국, 영국, 프랑스, 독일, 일본, 이탈리아, 캐나다, 러시아 등이다.

동구상 발표를 계획했다. 미국은 동 선진국들과 함께 이슬람 국가에 민주주의를 정착시키고 지식사회를 건설하며 경제적 기회를 확대함으로서 미국과 유럽 선진국의 안보를 위협하는 테러분자들의 양성을 차단하겠다는 대중동구상을 기획하였다(al-Hayat 2004.2.13, 10).

미국식 민주주의를 문화적, 종교적, 역사적 배경이 완전히 다른 아랍과 이슬람국가에 정착 시키겠다는 미국의 발상은 특히 아랍국들로부터 환영 받지 못하였는데, 대부분의 아랍국들은 일단 외부(미국)의 압력에 의한 민주화에 반대한다는 입장을 보이면서, 각국별 이해관계에 따라 상이한 반응을 보였다. 이들 국가들은 ①미국의 대중동구상을 공개적으로 지지하는 부류 ②미국의 구상에 대한 세부적인 내용 파악을 위해 대표단을 파견하여 미국과 대화하자는 부류 ③중동 지역에 간섭하려는 서방의 어떠한 제안도 받아들일 수 없다고 완강히 거부하는 입장을 보이는 부류 등으로 구분되었다.

동 연구는 미국의 대중동구상 외교에 대응하는 중동국가 중 시리아를 중점적으로 고찰한다. 시리아 외교정책수립에 영향을 미친 역사적, 문화적, 종교적, 지정학적 요소들과 시리아 외교정책의 목표와 기조 등 시리아의 외교정책을 살펴본 이후, 미국의 중동외교관련 역사와 기조, 대중동구상 결정 관련 요소, 아랍국들의 반응 및 시리아의 대응 외교를 연구한다.

II 시리아의 외교정책 결정 환경적 기본요인

1. 역사 및 지정학적 요인

시리아의 외교정책을 논하기에 앞서 시리아 건국과 국가관, 그리고 대외관계에 큰 영향을 미친 역사적 사건들을 시대적으로 간단히 살펴볼 필요가 있다.

1918년까지 시리아는 현재의 시리아, 레바논, 요르단, 이스라엘을 포함하는 광범위한 지역을 지칭하는 개념이었으며, 오스만과 로마제국에게 있어서 시리아는 유프라테스 강에서 지중해, 시나이 반도에서 터키 남부까지의 지역을 포함하는 지역이었다(The Middle East and North Africa 2004, 1015).

1914년 제1차 세계대전이 발발하자 영국은 오스만제국과의 전쟁에서 아랍민족의 협력을 얻기 위해 당시 아랍민족의 수장역할을 하던 메카의 후세인족장에게 아랍독립국가 창설을 약속했다. 이에 따라 주 카이로 영국 고등판무관인 맥마흔(Henry Macmahon)은 1915년 7월부터 1916년 3월까지 10여 차례에 걸쳐 외교서한을 후세인족장과 주고받았으며(맥마흔-후세인 서한) 후세인족장은 맥마흔-후세인 서한의 내용을 믿고 오스만제국에 봉기했다.

한편, 영국, 프랑스, 러시아는 1916년 5월 세계대전 종전 이후 오스만제국 영토의 분할을 약속하는 사이코스-피코(Sykes-Picot) 협정을 체결했는데 이 협정에 따라 영국은 이라크 동남부와 요르단, 팔레스타인 지역을, 프랑스는 레바논, 시리아, 이라크 북부, 아나톨리아 남동부를, 러시아는 그루지야, 아르메니아에 접하는 오스만 제국의 영토 일부를 통치하게 되었다.

영국은 1917년 11월 미국의 세계대전 참전 유도를 위한 이중플레이를 전개하는데 영국 외상 발포어(Balfour)는 미국과 영국의 유대인들에게 오스만 제국과의 전쟁을 지원하면 팔레스타인 지역에 유대국가 건국을 지원하겠다고 약속했다(발포어 선언).

제1차 세계대전 이후 강대국들의 이중, 3중 외교와 아라비아 반도 북부 지역에 대한 강대국들의 이해관계에 따라 요르단, 레바논, 시리아, 이라크 등이 독립하는데 동 지역에 거주하던 부족들의 이해관계와 전통은 전혀 고려되지 않았고, 향후 강대국에 위협이 될 가능성이 있는 동 지역의 세력을 약화시키는 방향으로 신생 국가들이 건국되었다(Gerner 2000, 131).

시리아는 1920년 3월 메카의 수장 후세인족장의 아들 파이잘을 초대 왕으로 추대하고 대 시리아 왕국(Kingdom of Greater Syria)의 독립을 선포한다. 그러나 프랑스는 1920년 7월 군대를 동원하여 무력으로 다마스쿠스를 점령하고 파이잘 왕을 축출한다(The Middle East and North Africa 2004, 1017). 프랑스는 같은 해 프랑스에 협조적이었던 마로나이트 기독교인들이 거주하는 레바논 지역을 시리아로부터 분리하였으며, 영국은 1921년 후세인족장의 아들들인 파이잘과 압둘라를 각각 이라크와 트랜스 요르단의 국왕으로 인정함으로서 현재와 유사한 시리아 국경이 형성되었다.

시리아는 대 프랑스 봉기와 독립투쟁, 프랑스-시리아 협정 체결 등을 거쳐 1941년9월 독립을 선포하고, 1943년 7월 총선을 실시하였으며, 슈크리 알-쿠와틀리(Shukri Al-Kuwatli)가 1943년 8월 17일 초대 대통령으로 취임하였으나, 1946년 4월 17일이 되어서야 프랑스로부터 완전히 독립한다.

시리아는 북쪽으로는 터키, 동쪽으로는 이라크, 남쪽으로는 요르단, 서쪽으로는 레바논과 이스라엘을 접하고 있다. 1946년 독립 이후 시리아를 위요한 전쟁들과 대이스라엘 관계가 시리아 외교정책에 중요한 영향을 끼치게 되는데 중요한 사건들로는 1948년 이스라엘 건국에 따른 제1차 중동전쟁에 아랍군의 일환으로 참전, 수차례에 걸쳐 발생한 시리아 국내 쿠데타들, 1956년 이집트의 수에즈운하 국유화에서 비롯된 제2차 중동전쟁에서 이집트를 지원하기 위해 이라크의 지중해 송출 송유관 폐쇄 조치를 취한 간접 참전, 1958년 이집트와의 합병 및 1961년 분할, 1967년 골란 고원을 빼앗긴 제3차 중동전쟁(6일 전쟁) 참전, 1973년 이집트와 함께 이스라엘을 선제공격한 제4차 중동전쟁 참전, 1980~1988년간 이라크-이란 전쟁에서 유일하게 이란을 지원한 아랍국, 1991년 걸프전에서 쿠웨이트 해방을 위해 미국이 주도한 다국적군 참전 등이 있다.

1918년 이전의 대 시리아 회복을 꿈꾸는 시리아 지도부와 시리아 정부의 통치 이념이 된 바트(아랍 진보 사회주의)주의가 주창하는 아랍 민족주의, 이슬람 시아파의 분파인 알라위파 신앙을 가진 하피즈 알-아싸드 대통령의 취임과 2000년 사망까지의 장기집권, 하피즈 알-아싸드 대통령의 아들 바샤르 알-아싸드의 대통령직 세습, 냉전시대 미국-소련의 중동 지역에서의 경쟁 등 또한 시리아의 외교정책 결정에 영향을 미친다.

2. 문화적 요인

"중동 지역 정치와 국제관계를 약 50년 동안 연구한 한 학자가 언급하였듯이 중동 지역의 정치 현상은 관측을 무시하고 일반화를 불허하며 해석을 거부한다."(Louise 2005, 1). 그만큼 중동 지역의 국제관계와 외교정책은 변수가 많고 예측 불허한 상황으로 전개되어온 사례가 많다는 이야기이다.

시리아는 아랍국이고 이슬람국가이며 지중해연안국이다. 수도인 다마스쿠스는 현재까지 도시로서 기능을 하는 세계에서 가장 오래된 도시 중 하나로 알려질 만큼 유목생활보다는 정착민에 의해 문명이 발달해 온 도시이며, 이슬람이 선포된 초기 7세기에는 우마이야 왕조의 수도였기에 아랍 민족으로서의 관습과 이슬람적인 요소가 외교정책에 미친 영향도 간과할 수 없다.

다른 대부분의 아랍국에서도 마찬가지겠지만, 시리아에서는 국민 개개인들의 국가에 대한 애국심 보다는 부족과 종족에 대한 귀속감과 충성심이 더욱 강하고 또 중요하게 여겨진다. 제1차 세계대전 이후 인위적으로 확정된 국경에 따라 하나의 종족 또는 부족이 2개 국가의 국민으로 나뉘었으며, 국경이란 것이 지도상에 지나는 선만 그려져 있을 뿐 자연적인 분리선이 없는 현실에서 국가에 대한 소속감과 애국심보다는 종족과 부족에 대한 충성심이 앞설 수밖에 없다.

시리아 국민들이 국민으로서 단합된 입장을 보인 것은 1920년대 프랑스의 시리아 지역 분할통치 시도에 대항한 것이 처음이라고 볼 수 있다. 1920년 시리아지역을 차지한 프랑스는 마로나이트 기독교가 다수인 레바논 지역을 분리시키고 나머지 시리아 영토를 종족과 종교적 분포를 고려하여 3등분하고자 시도했는데 수니파 무슬림의 약 40%가 거주하는 다마스쿠스와 알레포를 중심으로 한 지역을 시리아 공화국으로 독립시키고, 알라위파가 다수인 라타키야 지방과 드루즈의 약 90%가 거주하는 자발 알-아랍(Jabal al-Arab) 또는 자발 알-드루즈(Jabal al-Druze) 또한 양분시키고자 하였다(김한기 2005, 11~16). 시리아 국민들은 프랑스의 시리아 추가 분할시도에 1925~28년간 항거함으로서 그나마 현재의 국경을 가진 단일 국가로 독립할 수 있었다. 1958~61년 동안 시리아와 이집트간의 통합과 분리과정에서의 경험은 시리아 국민들에게 현재의 영토에 대한 귀속감을 강화시켰다.

3. 종족 및 종파적 요인

시리아는 종족적으로 약 90%가 아랍종족이고, 나머지 10%가 쿠르드종족, 아르메니아종족, 샤르카스종족, 투르크메니스탄종족 등으로 구성된다(Lifrit 2005, 26).

종파적으로는 수니파 무슬림이 시리아 국민전체의 약 74%를 차지하는데 인구의 약 8%를 차지하는 쿠르드 종족이 수니파 무슬림이고 인구의 90%를 차지하는 아랍 종족 중 약 66% 만이 수니파 무슬림이다.

수니파 무슬림을 제외한 아랍 종족들의 종파는 시아파 무슬림의 일종인 알라위파, 드루즈, 이스마엘파 등으로 구분되는데 알라위파가 전체 국민의 약11～12%를 차지한다. 그리고 시리아 인구의 약 10%가 시리아 정교, 로마 가톨릭교, 개신교 등의 기독교인들이다.

이러한 각 정 · 종파사이에 존재하는 이념의 차이와 정치인 개개인간의 경쟁이 시리아에 다수를 차지하는 아랍 수니파 무슬림들과 여타 소

수 정·종파 간의 분열과 어우러져 1946년 시리아 독립 이후 국내 정세의 불안을 고조시켰으며, 1970년 하피즈 알-아싸드 대통령이 집권하기까지 수많은 쿠데타 발생의 중요한 원인이기도 하였다. 하피즈 알-아싸드 대통령은 종족적으로는 아랍인이었으나, 소수 종파인 알라위파 소속이었으므로 1976년부터 1982년까지 수니파 원리주의자들인 무슬림 형제단으로부터 정권에 대한 도전을 받기도 하였다.

4. 인근국과의 관계

아랍국[42)]인 시리아가 1979년 9월 이라크-이란 전쟁이 발발하자 아랍국인 이라크를 반대하고 아랍국이 아닌 이란을 지원함으로서 국내여론과 여타 아랍국들의 비난을 받음에도 불구하고 시리아 정부가 이란 지지정책을 채택하고 아랍국이 아닌 이란과 유일하게 긴밀한 협력관계를 유지할 수밖에 없었던 상황은 1970대말 인근국과의 외교역학관계에서 그 해답을 찾을 수 있다.

1973년 10월 제4차 중동전쟁 이후 시리아는 동 전쟁에 함께 참전했던 이집트의 사다트 대통령이 1977년 11월 19일 예루살렘을 전격방문하고 1978년 9월 17일 캠프 데이비드 협정에 서명하였으며 1979년 3월 16일 이스라엘과 평화조약을 체결함으로서 대이스라엘 항전에 있어서 이스라엘의 서부전선을 위협하던 동지를 잃어버렸다(Salloukh 2000, 430~431).

중동 지역 군사대국인 이스라엘을 홀로 상대하게 될 처지에 놓인 시리아는 이라크와의 관계 강화를 통해 이집트의 아랍진영 퇴장에 따른 공백 보상을 추구했다. 시리아는 1977년 11월 20일 이라크와의 관계에 새로운 장을 열 것을 촉구하였고, 1978년 10월 1일 이라크 혁명지도부의 긴급 바그다드 아랍 정상회담 제안 시 하피즈 알-아싸드 대통령은 아

42) 아랍국은 아랍연맹(League of Arab States) 회원국으로서 총 22개국이며 주로 아라비아 반도와 북부아프리카 지역에 위치하고 있다.

흐마드 하싼 바크르 이라크 대통령에게 시리아-이라크 합병을 제안하였으며, 하피즈 알-아싸드 대통령의 1978년 10월 24~26일간 바그다드 방문을 포함한 수차에 걸친 상호방문으로 시리아-이라크 합병은 급속히 진행되었다(Salloukh 2000, 432~434).

그러나 1979년 7월 16일 사담 후세인이 아흐마드 하싼 바크르를 제거하고 이라크 대통령으로 취임한 이후, 이라크 지도부는 7월 28일 이라크 정권 전복 기도가 있었으며 시리아가 배후에 있다고 주장함으로서 시리아-이라크 합병계획은 무산되고 시리아와 이라크 관계는 악화일로로 치닫게 된다.

시리아 정부는 이라크가 1976년부터 시리아 정권에 도전하는 무슬림 형제단을 재정적으로 지원하고 무기를 공급해주고 있다고 비난하였고 1977～1982년 사이에 시리아 주요도시에서 수차례에 걸쳐 발생한 폭발테러의 배후로 이라크를 지목하였으며 1982년 하마에서 무슬림 형제단 진압 이후 발견된 무기들을 이라크가 공급했다고 발표하였다.

레바논 내전에서도 이라크는 반시리아 진영인 아운 장군의 레바논 정규군을 공식적으로 지원하여 시리아에게 대 이스라엘 항전의 동지가 아닌 시리아의 외교정책을 위협하는 가장 위험한 이웃국가로 변신하였다.

1980년에는 시리아와 요르단의 관계도 악화되었는데 시리아는 요르단이 시리아 무슬림 형제단에게 안전한 피신처와 훈련 장소를 제공한다고 비난하였으며, 요르단 후세인 국왕은 이라크와의 관계 강화를 선호하여 시리아의 레바논 정책에 반대하는 입장을 취하였다.

에티오피아와 같은 중동 인근지역의 친미정권으로 1977년 사다트 이집트 대통령의 예루살렘 방문에 일조한 것으로 의심되는 이란의 샤(Shah) 정권이 1979년 1월 이슬람 혁명으로 전복되자 1970년대 초반부터 이란 샤 정권에 저항하는 호메이니 지지자를 지원해온 시리아는 이란의 신정부를 포용하였다(Salloukh 2000, 436). 시리아는 대이스라엘 항전에서 이집트가 아랍진영에서 제외된 반면 이란에 반미 · 반이스라엘 정권이 출범한 것은 큰 지원군을 얻게 된 것으로 평가했다.

이러한 상황에서 1979년 9월 22일 이라크-이란 전쟁이 발발하자 시리아는 이라크의 전쟁은 아랍의 전쟁이 아니고 시오니즘과 미국을 대신하는 전쟁이며 잘 못된 시간에 상대를 잘 못 선택한 잘 못된 전쟁이라고 비난하면서 반미 · 반이스라엘 정책을 표명한 이란에 대한 지지입장을 취하였다(Salloukh 2000, 439).

반이라크 입장을 고수해온 시리아는 1990년 8월 이라크의 쿠웨이트 침공에 따른 1991년 1월 제1차 걸프전에서 다국적군의 일원으로서 참전하였고 2003년 3월 미국의 대이라크 전쟁 이후에는 이란과 이란 인근 국가들인 걸프협력위원회(Gulf Cooperation Council, GCC) 회원국 6개국[43]과 이란간의 관계 개선에 중재자 역할을 하였다.

III 알-아싸드 정권의 외교정책 목표와 기조

1. 범 아랍민족주의

전통적으로 범 아랍민족주의에 기초하는 시리아 외교정책(Hinnebusch and Ehteshami 2002, 141)은 아랍세계의 통일을 주장하는 바트 주의 정치운동을 발족시켰다.

바트란 부활이란 의미를 가진 아랍어인데 바트 운동은 1947년 4월 다마스쿠스에서 프랑스 교육을 받은 시리아 정교파 기독교인인 미셜 아플라끄(Michael Aflaq)와 수니파 무슬림인 살라딘 비타르(Salaheddin Bitar) 등 2명의 학자에 의해 창시되었으며[44], 레바논 요르단 이라크에

43) GCC 회원국은 사우디아라비아, 쿠웨이트, 바레인, 카타르, 아랍에미리트 토후국, 오만 등이다.

44) 바트당 창시자인 2인은 시리아로부터 사형선고를 받고 해외로 정치망명을

지부를 설치하였다.

시리아의 바트 주의는 1954년 아크람 후라니(Akram Hurani)가 총재였던 아랍사회주의당의 노선으로 책정되었고, 당명은 "바트 아랍사회주의당"으로 변경되었다. 당의 슬로건(Slogan)은 단합(Unity), 자유(Liberty), 사회주의(Socialism)이다.

시리아 바트 당원들은 1963년7월 이집트 가말 압둘 나세르(Gamal Abdul Nasser) 대통령과 아랍 연합 공화국이라는 국명의 연합 국가를 설립하였다가 분리된 이후에도 정권을 유지하던 친이집트계 인사들을 숙청하고 정권을 장악하였다.

1988년 알제리 아랍 정상회담 시, 비공개로 진행된 결의안 채택 위원회 회의에서 파루크 알-샤라아(Farouq Al Shara) 시리아 전 외교장관이 발표한 연설은 시리아 정부가 추구하는 시리아의 영토 및 민족에 대한 이념과 팔레스타인 문제를 포함한 범 아랍민족주의를 잘 나타내고 있다(Salem 1995, 257~258).[45)]

떠났는데 아플라끄는 1989년 파리에서 사망하여 살아생전 여러 해를 지낸 바 있는 이라크 바그다드에 장사되었으며, 비타르는 아플라끄가 사망하기 9년 전에 암살당했는데 그는 숨을 거두기에 앞서 "실제로는 시리아에서건 이라크에서건 바트 주의는 더 이상 존재하지 않는다."라는 말을 남긴 것으로 전해진다.

45) 연설내용으로 "팔레스타인 문제는 시리아에게 매우 중요한 사안입니다. 왜냐하면 팔레스타인 민족과 시리아 민족은 하나이기 때문입니다. 그래서 시리아에게 팔레스타인 문제와 관련해 다른 국가들의 이해관계와 매우 상이한 이해관계가 있다는 것은 자연스러운 일입니다. 시리아, 요르단, 팔레스타인, 레바논을 포함하는 빌라드 알-샤암이라고 칭하는 지역이 있습니다. 우마이야 왕조시대부터 빌라드 알-샤암은 정치적으로 하나였으며 그 지역의 심장부는 다마스쿠스였습니다. 이것은 역사입니다. 우리가 만들어 낸 것이 아닙니다. 이것은 사이코스-피코 협정이 빌라드 알-샤암을 여러 국가로 분할하기 이전까지 지속되었습니다. 사이코스-피코 협정은 4개의 국가에 거주하는 민족이 하나의 민족이고 본질적으로 하나의 정치체제를 보유하고 있다는 현실을 바꾸어 놓지 못했습니다. 사이코스-피코 협정은 역사적으로 중대한 위법행위인 것입니다. 빌라드 알-샤암지역의 민족에게

시리아로서는 빌라드 알-샤암의 중심부로서의 역할을 강조하면서 요르단, 레바논, 팔레스타인과 함께 대이스라엘 합동 협상전선을 구축하고자 하였으나, 요르단과 팔레스타인은 1991년 마드리드협상/오슬로 합의 등으로 이스라엘과 개별협상을 진행했고 요르단은 1994년 10월 와디 아라바에서 이스라엘과 평화협정을 체결하였으며 팔레스타인은 독자적인 대이스라엘 협상을 지속하였다. 결국 시리아의 주장은 허공에 메아리쳤고 빌라드 알-샤암에서 마지막 합동 전선을 구축할 수 있는 레바논에 대한 관심이 각별해 질 수밖에 없었다.

2. 외교정책 결정구조

1949년부터 1970년 하피즈 알-아싸드 대통령이 정권을 잡기까지 약 20여 차례에 걸친 혁명과 쿠데타를 치룬 시리아는 하피즈 알-아싸드 대통령의 정권 장악으로 정치적 안정을 찾았다. 하피즈 알-아싸드 대통령은 정권 초기 노동자조합, 농민조합, 여성조합 설치와 토지개혁, 경제 개방 등을 통해 국내 정치활동에서 제외되었던 소수 부류와 종족을 포용

는 이러한 위법행위에 종지부를 찍어야하는 책임이 있습니다. 빌라드 알-샤암을 구성하는 민족의 독립과 단합을 되찾아야 합니다. 우리는 빌라드 알-샤암에 현존하는 정치체제에 간섭하려고 하는 것이 아닙니다. 그렇지만 빌라드 알-샤암 민족에 영향을 끼치는 결정이 이 지역의 중심부에 있는 다마스쿠스의 입장을 고려하지 않고 채택되어서는 안 된다고 이야기하는 것은 우리의 권리이자 임무인 것입니다. 인티파다(역자주: 팔레스타인 민족의 봉기)가 매우 중요한 사건이고, 팔레스타인 민족에게도 권리가 있는 것이지만, 다마스쿠스의 적극적인 참여와 동의 없이 팔레스타인 민족의 정치적 미래를 결정하는 합의에 도달해서는 안 되는 것입니다. 이것이 우리의 입장이고 우리의 이념이며 신념입니다. 이러한 입장은 이 회의에 참석하는 우리의 친구 여러분을 유쾌하지 못하게 할 수도 있습니다. 그렇지만 있을 수 있는 오해를 우려하여 우리의 입장을 명확히 하는 것은 나의 임무이기도 합니다. 팔레스타인의 미래는 골란고원과 레바논 남부의 미래와 함께 결정되어야 할 것입니다. 이 모든 사안들이 빌라드 알-샤암의 중요한 문제들이기 때문입니다."

하였고 세속정치를 통해 종파간의 갈등을 완화하는 한편, 혈연과 인간관계로 맺어진 충성된 지도층을 구성하고 이 지도층으로 하여금 군대, 치안 기구를 장악토록 하여 정권에 안정을 기하였다. 이와 더불어 바트사상을 각계각층에 기본이 되는 이념으로 도입하여 바트 아랍사회주의당의 입지를 강화하였다(Zisser 2005, 29~33).

외교정책에 있어 하피즈 알-아싸드 대통령은 정권 초기에 약 40여 명의 시리아 학자들로부터 시리아의 외교정책에 대한 자문을 구하였으나, 1970년대 중반에 이르러 동 자문단의 숫자는 4~5명으로 축소되었다가 점차적으로 시리아의 모든 권한이 대통령에게 집중됨에 따라 하피즈 알-아싸드 자신이 주요외교정책을 수립하고 동 정책을 지시하게 되었다(Salloukh 2000, 408~409).

Ⅳ 미국의 대중동구상과 시리아의 대응 외교

1. 미국과 중동국가들의 관계(Louise 2005, 283~305)

미국은 시리아를 포함한 중동국가에게 있어 이스라엘과 평화공존 협상을 위해 필수불가결한 국가이고 최고의 원유 소비국으로 중동원유의 중요한 시장이며 원유개발을 위한 최고의 기술을 보유한 국가이나, 중동국가를 포함한 모든 아랍국의 적성국가인 이스라엘을 편파적으로 지원하는 국가이기도 하다. 미국의 대중동정책 결정에 영향을 미치는 정책적 요소, 국내적 고려요인, 미국과 시리아 관계를 살펴본다.

(1) 미국의 대중동정책 결정시 고려되는 정책적 요소들

미국의 대중동국가 정책은 제2차 세계대전을 계기로 큰 변화를 맞이하게 되는데 대체로 소련의 대중동 지역 공산주의 확장 차단, 중동의 석유,

대이스라엘 지원 등 3개의 요소에 기초하여 정책이 형성, 추진되었다.

미국은 제2차 세계대전 이후 공산주의 확장을 꾀하는 소련이 중동 지역으로 진출하는 것을 차단시키는 정책을 추구하였다. 제2차 세계대전 이전에 미국과 영국은 먼로주의(the Monroe Doctrine)[46]에 따라 영국이 중동 지역을 관할하는데 합의하였으나, 소련의 공산주의 확장 차단을 위해서는 미국의 직접적인 중동 지역 개입이 불가피하였다. 미국은 1955년 바그다드 협약(Baghdad Pact), 1957년 아이젠하워 독트린(Eisenhower Doctrine)등에서 나타나듯이 중동국가들과의 군사적 동맹을 통해 소련의 중동 지역 진출을 저지하고자 하였으나, 소련보다는 이스라엘이 더 위협적이라고 생각하는 중동국가들이 소련과 군사동맹을 체결함으로서 미국의 시도는 실패하였다. 1954년과 1956년에 시리아와 리비아는 소련과 무기구매 계약을 각각 체결하였다. 냉전시대에 중동국가들의 지도자들은 미국과 소련의 경쟁관계를 효율적으로 활용하였다고 하겠으나, 1990년 소련의 붕괴로 냉전체제가 종결되면서 중동국가들은 미국만이 아랍-이스라엘 분쟁 등 지역분쟁 해결에 도움을 줄 수 있음을 인정하게 된다. 특히 이집트는 소련의 붕괴를 일찌감치 감지한 것으로 보이는데 사다트 이집트 대통령은 1979년 미국의 캠프 데이비드에서 아랍국으로서는 최초로 이스라엘과 평화협정을 체결하였다. 1990년 이라크의 쿠웨이트 침공으로 야기된 1991년 쿠웨이트 해방을 목표로 한 제1차 걸프전쟁 시 시리아와 이집트는 미국이 주도하는 다국적군의 선봉으로 참여하였다. 21세기에 들어와 미국은 아랍-이스라엘 분쟁 해결의 강력한 후원자로서 중동국가들과의 관계를 강화하고 있으며 걸프지역 대부분의 국가에 군사기지를 확보하고 이라크에서 대테러 전쟁을 수행하면서 중동 지역에 새로운 질서를 창조하기 위해 노력 중이다.

미국은 중동 지역의 원유에 대해 큰 관심을 가지고 있다. 미국기업들

46) 1823년 미국의 먼로 대통령이 제창한 외교 방침; 구미 양 대륙의 상호 정치적 불간섭주의

은 1928년 적선합의(Red Line Agreement)47)(Blair 1976, 31~34)에 근거하여 중동 지역 원유개발에 참여하였다. 제2차 세계대전 이후 원유는 서방의 경제 재건에 필수적이었고, 미국을 비롯한 서방국가들은 1971년까지 배럴당 2달러의 가격을 유지한 중동원유에 의존했다. 1970년대 미국은 국내 원유소비의 50%를 수입에 의존하였고 수입 원유의 50%가 중동 지역 원유였으므로 안정적인 중동 지역 원유 수급은 미국의 대중동 정책에 중요한 근간이 되었다. 특히 미국은 사우디아라비아와 합작회사 아람코(ARAMCO, the Arabian American Oil Company)를 설립하였고 아람코의 소유권이 사우디아라비아로 이전된 이후에도 긴밀한 관계를 유지하고 있다. 1960년대에는 원유생산기업들이 원유가격을 주도하던 시대인데 산유국들은 동 기업들의 원유가격 인하에 대응하기 위하여 석유수출국기구(OPEC, Organization of Petroleum Exporting Countries)를 설립하고 국제유가를 통제하려고 하였다. OPEC은 초창기에 경험미비와 산유국간 갈등으로 인하여 제대로 구실을 하지 못했으나 점차적으로 원유생산 기업들로부터 결정권한을 회수하였고 1970년대 말에는 원유가격을 35달러까지 인상하는데 성공하였다. 특히 1973년 제4차 중동전쟁 시, 파이잘 사우디아라비아 국왕이 취한 대 미국과 유럽국가 원유수출 중단조치는 키신져 미 국무장관이 중동전쟁 중재를 촉진하는 원유무기역할을 했으며 향후 선진국의 원유 정책에 큰 영향을 미쳤다. 제4차 중동전쟁 이후 원유 소비국들이 전략적 원유 비축시설을 확보하고 원유비축을 시작함에 따라 국제 원유가격은 1979년 이란 혁명, 1980～1988년 이라크-이란 전쟁에도 불구하고 안정을 유지하였다.

미국의 대중동정책에 있어 빼놓을 수 없는 가장 중요한 요소는 미국의 대 이스라엘 지원정책이다. 1940년대에는 미국의 팔레스타인과 이스

47) 1928년 미국의 엑슨(Exxon)과 모빌(Mobil)사가 이라크 석유회사(Iraq Petroleum Co.)의 지분 23.75%를 차지하기로 BP, Shell, Compagnie Francaise Pëtrole, Gulbenkian사 등과 합의한 계약.

라엘을 지지하는 정책이 거의 균형을 이루고 있었다. 미국의 친이스라엘 정책을 반대하는 단체들은 미국의 친이스라엘 정책이 아랍국과의 관계를 악화시키고 지속된 이스라엘과 아랍국간의 전쟁을 야기할 것이며 소련은 이러한 불안정을 이용하게 될 것이라고 경고했다. 그러나 1948년 미국 대통령 선거에서 시오니스트들의 정치적 지지를 희망한 헨리 트루먼 대통령은 이스라엘의 건국을 지지했다. 미국은 이스라엘 건국 이후 아랍국과 이스라엘간의 화해를 위해 노력하나 이스라엘이 75만 명이 넘는 팔레스타인 난민을 발생시키면서 건국하였으므로 아랍국과 이스라엘간의 화해는 쉽지 않았다. 1967년 제3차 중동전쟁 이후 미국 정치인들은 국내 시오니스트들의 영향을 받아 이스라엘을 맹목적으로 지지하게 된다. 미국의 연간 대이스라엘 원조액이 약 30억 달러를 상회하는 것에서 미국의 대이스라엘 정책을 잘 엿볼 수 있다. 1979년 캠프 데이비드에서 이집트와 이스라엘 평화협정이 체결되고 1991년 마드리드 협상/오슬로 합의가 이루어지면서 미국의 대중동정책은 성공하는 듯 했으나 1994년 요르단과 이스라엘의 평화협정을 체결한 이후 별다른 진전을 도출하지 못하고 있다. 2006년 현재 이스라엘과 4차례에 걸쳐 직간접적으로 전쟁을 치룬 아랍-이스라엘 분쟁의 당사자인 시리아는 레바논과 함께 이스라엘과 평화협정을 체결하지 않은 이스라엘 접경국가들로 남아있다.

(2) 미국의 대중동정책 결정에 영향을 끼치는 국내 요인들

한 국가의 외교정책은 국익을 우선적으로 고려하여 결정되며, 여러 국내외적 요소가 영향을 끼친다. 미국의 대중동정책 결정과정도 예외가 될 수는 없으며 동 정책 결정과정에서 영향을 끼치면서 상호 작용하는 미국의 주요 국내요인들을 살펴본다.

우선적으로 백악관을 차지하는 미대통령이 영향력을 행사하는데 냉전체제 이후 세계 유일한 초강대국 대통령의 결정은 중동 지역에 막대한 결과를 초래한다. 미 대통령 선거에 큰 영향력을 행사하는 것으로 알려진 친이스라엘 세력에 대한 공약이 대통령 취임 이후 대중동정책에 영향을 끼치게 된다. 두 번째로는 미행정부인데 국무부, 국방부, 미국중앙정보국(Central Intelligent Agency, CIA)을 포함한 정보기관들이 각기 수집 분석하는 정보들이 미국의 대중동정책 결정에 영향을 끼친다. 세 번째로는 친이스라엘 성향이 큰 것으로 알려진 미국의 의회, 상・하원을 빼놓을 수 없다. 미국의회는 외교・안보・재정・첩보 분야에 나름대로 정보 수집능력을 갖추고 있고 미 행정부의 활동에 제동을 걸 수 있다. 상・하원 의원 각 개개인의 선거에는 친이스라엘 로비가 영향력을 행사한다. 네 번째로는 양당체제를 유지하는 미국 정당체제인데 양 정당의 정치인들 사이에 이스라엘의 안보와 번영은 미국 외교정책의 기조라는 묵계가 있다. 중동 원유의 안정적 수급과 과거 냉전시대 소련 공산주의의 대중동 지역 확산 방지 또한 정파를 초월하는 미국의 대외정책의 기조이었음은 말할 나위 없다. 다섯 번째로는 미국의 여론 조성 및 각종 대외정책 결정에 영향을 끼치며 두뇌집단(Think Tank)으로 불리는 연구기관[48])들이 있는데 대부분의 연구기관들은 유대인들로부터 재정지원을 받고 있기 때문에 친이스라엘 성격을 보유하고 있다. 미국 국내 주요 언론기관들이 중동 지역 정세를 친이스라엘 관점에서 미국 국민들에게 보도하고 있음은 널리 알려진 사실이다. 단 이스라엘과 무관한 중동 지역 정세에 관해서는 다양한 견해와 분석이 제시되기도 한다. 여섯 번째로는 미국정치에 막강한 영향을 끼치는 것으로 잘 알려진 로비활동인데 친이스라엘 로비를 구성하는 조직들의 활동이 다섯 손가락 안에 꼽을 수 있는 강력한 로비라는 것에는 대부분의 전문가들이 견해를 함께 한다. 이러한 로비스트들은 선거에 있어서 자금과 투표를 지원함으로서 백악관과 미국 의회의 정책결정에 큰 영향력을 행사한다. 미국 인구의

48) The Heritage Foundation, the American Enterprise Institute, the Hudson Institute등을 예로 들 수 있다.

약 5%를 차지하는 것으로 알려진 유대인 민족들은 주로 중요한 주에 거주하면서 선거자금 지원과 높은 선거 참여율을 보인다. 친이스라엘 로비 외에도 석유와 관련된 로비활동도 미국의 대중동정책에 영향을 끼치는데 석유관련 로비들은 친이스라엘 로비와는 달리 중동 지역 산유국들과의 관계를 중시하기 때문에 친이스라엘 로비와는 달리 다른 입장을 보일 것으로 기대되기도 한다. 그러나 석유관련 로비활동을 하는 로비스트들은 석유관련 로비에 앞서서 친이스라엘 정책을 고려해야 하는 것이 미국 정치의 현주소이다. 일곱 번째로는 미국을 건국한 기독교 원리주의자들의 청교도 정신을 들 수 있는데 유대교에서 비롯된 기독교 사상을 지닌 기독교 원리주의자들은 친이스라엘 정책을 지지하는 성향이 있다.

2. 미국과 시리아와의 관계

미국의 대시리아 정책은 다른 중동 지역 국가들과 마찬가지로 대중동 원유공급 확보정책 및 냉전시대 소련의 대중동 지역 공산주의 확장정책 차단 등의 큰 틀에서 기초되었으며, 시리아의 지정학적 위치 및 역사적 요소에 따른 이스라엘 안보와 관련된 시리아와의 관계가 중시 되었다.

시리아의 확인된 원유매장량은 약 25억 배럴이며 원유생산량은 1996년 일산 57만 배럴을 정점으로 점차 감소하여 2004년에는 일산 약 48만 배럴이었다(Fattouh 2005, 1). 1970년대에는 셰브론(Chebron), 마라톤(Marathon)등 미국 기업들이 시리아의 원유탐사 및 생산에 참여하였으나 동 기업들은 수차에 걸친 미 행정부와 의회의 대시리아 제재에 따라 1980년 후반 이후 셸(Shell)등 유럽 기업들에게 시리아 석유 채굴권을 매각하고 철수 하였다.

미국에 있어 시리아는 중동 지역 안보, 특히 이스라엘 안보를 위협하는 테러집단을 지원하고 유엔의 대이라크 제재를 위반하며 생화학무기를 포함하는 대량살상무기를 개발 및 생산하고 레바논을 무력으로 점령하고 있는 국가였다.

하피즈 알-아싸드 대통령은 시리아의 외교목표 달성을 위해 테러기관을 잘 활용하였다(Zisser 2004, 1). 테러기관을 활용하여 레바논 국내정치에 영향을 끼쳤으며 미국과 이스라엘의 레바논 철군을 초래하였다. 친시리아계 레바논 단체인 시리아 국민당(The Syrian Nationalist Party, SNP)은 1982년9월 바쉬르 제마일(Bashir Gemayel) 레바논 대통령 당선자를 암살함으로서 레바논에 친이스라엘 정권이 수립되는 것을 저지하였다. 히즈발라(Hizballah)는 1983년10월 베이루트 미군기지에 자살폭탄 테러를 감행하여 약 250명의 미군을 살해함으로서 미군을 레바논으로부터 철군시켰다.

1985년2월 이스라엘이 시리아 고위인사들이 탑승하고 있던 리비아 항공기를 저지한 사건과 1985년11월 이스라엘이 시리아 영공 내에서 시리아 전투기 2기를 격추한 사건이 발생하였고(Lifrit 2005, 37) 1986년4월과 6월에는 런던과 마드리드에서 이스라엘 항공기 테러를 목적으로 폭탄을 기내에 반입하려던 사건들이 적발되었다. 4월에 런던에서 테러를 기도하다 검거된 요르단인 힌다위는 시리아 정보기관이 배후에서 지원했다고 자백했는데 힌다위 사건으로 알려진 동 사건으로 영국은 시리아와 단교하였다. 국제사회의 비난과 압력에 직면한 시리아는 힌다위 사건 이후 2005년 2월 하리리 레바논 총리 암살사건까지 국제테러에 개입하지 않은 것으로 추정된다.

시리아는 팔레스타인 강경파이며 비주류파인 팔레스타인 해방 민주전선-본부(Popular Front for Liberation of Palestine-General Command)가 다마스쿠스를 거점으로 활동하는 것을 허용하는데 팔레스타인 민족의 대이스라엘 항전을 합법적인 독립운동으로 간주하는 시리아의 입장에 따른 조치이다. 시리아는 제한적으로나마 하마스와 이슬라믹 지하드와 같은 대이스라엘 무력항쟁을 주장하는 팔레스타인 무장단체가 다마스쿠스에 사무실을 개설하고 활동하는 것을 허용하고 있다(Country Profile 2005, Syria, 2005, 10). 이스라엘은 2003년10월 다마스쿠스 외곽에 팔레스타인 무장단체 훈련캠프가 있다고 주장하고 동 훈련캠프를 공습하였다.

시리아는 이스라엘의 핵무기에 대응하기 위해 생·화학무기를 개발하였다(Prodos 2005, 9~10). 미국은 9.11 테러사건 이후 테러단체와 대량살상무기의 연계를 우려하고 있는데 시리아가 생·화학무기를 테러단체에게 제공하여 미국과 이스라엘의 안보에 위해를 가할 가능성을 우려하였다. 화학무기금지조약에 가입하지 않은 시리아는 1970년대부터 겨자탄을 장착한 미사일과 사린가스를 보유하고 있으며, VX 가스도 개발하고 있는 것으로 알려진다. 시리아는 생물무기금지조약에 서명은 하였으나 추인하지 않고 있어 생물무기개발도 추진하고 있다는 의심을 받고 있다. 시리아는 또한 중동 지역에서 최고로 많은 숫자의 지대지 미사일과 전폭기를 이용해 폭격 가능한 화학탄을 보유하고 있다.

미국이 2003년 3월 이라크 정권교체를 위한 대이라크 전쟁을 감행하기 이전까지 시리아는 이라크에 군수용으로 전환될 수 있는 민수용 물자를 수출하거나 시리아를 경유하여 이라크로 수입되는 것을 허용하였고 이라크의 원유를 시리아로 밀반입하고 시리아 자국 원유를 수출하는 편법으로 이라크의 외화수입을 지원함으로서 유엔의 대이라크 제재를 위반하였으며 대이라크 전쟁 이후에는 미국의 이라크 점령을 반대하는 아랍 저항세력의 이라크 입국을 묵인함으로서 미국의 대이라크 정책에 걸림돌이 되었다.

미국무부는 1979년부터 국제적인 테러행위에 직접 가담했거나 동 행위를 지원 방조한 국가들을 망라하는 국별 테러리즘 보고서를 발표하고 있는데 시리아는 동 테러지원국가 명단[49)]에 지속적으로 포함되고 있다.

49) 미국이 지목한 테러지원국가들로서는 쿠바, 이란, 시리아, 북한, 리비아, 수단, 이라크 등 7개 국가들 이었으나, 2006.6월 리비아가 동 명단에서 삭제

이에 따라 1979년부터 미제 군수제품의 시리아 수출이 금지되었고, 7백만 달러 이상 상품 또는 기술의 대시리아 수출시 미국 통상장관 또는 국무장관이 의회에 보고해야할 의무가 부과되었다[50]. 미국 의회는 1981년에 대시리아 원조를 금지하였고 2003년 11월에 시리아에 대해 테러단체 지원 종식, 대량살상무기의 개발중단, 레바논 철군, 이라크내 저항세력에 대한 지원중단 등을 요구하면서 시리아 책임법(The Syrian Accountability Act)을 제정하였는데 2003년 12월 부시 미대통령이 2003년 12월에 동 법안에 서명하였고 2004년 5월에는 행정명령 제13338호를 발동시키면서 식량과 의약품을 제외한 상품의 대시리아 수출 금지, 시리아 항공기의 미국영공비행불허 및 이착륙을 금지시켰다. 부시 미대통령은 이외에도 시리아 상업은행의 돈 세탁의혹을 제기하고 미국 금융기관들과 동 은행의 거래를 금지하였으며 특정 시리아인들의 미국내 자산을 동결시켰다.

3. 대중동구상 결정 배경과 요지

미국의 대중동구상 배경은 유엔개발계획(UNDP)이 2002년과 2003년에 각각 발간한 아랍인간개발보고서에 근거하고 있다. 동 보고서들은 아랍국가의 현실을 보고하였지만 긍정적인 측면 보다는 부정적인 면을 부각시켰다(Al-Ashraf and Al-Hussein 2005, 24).

미국은 유엔보고서에서 제시한 통계를 근거로 대중동 지역에 제대로 교육을 받지 못한 청년층은 급증하는데 비해 직업창출 부족으로 청년실업률이 증가하고 정치적 권리를 행사하지도 못하는 소외당한 청년층의

되었다.

50) 1979년 수출행정법에 따른 이조치는 1985년과 1986년에 개정되어 수출 금액의 상한선이 1백만 달러 규모로 축소되었다가 1989년 무기수출제한 개정법에 따라 금액에 상관없이 의회 보고 및 수출허가를 취득하도록 강화되었다.

불만이 증가하는데 과격 이슬람 원리주의자들은 이러한 청년층의 불만을 악용하기 때문에 대중동 지역의 불안한 청년층은 미국과 G8국가들의 안보에 위협이 된다는 논리를 전개하였다. 초기의 대중동구상은 미국과 G8국가의 안보에 대한 대중동 지역의 위협을 제거하기 위해서는 민주화와 선한거버넌스(Good Governance)[51](유엔아태경제사회이사회 2005, 1) 장려, 지식사회 건설, 경제적 기회 확대가 필요하며 이를 지원하기 위한 미국과 G8 국가들의 참여 분야 및 역할을 제시하였다.

미국은 대중동구상에서 G8 국가들에게 ①민주화와 선한통치 장려분야에 있어서 자유선거 장려, 의회 민주주의 도입을 위한 연수프로그램 제공과 상호방문, 여성지위 향상을 위한 교육기관 설립, 일반인들을 위한 사법제도 개선 지원, 독립된 매스미디어 창시, 부정부패 척결과 투명성 제고를 위한 노력들을 제시하였고 ②지식사회 건설 분야에 있어서는 기초교육 강화, 문맹퇴치, 교재 개발, 발견학습학교설립 장려, 교육개혁, 인터넷에 의한 교육 창시, 경영학 교육 강화에 도움을 주어야 한다고 주장하고 ③경제적 기회 확대를 위해서는 성장을 위한 금융지원, 중소기업 지원 대출, 대중동 금융기관 설립, 개선된 금융조직 도입을 위한 파트너십, 세계무역기구(WTO) 가입과 무역증진, 무역특구 설립 장려, 대중동경제 기회 포럼 설립 등의 지원을 촉구하였다 .

4. 아랍국들의 반응

미국의 대중동구상은 미국이 과거 지정학적으로 알려지지 않은 대중

51) 통치(Governance)란 정책을 결정하고 집행하는 절차이며, 동 절차에 있어 참여(participation), 법치주의(rule of law), 투명성(transparency), 대응성(responsiveness), 여론의 컨센서스 중심주의(consensus oriented), 공평성과 포용(equity and inclusiveness), 유효성과 실효성(effectiveness and efficiency), 책임과 의무(accountability) 등 8개 요소가 포함되는 경우에 선한 통치(good governance)로 평가될 수 있다.

동 지역[52]이라는 개념을 최초로 제시했다는 점에서부터 해당 국가들의 불신을 초래하였다. 동지역에는 독창적인 문화와 전통, 언어를 보유한 다수의 종족이 아시아 아프리카 유럽 등 3개 대륙에 걸쳐 거주한다. 동 지역에 매장된 대량의 천연자원, 특히 원유는 전 세계 매장량의 약 62% 이상을 차지하고 있는 점도 미국의 의도가 에너지 자원 확보에 있지 않느냐는 의구심을 갖게 했다. 대중동국가들의 유일한 공통분모는 이스라엘을 제외한 모든 국가가 이슬람을 국교로 한다는 것이다.

대부분의 중동국가에서는 정확한 통계를 확보하는 것이 수월하지 않다. 그럼에도 불구하고 2002년과 2003년에 유엔개발계획의 아랍인간개발보고서는 대중동 지역에 대한 매우 부정적인 통계를 제시하였는데 아랍국은 동 통계의 근거와 정확성을 불신한다.

미국의 대중동구상이 공개된 이후 아랍국들은 2004년 3월 튀니지에서 제16차 아랍정상회의를 개최하고 동 구상에 대해 협의하였는데 다수의 정상들의 동 정상회의에 불참하였고 호스니 무바라크 이집트 대통령을 포함한 일부 정상들은 회의 중간에 귀국함으로서 동 정상회담에서 채택된 결의안은 미국의 구상관련 아랍국들의 입장 차이와 분열만 노정하였으며 단합된 입장을 보여주지 못 하였다.

동 정상회의에서 나타난 입장들은 세 부류로 정리할 수 있는데 첫 번째로는 튀니지와 걸프지역 협력이사회 회원국들과 같이 미국의 구상을 전폭적으로 지지한 국가들이고, 두 번째로는 이집트 대통령이 발표한 바와 같이 아랍연맹으로 하여금 아랍국들을 대신하여 미국과 동 정책에 대해 대화를 하도록 하자는 국가들이며, 세 번째로는 바샤르 알-아싸드 시리아 대통령이 표명한 바와 같이 아랍국의 내정에 간섭하려는 서방의 어떠한 제안도 받아들일 수 없다고 완강히 거부한 국가들로 구분된다.

특히 바샤르 알-아싸드 시리아 대통령은 아랍정상회의 연설에서 "우

52) 대중동 지역은 아랍연맹소속 아랍국 22개국과 파키스탄, 아프가니스탄, 이란, 터키, 이스라엘을 포함한다.

리가 우리국가의 개혁을 위해 누구와 대화를 해야 한다는 것 입니까? 우리는 과거에도 국가정책에 대해 그 누구와도 대화한 적이 없고 이러한 대화는 미래에도 없을 것입니다. 만약 외국이 우리와 대화를 원한다면 그 것은 중동 지역 문제와 개혁 등 두 가지 문제에 대한 해결책 강구를 위한 것이어야 합니다."라고 언급하여(Khashana 2004, 1) 미국의 대중동구상에 대한 시리아의 반대 입장을 분명히 하였다.

미국은 G8 씨 아이랜드 정상회의에서 대중동구상에 대한 아랍국의 지지를 대외적으로 공포하고자 다수의 아랍국 정상들을 초청하였으나, 이집트, 사우디아라비아, 모로코의 호응을 얻지 못하였다. 결국 미국은 아랍국의 반응을 감안하여 2004년6월 씨 아이랜드 G8 정상회의에서 "폭넓은 중동 및 북부아프리카지역에서의 개발과 공통된 미래를 위한 파트너십 (Partnership for Progress and a Common Future with the Region of the Broader Middle East and North Africa)(Summit Document 2004, 1)이라는 대중동구상에서 다소 개정된 정책을 제시했다.

5. 시리아의 대응정책

2000년6월 하피즈 알-아싸드 사망 이후 바샤르 알-아싸드가 시리아 대통령에 취임하자 국제사회는 바샤르 알-아싸드는 부친과는 달리 시리아가 개혁을 필요로 한다는 것을 잘 아는 서구식 세계관과 개방적 사고를 지닌 지도자로 기대하였다. 바샤르 알-아싸드 대통령이 런던에서 안과의사로 다년간 근무했던 경험과 인터넷을 사용할 줄 안다는 사실도 낙관적인 견해를 지지하였다(Zisser 2005, 115~131).

바샤르 알-아싸드 대통령은 정권 초기에 국내개혁을 실시하고 국제사회와의 관계 개선을 시도하였으나 실패하였다. 국내적으로 장려했던 문화, 정치 공개토론이 시리아 정치제도를 비판하는 중심세력으로 발전하자 동 토론장을 불법화하고 활동가들을 구속하였고, 민간은행 설립을 장려하는 등의 경제제도 개혁시도는 민간경제에 큰 영향력을 행사하는 바트당 기득권층의 저항과 관료적 행정주의에 따라 제한적으로 더디게 진행되었다. 바샤르 알-아싸드 대통령이 필요에 의해서든지 미국의 대중동구상이라는 외부의 압력에 의해서든지 개혁을 추진하지 못하고 있는 것은 시리아의 기존 기득권 세력을 장악하지 못하고 있기 때문이다.

9.11 테러 이후 시리아는 미국에게 알카에다 관련정보를 제공하였는데(Voice of America 2004, 1) 미국 고위관리들은 2002~2004년 사이 수차에 걸쳐 시리아를 방문하였고 부시 미대통령은 바샤르 알-아싸드 대통령과 전화통화를 하기도 하였다. 시리아의 알카에다에 대한 정보제공으로 9.11 테러범 중의 1명인 모하메드 아타를 지원한 알카에다 조직원들 모하메드 하이다르 자마르와 마문 알-다라크즐리 등이 검거되었다.

2003년 3월 미국의 대이라크 전쟁 이후 미국은 이라크의 저항세력들이 시리아-이라크 국경을 통해 이라크에 침투하고 시리아로 망명한 전 이라크 정부 지도자들이 이라크내 저항활동을 진두지휘하는데 시리아 정부가 이를 방관한다고 주장하였다. 이에 시리아는 밀수꾼들과 테러리스트들의 왕래를 저지하기 위해 600킬로미터에 달하는 시리아-이라크 국경 통제를 강화한다고 발표하였고 미국 관리들에게 시리아를 방문하여 시리아 은행에 이라크 자금이 있는지 조사해 볼 것을 요청하는 한편, 시리아가 자체적으로 발견한 사담 후세인 전 이라크 대통령의 예금 2억 6,100만 달러 중 시리아 국민과 업체에 대한 이라크의 채무액을 제외한 350만 달러를 언제든지 송금할 준비가 되어있다고 발표했다.

시리아와 미국의 관계향상은 한계점에 도달 할 수밖에 없는데 미국은 이스라엘과 긴밀한 동맹관계를 유지하고 있는데 반해 시리아는 이스라엘에 무력으로 저항하는 세력들을 비호하고 있으며, 미국의 대중동구상에 숨겨진 의도를 의심하고 있기 때문이다.

다마스쿠스 대학 전략문제연구소 메딘 알리 박사[53)]는 미국의 대중동구상은 미국이 자체적으로 연구하여 대중동 지역에 강요하려는 정책이라고 비난하였다. 알리 박사는 동 구상을 기획한 미국이 중동 지역에서 보여준 정책의 이중 잣대는 미국의 의도를 의심하게 한다고 하면서 미국은 2005년 팔레스타인 민족이 자유선거에 의해 선출한 하마스를 이스라엘에 무력으로 저항하는 테러집단이라는 이유로 인정을 거부하고 있는데, 테러행위와 독립 쟁취를 목적으로 하는 투쟁은 구분되어야 한다고 주장했다. 동 박사는 또한 미국은 자유와 해방전쟁이라는 명분 하에 2003년 3월 이라크를 침공했으나 아부 그래브 교도소 수감자 학대사건 및 처녀 강간과 가족 몰살 등의 사건에서 나타나듯이 이라크 국민의 인권을 유린하고 있으며 핵 프로그램 관련해서도 미국은 이란의 평화적 핵사용 프로그램을 저지하기 위하여 국제적인 압력을 행사하고 있으나 이스라엘의 핵무기 보유문제에 대해서는 함구하고 있다고 지적했다.

결과적으로 시리아는 미국의 대중동구상을 거부하고 자체적으로 개혁을 추진하지 못하면서 지속적인 레바논내 시리아군 주둔, 대이스라엘 무력투쟁을 지속하는 히즈발라와 팔레스타인 저항단체에 대한 지원, 이란과의 긴밀한 관계 유지 등 기존의 외교정책을 유지하였다.

V 결 론

미국이 아프가니스탄과 이라크에 전선을 구축하고 3~5년이 경과하였음에도 불구하고 동 국가에 민주주의를 정착시키지 못하고 있다. 2006년말 현재 이라크를 시발점으로 하여 대중동 지역에 미국식 민주주의를 고착화 하려던 부시 미행정부의 시도는 이라크 정세 안정화 실패로 여러 가지 난관에 봉착하고 있으며 국내적으로는 2006년11월 실시된 중간선거에서 집권당인 공화당이 미하원과 상원의 과반수를 민주당

53) 2005.10.26~11.9간 시리아 방문 중 면담

에게 넘겨주는 결과를 초래하였다.

미국의 대중동구상은 유럽연합으로부터도 전폭적인 호응을 받지 못하고 있는데 유럽연합은 지중해 연안국[54]들과의 협력관계 구축을 위해 1995년11월 바르셀로나에서 출범시킨 유럽-지중해연안국 파트너십-일명 바르셀로나 프로세스(Barcelona Process)-을 2006년말 현재에도 미국과는 별도로 추진하고 있다.

그럼에도 불구하고 미국의 대중동구상 발표 이후 2005년 2월 사우디아라비아에서는 1932년 건국 이후 최초로 민주적 지방선거가 실시되었고, 이집트에서는 2005년 9월 대통령 선거부터 2명 이상의 후보가 대통령 직에 도전하는 자유 직접선거 방식이 도입되었으며, 쿠웨이트에서는 2005년에 여성들에게 공식적으로 투표권 및 선거 출마권한이 부여되었고 쿠웨이트 여성들은 2006년 6월 총선에서 동 권한을 행사하는 등 대중동 지역에 민주화의 바람이 불고 있다.

시리아를 포함한 대중동 지역 국가들은 21세기 국제사회 질서에 동참하기 위하여 개혁이 필요한 시점이라는 사실을 인정한다. 그러나 이러한 개혁이 현지 실정에 맞게 내부에서 점진적으로 자체적으로 실시되어야 한다고 주장하며 외부에서 강요되는 것을 거부하고 있다.

시리아는 레바논으로부터의 철군관련 유엔안보리 결의안 1559호 등에 의해 국제사회로부터 압력을 받아오다가 2005년 2월 레바논 라피크 하리리 총리 암살 차량폭탄테러에 간접적으로 관여한 것으로 지목되면서 2005년 5월 레바논 주둔 시리아 군을 전격적으로 레바논에서 철군시켰다. 시리아의 외교정책은 대이스라엘 항쟁에 있어 중요한 연합국이었던 레바논에서의 영향력이 감소함에 따라 중대한 변환점에 직면하고 있다.

---

54) 바르셀로나 프로세스 회원국은 총 35개국으로서 EU 회원국 25개국, 지중해 연안국 10개국(d알제리, 이집트, 이스라엘, 요르단, 레바논, 모로코, 팔레스타인 당국, 시리아, 튀니지, 터키) 등이며 리비아는 1999년부터 옵서버 자격을 보유하고 있다.

미국의 대중동구상에 의한 대중동 지역 국가에서의 미국식 민주주의 정착은 팔레스타인과 이란의 투표결과와 이라크와의 전쟁 이후의 이라크 정세에서 나타나듯이 미국과 이스라엘의 안보보장에 부합하지는 않을 수도 있고 동 구상은 과거 미국의 아이젠하워 독트린 등 중동과 관련한 미국의 여러 정책처럼 시간이 지나면 역사의 뒤안길로 사라지고 잊혀 질 수도 있을 것이지만 대중동국가들에게 정치적 민주화와 경제적 개혁이 필요하다는 점을 일깨워준 사실만으로도 대중동 지역 정세 변화에 큰 기여를 했다고 할 것이다.

【미국의 대중동 지역 프로젝트】의 주요 내용

자료원 : 알-하야트 일간지

국제사회에 있어 대중동 지역은 특별한 도전과 기회를 제공한다. 2002년과 2003년에 유엔아랍인간개발보고서를 작성한 아랍저자들이 지적한 세 가지 결함-자유, 지식, 여성에 대한 능력부여-들은 G8 회원국들의 국익을 위협하는 환경조성에 기여해 왔다. 이 지역에서 경제적 권리가 박탈된 개인의 숫자가 증가하는 한 우리는 극단주의, 테러리즘, 국제적 범죄 그리고 불법이민의 증가를 목격하게 될 것이다. 현재 대중동 지역의 현황을 설명하는 통계들은 소름이 끼칠 정도이다.

22개 아랍연맹국가들의 GDP 총계는 스페인보다 적다.

아랍 성인인구 약 40%-약 6500만명-는 문맹이고 그들 중 2/3는 여성이다.

2010년이 되면 5000만이 넘는 젊은이들이 노동시장에 진입할 것이고 2020년까지는 1억 명이 진입할 것이다. 이 새로운 인력을 흡수하기 위해서는 회소한 600만 개의 새로운 일자리가 매해 창출되어야 한다.

만약 현재의 실업률이 지속된다면 이 지역의 실업자는 2010년에 2,500

만 명에 이를 것이다.

이 지역의 1/3은 하루에 2달러 이하로 생활하고 있다. 삶의 질을 개선하기 위해서는 이 지역의 경제가 현재의 3%이하 수준에서 6%로 2배 이상 성장하여야 한다.

인구의 1.6%만이 인터넷을 사용하고 있는데 이것은 사하라 이남의 아프리카 지역을 포함한 세계 어느 지역보다 낮은 수치이다.

아랍국가의 의회에서 여성은 의석의 3.5%만을 차지하는데 일례로 사하라 이남 아프리카에서의 8.4%와도 비교된다.

2002년도 아랍인간개발보고서에 따르면 약간 나이가 든 아랍 청년층의 51%는 다른 나라로 이민을 가고 싶다고 희망했는데 가장 선호하는 목적지는 유럽국가였다.

이 통계수치들이 이 지역이 갈림길에 서있음을 반영하는 것이다. 대중동 지역은 매해 그 인구에 실업자, 교육을 제대로 받지 못한 자, 정치적으로 권리가 박탈된 젊은이들을 더해가며 지금과 같은 길로 계속 나아갈 수 있을 것이다. 그 것은 이 지역의 안정과 G8 회원국들 공동의 이익에 직접적인 위협이 될 것이다.

대안은 개혁을 하는 길이다. 두 개의 아랍인간개발보고서는 대중동 지역이 행동하는데 있어 설득력 있고 긴급한 요청을 대신한다. 이 요청은 이 지역 전역의 운동가들 학계인사 그리고 민간부문에 의해 촉구되었다. 대중동국가의 몇 몇 지도자들은 이미 이 요청들을 받아들여 정치, 사회, 경제적 개혁을 위한 조치를 취하였다. 이에 대하여 G8 회원국들은 그들 스스로의 이니셔티브로 대중동 지역의 노력을 지지해 왔다. 유럽-지중해 연안국 파트너십(The Euro-Mediterranean Partnership), 미국 중동 파트너십(the US Middle East Partnership Initiative) 그리고 아프가니스탄과 이라크의 다각적인 노력들은 이 지역 개혁에 대한 G8 회원국의 공약을 보여주고 있다.

위에서 언급한 인구적 변화와 아프가니스탄과 이라크의 억압적인 정부로부터의 해방, 그리고 이 지역 전역에 걸친 민주화 요구의 출현 모두 G8

국가들에게 역사적인 기회를 부여한다. G8 회원국들은 씨 아이랜드(Sea Island) 정상회의에서 대중동 지역의 개혁 지도자들과 장기적인 파트너십을 맺고 이 지역의 정치, 경제, 사회 개혁을 장려하는 조화된 반응을 보여주어야 한다. G8은 아랍인간개발보고서들이 지적한 결함을 보완하기 위해 다음과 같은 우선순위에 합의해야 할 것이다.

- 민주화와 선한 거버넌스(Good Governance)장려
- 지식사회 건설
- 경제적 기회 확대

이 시급한 개혁사항들은 이 지역 발전의 비결이다. 민주화와 선한 통치는 개발이 이루어질 기초를 형성하고, 교육받은 개인들은 개발의 행위자이며 기업은 개발의 엔진이다.

Ⅰ. 민주화 장려와 선한 거버넌스

"참여 통치의 부문에서 아랍 국가들과 다른 지역 사이에 큰 격차가 있다. 이 자유의 결핍은 인간개발을 저해하고 정치 발전을 지연시키는 가장 치명적인 요인 중 하나이다."(아랍인간개발보고서, 2002년판)

민주화와 자유는 개인의 이니셔티브를 개발하는데 필수적이지만 대중동 지역 전역에 걸쳐 심각하게 부족하다. Freedom House의 2003년 보고서에 따르면 이스라엘이 "자유스럽다."라는 평가를 받는 유일한 대중동 지역 국가이고, 다른 4개의 국가가 "부분적으로 자유스럽다."라는 평가를 받았다. 아랍인간개발보고서는 1990년대 후반에 세계 7대 지역 중에서 아랍 국가들이 자유와 관련해서 가장 낮은 점수를 얻었다고 했다. 의사표현권과 책임을 측정한 데이터베이스는 아랍 지역을 전 세계에서 가장 낮게 평가했다. 이에 더하여 아랍 세계는 여성의 능력부여에 있어 최하위인 사하라 이남의 아프리카지역 바로 위에 위치했다. 이 실망스런 지수들은 이 지역 사람들이 표명한 희망과 일치하지 않는다. 일례로서 2003년 아랍인

간개발보고서를 보면 아랍인들은 "민주화가 어떤 정부형태 보다 낫다."라는 주장을 지지하는 전세계 명단에서 상위를 차지했고 독재 통치 거부에 가장 높은 수치를 보여주었다. G8은 다음과 같은 공약으로 이 지역의 민주화와 개혁에 대한 지지를 보여줄 수 있을 것이다.

자유선거 이니셔티브

2004년과 2006년 사이에 다수의 대중동 지역 국가들은 대통령 선거, 의회선거, 지방자치 선거 실시 의향을 밝혔다. 자유롭고 공정한 선거 실시에 진지한 의지를 밝힌 국가와 협력하며 G8은 사전선거 지원을 다음과 같이 능동적으로 제공할 수 있을 것이다.

상호방문이나 세미나를 통해서 독립적이면서 선거감시, 불만사항 응대, 보고서들 접수 업무를 수행할 선거 위원회를 설립하고 공고히 하는 기술적 지원 제공

투표자 등록과 시민교육을 위한 지원을 요청하는 정부에게 기술지원 제공, 특히 여성 유권자들에 대한 지원 강화

의회간의 상호방문과 훈련

국가들의 민주화에 있어 의회의 역할을 강화하기 위해서 G8국가들은 의원간의 상호방문을 후원할 수 있는데 이것은 법안제정, 입법부 개혁 및 유권자 지도자 양성에 초점을 맞추어야 한다.

여성지도자 양성기관

아랍 국가에서 여성은 의석의 3.5%만을 차지하고 있다. 정치와 시민생활에 있어 여성의 참여를 확대하기 위해서 G8국가들은 선거직 출마, NGO 설립이나 운영에 관심이 있는 여성들을 대상으로 지도자 훈련을 제공하는 "여성 리더십 아카데미(Women's Leadership Academy)"를 후원할 수 있을 것이다. 이 아카데미는 G8 국가들과 이 지역의 여성 지도자들을 한 장소에 모을 수 있을 것이다.

일반대중에 대한 법적 지원

미국, 유럽연합, 유엔 그리고 세계은행이 이미 법률과 사법제도개혁 장

려를 위해 수많은 이니셔티브를 실시하였으나 대부분은 국가적 차원에서 법관훈련, 사법기관 개혁, 법률개정 등의 활동을 하고 있다. G8의 이니셔티브는 정의에 대한 진정한 인식이 시작되는 일반 대중에게 중점을 둠으로서 위의 노력들을 보완할 수 있다. G8은 개인들이 민법, 형법 그리고 샤리아법에 대한 법적 조언을 구할 수 있고 이 지역에서 일반화된 일은 아니지만 변호사를 만날 수 있는 센터를 설립하고 자금을 지원할 수 있을 것이다. 또한 이 센터들은 이 지역의 법과대학들과 연계될 수 있을 것이다.

독립적인 매스미디어 이니셔티브

아랍인간개발보고서는 선진국에는 1000명당 285장의 신문이 존재하는 것에 비해 아랍 국가 국민에게는 1000명당 53장 이하의 신문이 존재하고 발행되는 아랍신문들은 질이 낮은 경향이 있다고 밝혔다. 이 지역에 있는 대부분의 텔레비전 프로그램은 국영이거나 규제를 받고 있고 분석적이고 폭로성이 있는 기사들이 부족한 상황이며 그 질이 낮다. 이 결함은 대중의 의견교환 부족과 인쇄 매체에 대한 관심저하를 초래하고 대중이 접할 수 있는 정보를 제한한다. 이에 대응하기 위해 G8이 취할 수 있는 조치는 다음과 같다.

- 신문기자와 방송기자들의 상호방문 후원
- 프리랜서 기자 훈련 프로그램 지원
- 학생들이 이 지역 혹은 외국의 저널리즘 학교에서 공부할 수 있도록 장학금 지원, 기자들이나 방송학과 교수들을 파견하여 선거 보도 같은 주제하의 훈련 세미나를 개최하거나 이 지역 학교에서 가르치며 학기를 보내는 프로그램의 재정적 지원

투명성 확보와 부정부패 척결을 위한 노력

세계은행은 부패를 개발에 유일하고 가장 큰 장애로 규정해 왔고 이 문제는 대중동 지역의 많은 국가에서 고질적이다. G8은 다음과 같은 조치를 취할 수 있다.

- G8의 "투명성 확보와 부정부패 척결 원칙" 채택 장려
- 정부 관료들, 기부자, IFI 그리고 NGO들이 부정부패 척결을 위한 국

가의 전략과 정부의 의무 강화를 논하도록 하는 OECE/중동-북아프리카 지역 UNDP 이니셔티브의 공개적지지
- 이 지역에 하나 이상의 G8 투명성 시험 프로그램 실행

시민사회

대중동 지역에서 진실한 개혁은 내부에서 시작되어야하고 개혁 장려를 위한 최선의 수단은 대표 기구를 통해야 함을 감안하여 G8은 이 지역에 효율적인 시민사회 기구의 개발을 장려해야한다. G8은 다음과 같은 조치를 취할 수 있다.

- G8은 인권관련 NGO 기구와 매스미디어를 포함한 시민사회 기구들의 방해나 제약 없이 자유롭게 활동하는 것을 허가하도록 이 지역의 정부들을 독려한다.
- 이 지역의 민주화에 관심이 있는 기구들(영국의 Westminster Foundation, 미국의 National Endowment Democracy등)에 대한 직접적인 재정지원을 확대하고 지역기구들의 자금 모금을 증가시킴으로서 NGO들에게 훈련을 제공하여 강령구정, 정부 정책 참여, 서민과 대중언론매체 개발 전략을 수립함으로서 지지를 확보한다. 또한 이 프로그램은 상호방문과 지역 네트워크 구축을 포함할 수 있다.
- 이 지역의 법률 또는 매스미디어 전문가들을 초빙하고 이 지역의 사법 개혁 노력과 언론 자유에 대한 연감 평가서 발행을 추진하는 NGO에게 자금을 지원한다(이 사안에 있어 인간개발보고서의 모델을 활용할 수 있을 것이다.).

II. 지식사회 건설

"지식은 개발과 해방으로 가는 길인데 이는 집약적인 세계화의 상황에서 특히 그렇다."(아랍인간개발보고서, 2002년판)

대중동 지역은 한때 과학의 발전과 배움의 요람이었으나 대부분은 현재의 지식지향 세계를 따라가는데 실패했다. 이 지역의 벌어지는 지식 격

차와 계속되는 두뇌집단 유출은 그들의 개발 전망에 도전이 되고 있다. 아랍 국가들의 서적 출판은 전 세계 출판의 1.1%에 해당한다(이중에 종교서적이 15%를 초과한다.). 대학을 졸업한 사람들 중 대략 1/4은 이민을 가고 기술은 대부분 수입되고 있다. 그리스어로 번역되는 서적의 분량이 아랍어로 번역되는 서적 분량 대비 다섯 배에 달한다(그리스어는 대략 1100만명이 사용한다.).

이미 이 지역에서 진행 중인 교육개혁 노력을 바탕으로 하면서 G8은 이 지역의 교육도전과 학생들이 현대의 세계화 시장에서 성공하기 위해 요구되는 기술들을 배울 수 있게 도와주는 지원을 제공할 수 있다.

기초 교육 이니셔티브

이 지역의 기초교육은 불충분한(그리고 감소하고 있는) 정부재정지원으로 어려움을 겪고 있으며, 또 인구의 증가로 인한 수요가 증가하고 있고 여성에 대한 기초교육 제공을 제한하는 문화적 어려움에 직면해 있다. G8은 대중동 지역의 기초교육 이니셔티브를 위해 다음과 같이 노력할 수 있다.

- 문맹퇴치 : 유엔은 2003년에 문맹퇴치 10년 프로그램을 출범시켰다. G8 문맹퇴치 이니셔티브는 유엔 프로그램을 보완하여 2010년까지 이 지역의 문맹률을 반으로 줄이고 향후 10년 동안 대중동 지역에 문맹이 없는 세대의 양성에 중점을 둘 것이다. G8 이니셔티브는 유엔 프로그램과 함께 여성과 여아를 중점적으로 지원할 것이다. G8 이니셔티브는 이 지역의 성인 6500만명이 문맹임을 감안하여 성인에게 혜택이 가는 온라인 커리큘럼부터 교사양성까지의 다양한 프로그램에 의한 교육에 초점을 둘 것이다.

- 문맹퇴치단 : G8은 여성의 독서와 집필 능력 배양을 위해서 여성을 중심으로 하는 교사양성기관을 설립하거나 확장할 수 있을 것이다. 학교 여교사와 여성교육 전문가는 이 기관에서 여성을 교사로(몇몇 국가에서는 남자가 여자를 가르치는 것이 허락되지 않는다.) 양성할

수 있을 것이고 이들은 여성을 위한 독서와 기초교육에 중점을 둘 수 있을 것이다. 이 프로그램은 2008년까지 여교사 10만명 규모의 "문맹퇴치단" 양성을 목표로 유네스코에 의해 조정되는 모든 교육부문 프로그램에서 제시된 가이드라인을 채택할 수 있을 것이다.

- 교재개발 : 아랍인간개발보고서는 철학, 문학, 사회학 그리고 자연과학 분야 기초서적의 번역이 현저하게 부족함을 주목하고 대학 도서관의 빈약한 상황을 기술했다. G8은 이런 결핍을 해소하기 위해서 이 분야들의 "고전"을 번역하는 사업에 자금을 지원할 수 있을 것이고 적절하다고 판단되는 분야에서는 (공공부문과 민간부문이 협력하여) 국가와 출판업자들이 현재 절판된 고전 아랍어 교과서를 재발간하여 학교, 대학교 그리고 국립도서관에 기증할 수 있을 것이다.

- 발견학습학교 이니셔티브(Discovery School Initiative): 요르단은 그들의 발견학습학교 이니셔티브를 수행하기 시작했고 이 학교에서는 최신 기술과 교육기법이 채택되었다. G8은 다른 대중동 지역 국가로 이 개념이 확산되는 것에 재원을 제공하고 도시에 민간부문의 지원을 촉구할 수 있다.

- 교육개혁 : 미국-중동 파트너십 이니셔티브(the US Middle East Partnership Initiative)는 3월이나 4월에 개최예정인 G8 정상회담 이전에 교육개혁을 위한 중동정상회담을 후원할 것이다. 이회담은 이 지역에서 개혁의지가 있는 정부와 민간부문, 시민과 사회단체 지도자들과 미국과 EU의 관계자들을 한자리에 모아 교육부문 결핍 타개 방안을 논의하고 해결책이 필요한 문제와 분야를 지적할 것이다. G8은 정상회담에 앞서 대중동 이니셔티브를 지원하는 방안의 일환으로 동 정상회담을 후원할 수 있을 것이다.

- 인터넷에 의한 교육 창시 : 이 지역은 인터넷 접근수준이 전세계에서 가장 낮은 곳이다. 인터넷에서 찾을 수 있는 지식분야이 지속적으로

증가하고 교육과 교역에 있어서 인터넷의 중요성이 확대되고 있음을 감안하면 대중동 지역과 세계 다른 지역 간의 디지털 격차(Digital Divide) 해소는 시급을 요하는 사안이다. G8은 대중동 지역 전역에 또는 일개 국가내의 도시들과 지방에 컴퓨터 통신 연결과 확장을 위한 공공-민간 파트너십을 구축할 능력이 있다. 러시아의 지방과 마을에 성공적으로 적용된 바와 같이 이 지역의 몇몇 국가에서는 우체국에 컴퓨터 통신을 공급하는 것이 더 적절할 것이다. 이 사업은 우선적으로 컴퓨터 통신사정이 가장 열악한 대중동국가(이라크, 아프가니스탄, 파키스탄, 예멘, 시리아, 리비아, 알제리, 이집트, 모로코)에 초점을 맞출 것이고 자금의 여력이 되는 한도 내에서 가급적 많은 학교와 우체국에 컴퓨터 통신망을 제공할 것이다.

이 지역 학교에 대한 컴퓨터 통신망 구축 이니셔티브는 위에서 설명한 "문맹퇴치단"이니셔티브와 연계될 수 있을 것이다. 교육기관의 교사들은 교육과정을 개발하여 인터넷에 올리고 민간부문은 필요한 기기를 공급할 것이며 컴퓨터는 시골이나 빈민지역의 교사나 학생들이 사용할 것이다.

- 경영학 교육 이니셔티브 : G8은 이 지역에 경영학 교육을 활성화하기 위한 노력의 일환으로 G8국가의 비즈니스 학교와 이 지역에 있는 교육기관(대학이나 전문대학)간에 자매결연을 체결하도록 할 것이다. G8은 이러한 합작교육시설에 교육자재와 재원을 지원할 수 있을 것이다. 동 시설은 기업의 업무기획, 마케팅 전략 등 다양한 분야에서 훈련 프로그램을 제공할 것인데 대졸자에게 제공되는 1년 기간의 연수과정부터 특정분야의 단기과정을 포함한다. 미국인이 총장인 바레인 금융전문대학은 다수의 미국 대학들과 협력하고 있는데 합작교육시설의 모델이 될 수 있을 것이다.

Ⅲ. 경제기회 확대

대중동 지역의 빈부격차를 해소하기 위해서는 과거 동부유럽 공산주의 국가에 대해 행해졌던 규모와 유사한 경제 개혁이 요구될 것이다. 이 개혁의 핵심은 경제성장과 고용기회 창출의 엔진역할을 감당할 수 있도록 이 지역내 민간부문의 잠재력, 특히 중소기업들에 대한 규제를 제거하는 것이 될 것이다. 대중동 지역 기업인들의 성장은 민주화와 자유의 보급에 있어 중요한 요인이 될 것이다. G8은 다음과 같은 행동을 취할 수 있을 것이다.

- 성장을 위한 자금조달 이니셔티브

금융부문의 실질적인 개선은 높은 경제 성장률 달성과 고용창출에 있어 필수적 요인이다. G8은 다음과 같은 요소로 구성된 포괄적인 금융 이니셔티브 실시를 위해 노력해야 할 것이다.

중소기업 지원 대출 : 이 지역에는 중소기업대출을 위한 금융기관들이 있지만 이 금융기관들은 계속해서 큰 자금 조달 장벽에 직면하고 있다. 소액금융지원을 찾는 사람들 중 약 5%만이 재정지원을 받고 이 분야에서 필요한 전체 자금 조달의 0.7%만이 실제로 지원되고 있다. G8은 중소기업 지원, 특히 영리목적의 금융활동을 통해서 부족함을 채울 수 있을 것이다. 특히 여성들이 추진하는 사업을 지원하고 흑자를 내고 자립적이며 외부의 추가 자금 지원 없이 계속해서 성장할 수 있는 소액 금융기관들을 지원한다. 우리는 5년간 400~500만 달러를 대출해줌으로서 120명의 경제인이 스스로 빈곤에서 벗어 날 수 있을 것으로 본다. 이들 중 75만명이 여성일 것이다.

대중동 금융공사 : 이 지역 사업분야 경제통합 달성을 목적으로 G8은 중대형 사업 육성을 위한 국제금융공사를 모델로 하는 금융공사에 대한 자금지원에 참여 할 수 있다. G8의 민간부문 지도자 집단이 동 금융기관을 경영하고 대중동 지역 사업발전에 있어 그들의 전문적 기술을 전수하는 것이 좋을 것이다.

대중동 개발은행(GMED Bank): G8은 대중동 지역 채권자들과 함께

"유럽재건개발은행(EBRD)"을 모델로 한 새로운 지역개발 공사를 설립하여 개혁을 추구하는 국가들에게 개발을 위한 기초적인 필요사항 공급을 도울 수 있을 것이다. 이 개발공사는 교육 보급, 의료 서비스 제공, 기초 인프라 구축사업을 중점적으로 지원하는데 있어 대중동 지역 부국의 재정적 능력을 한곳으로 집중할 수 있을 것이다. GMED 은행은 또한 대중동 지역 국가에 대해 기술지원과 발전 전략의 보고로도 이바지 할 수 있을 것이다. 대출 (혹은 원조)의 결정은 가시적인 개혁성과를 도출할 수 있는 각 채무국의 능력에 따를 것이다.

우수한 금융제도를 위한 파트너십

G8은 이 지역 금융서비스 개척 촉진과 대중동 지역 국가들의 세계 금융체제로의 통합 증진을 위해서 이 지역에 선도적인 국가들에게 금융제도 개혁 사업에의 동참을 제안 할 수 있을 것이다. 동참은 대중동 지역의 금융서비스 자유화와 확장을 목적으로 금융제도 부문에 다양한 기술과 경험을 지원 할 수 있는데 아래 부문을 중점 지원 할 수 있다.

- 금융서비스에 대한 국가의 간섭을 줄이는 개혁 계획
- 국가간 금융거래에 대한 장벽 제거
- 은행 서비스의 최신화
- 시장경제를 지지하는 금융수단 제공, 개선, 확장
- 금융 서비스의 자유화를 지지하는 관리기구 설립

통상 이니셔티브

대중동 지역 역내 무역규모는 미미하며 전 아랍국가 총교역 규모의 약 6%에 불과하다. 대부분의 대중동 지역 국가들은 역외 국가들과 무역하고 인근국가보다는 멀리 위치한 국가들과 호혜적인 무역협정을 체결했다. 그 결과 관세와 비관세 장벽은 일반화 되었고 각 국가 간의 무역은 드문 일로 남아있다. G8은 다음과 같은 요소들로 이루어진 대중동 지역내 무역 증진을 위한 새로운 이니셔티브를 제시할 수 있다.

세계무역기구(WTO)가입, 이행과 무역촉진 : G8은 이 지역 국가들의 WTO 가입에 대한 관심을 늘릴 수 있다. 특정 기술 지원 프로그램은 WTO 가입을 희망하는 국가에서 근무하는 자문관들을 파견하고 G8이 WTO 가입을 장려한다는 많은 공약을 포함하는데 특히 비관세 무역장벽 파악과 제거를 중점적으로 지원한다. 일단 WTO 가입이 완결되면 초점은 무역의 지적 재산권과 정부조달 협정과 같은 추가적인 WTO 약정에 서명하는 것으로 옮겨질 것이며 WTO 약정을 이행하기 위한 기술지원을 계속 할 수 있을 것이다. 또한 이 기술적인 지원은 G8이 후원하는 동 지역 전체의 역내 국가간 무역에 있어 세관 편리화와 행정적 물리적 장벽 감소에 관한 프로그램과 연결 될 수 있을 것이다.

무역 허브 : G8은 대중동 지역에 역내 교역과 세관 관습 개선에 중점을 둔 허브를 세울 수 있을 것이다. 허브는 민간부문 무역활동과 사업간 접촉을 지원하는 다양한 서비스를 제공할 것이다. 외국인 투자가를 위한 "One Stop Shopping", 운송시간 단축을 위한 세관들 간의 연계, 그리고 이 허브에서 상품과 서비스의 출입을 편리하게 하는 통합된 규정 등이 포함된다.

사업 후원 지대 : 다른 지역에서의 수출지대와 무역 특구 성공을 기초로 하여 G8은 대중동 지역에 상품의 디자인, 제조, 마케팅에 있어 역내 협력을 강화하는 특별히 고안된 지대를 설립하는데 도움을 줄 수 있을 것이다. G8은 이 상품들에게 그들 시장을 개방할 수 있을 것이고 이 지대를 건설하는데 전문기술을 제공할 수 있을 것이다.

대중동 경제기회 포럼

G8은 강화된 지역 협력을 장려하기 위해 G8과 대중동 지역 국가들의 고위급 지도자들이 한자리에 모여 경제 개혁을 주제로 토론할 수 있는 대중동 경제기회 포럼을 수립 할 수 있을 것이다(비 정부기관의 지도자들과 인사들은 정상회의 기간 중 사업가들과 별도 모임을 개최할 수 있을 것이다.). 이 포럼은 아시아태평양경제협력체(APEC)에 기초할 수 있을 것이고

금융과 무역 그리고 규제를 포함한 지역 경제 안건 전반을 주제로 다룰 수 있을 것이다.

1. '대중동 지역'은 아랍 국가들에 파키스탄, 아프가니스탄, 이란, 터키 그리고 이스라엘을 포함한 지역을 의미한다.
2. 아프가니스탄, 알제리, 바레인, 이란, 레바논, 모로코, 카타르, 사우디아라비아, 튀니지, 터키 그리고 예멘은 선거를 치룰 계획이다.
3. WTO 가입 신청국 : (WTO 가입을 위한 실무위원회가 구성된 국가들) 알제리, 레바논, 사우디아라비아 그리고 예멘, (WTO 가입 신청이 검토되지 않은 국가들) 아프가니스탄, 이란, 리비아 그리고 시리아 (옵서버 자격을 신청한 국가) 이라크.

제5장 미국의 대이란 정책과 대응전략

장병옥

I 이란-미국 관계

1. 팔레비 시대의 이란-미국 관계

제2차 세계대전 이전, 이란 내에서 미국의 활동은 초기에는 주로 종교적이고 교육적인 것이었다. 당시 미국은 다른 중동국가의 풍부한 석유에 대한 경제 · 전략적 중요성을 인식하고 있었을 뿐만 아니라 이란의 석유에도 관심이 있었다. 하지만, 당시 이러한 관심은 워싱턴 정부가 간접적으로 이란에 진출한 미국 석유회사들의 석유 이권을 돕기 위한 정도였다. 이란 및 중동 지역에서 미국의 정치적 개입은 극히 제한적이었고, 미국은 영-러와 같은 이 지역에 대한 정치적 지배를 원하지 않았다. 모건 슈스터(M. Shuster)와 밀수포그(Millspaugh) 같은 미국의 재정 전문가들은 이란의 건전한 경제발전과 재정정책 개발을 위해 지원한다는 이유로 몇 차례 이란을 방문했을 뿐이었다.

이란 정부는 경제난을 타개하기 위해 전 미 재무성 관리였던 모건 슈스터를 위시한 미국인 전문가 집단을 고용했다. 슈스터는 이란 의회인 마즐레스가 1911년에 초빙한 인물로서 이란의 재정정책을 재구성하려 했다. 그러나 이란 정부에 대한 러시아의 압력은 너무 강해서 미국인 전문가를 가만두지 않았다. 이란의 국내문제에 항상 관심이 있었던 러시아는 서구 전문가들의 고용을 의심스러워했다. 슈스터의 경제개혁으로 이란의 경제안정이 이루어지면 러시아의 국익에 역기능적으로 작용할 것은 자명했기 때문이었다. 따라서 러시아는 그의 추방을 요구했으나, 이란 의회는 그 요구를 거부했다. 그러나 곧 러시아 군대가 수도 테헤란으로 진격하자 이란 정부는 항복하지 않을 수 없었고, 슈스터는 자신의 임무를 완수하기도 전에 해임되었다. 그러므로 이란의 경제문제들은 풀리지 못한 채 남아있었다. 그는 미국에 돌아오자마자 이러한 상황을 자세하게 기술한 책[55)]을 저술하였다(Millspaugh 1946, 19). 미 국무성은 개인 자격으로 이란 정부에서 일했었던 슈스터가 미국 정부와는 공식관계를 가지지 않았으며, 또한 당시 미 외교정책이 고립주의 노선이었기 때문에 이 문제에 적극 개입하지 아니한 것으로 보인다.

한편, 밀수포그 박사는 1922년 이란 경제난의 타개에 대한 자문기구였던 미국 재정단체의 장이 되었다. 하지만 그 역시도 정치적 상황 때문에 1927년 그의 임무를 미해결 상태로 남겨둔 채 이란을 떠났다. 15년이 지난 1943년 밀수포그는 같은 목적으로 이란에 다시 돌아왔다. 그러나 그의 계획인 재정 중앙집중화를 반대하는 러시아와 이란 국내 기득권 세력, 특히 부유층의 강한 반발로 그는 2년 후 사임했다. 미국인 자문관들의 활동은 공식적으로는 미국 정부의 차원에서 이루어진 것이 아니었다.

이후, 미국은 1941년 영-소 양국의 요구에 따라 전쟁 중 페르시아만과 소련 사이의 물자 수송로를 호위하기 위해 페르시아만 사령부 소속으로 3만 명의 미군을 주둔시켰다. 1941-42년에 이란군이 연합군에 패배함으로써 워싱턴 정부는 이란군을 재건하기 위한 미 군사 지원단을 파견하

---

55) Shuster M., 1912, *The Strangling of Persia*, London.

여 두 가지 임무를 부여했다. 그들의 임무 중 하나는 군사고문단 역할이고, 다른 하나는 작전수행 지원이었다(Halliday 1979, 90-91)..

이란에 대한 미국의 루즈벨트 대통령의 정책이 총체적인 윤곽을 드러내기 시작한 것은 전쟁 중, 특히 1943년 11월 테헤란 회의 이후였다. 이 총체적 윤곽에 따르면 미국의 對이란 정책 목표는 두 가지인데, 이란의 독립을 유지하고 이 지역 내에서 미국의 경제이익을 증진하는 것이다.

전후, 이란 독립 및 영토 보전은 간단히 소련을 따돌리는 것을 의미했다. 따라서 미국은 유엔 안팎에서 강력한 외교적 노력을 통해 이란 북부 지역을 점령하고 있었던 소련군을 철수하게 하는데 공헌함으로써, 그때부터 이란의 가장 중요한 서방 동맹세력이 되었고, 전후 냉전체제 하에서 미-이란 양국 간 상호 군사방위협정이 체결되었다. 이란에서 미국의 역할은 전쟁이 끝나기 전의 영국의 역할과는 많은 차이가 있었다. 근본적으로, 미국은 다른 나라에 대한 내정 불간섭 원칙을 고수하고 있었기 때문이다. 미국 정책의 딜레마는 단지 이란에서 뿐만 아니라 세계 다른 지역에서도 존재했다.

1949년 샤는 미국을 방문하여 좀 더 아낌없는 원조를 제공해 줄 것을 요청했지만, 별 성과를 거두지 못하고 실망한 채 이란으로 돌아왔다. 당시 미국은 아직 對이란 정책 목표를 달성할 수단에 대한 확신이 분명히 서지 않았다. 또한 모사데그가 총리가 되었을 때에도, 미국의 불확실한 對이란 정책은 이전과 마찬가지였다. 모사데그는 미국의 도움을 얻으려 시도하면서, 워싱턴 당국이 자신의 민족주의 정부를 강화시켜 주길 바랬지만 그렇지 않았다. 게다가, 미국은 적어도 부분적이라도 오랜 동맹국인 영국을 지원해야 한다고 느꼈다. 모사데그의 몰락에 앞서 이란은 몇 년간에 걸쳐 미국으로부터 제한적인 원조를 받았는데, 이는 주로 1950년 포인트포 협정 (Point Four Agreement)과 국제협력행정단(ICAM) 하에 시작한 프로그램으로 이루어진 것이었다. 최초의 포인트포 협정은 1950년 6월 5일 국제개발법이 미 의회에서 통과된 같은 해 10월 19일

미-이란 간에 서명되었다. 포인트포는 이란뿐만 아니라 전 세계의 경제 발전을 위한 프로그램이었다. 포인트포의 감독기관인 미 국무성은 포인트포 프로그램은 자본의 국제적 흐름 특히, 개인적 투자를 활성화하기 위한 기존의 노력의 집중화를 요구한다고 밝힌 바 있다.

이란의 포인트포 프로그램의 초대 단장인 워너(William Warne)의 말에 의하면, 근본적으로 포인트포는 이란의 경제를 강화하고 그에 따라 정치안정을 이룩하는데 그 목표가 있다. 포인트포의 관심 분야 중 우선순위는 교육 · 농업 · 국내안보이다. 워너 행정단 팀은 1951년부터 1955년까지 이러한 점에 초점을 맞추었다. 이란의 정치안정은 사회주의가 아니라 자본주의로의 발전이 계속 이루어진다면 보장되는 것이었다. 1950년대 초부터 이란은 미국의 '발전국가' 모델을 재빨리 채택하고 미-소간의 세계적 냉전 대결의 시험 장소가 되면서 미 외교정책의 주요 관심 국가로 떠올랐다(Ricks 1981, 37)

한편, 1951년 ICAM이 이란에 배정한 예산은 160만 달러로 제한되었으나, 모사데그가 권력을 쥐고 있는 동안, 1953년까지 2천2백만 달러로 증액되었다. 모사데그는 미국의 원조가 이란 경제문제를 풀어주길 기대하는 가운데 그의 석유 국유화 정책이 원만히 지속되길 희망했다. 1953년 10월 아이젠하워 대통령은 만일 모사데그가 석유위기를 적절히 해결하지 못한다면, 미국의 원조를 중단하겠다고 경고했을 때에서야 비로소 모사데그의 기대는 잘못된 것으로 밝혀졌다.

뒤에서 언급하게 될 석유국유화 위기로 인해 모사데그 정권이 붕괴된 후, 미-이란 관계는 보다 우호적이 되었다. 예를 들면, 1946년 미국의 對이란 원조액은 1천만 달러, 1948년 6천만 달러, 1954년 8천4백만 달러였고, 1957년 말까지 총 3억2천3백만 달러에 이르며 대폭 증가되었다. 하지만 이 원조의 대부분은 이란 정부 예산을 지원하기 위한 것이었다. 왜냐하면 정부 예산이 석유파동으로 인해 심한 불균형상태에 이르렀기 때문이다. 그럼에도 불구하고, 미국의 원조는 계속 증가하여 1959년에는 총액이 8억8천만 달러에 달했다. 비록 미국의 연간 원조액이 1958년 이후 줄어들기 시작했지만 1961년 말 그 총액은 13억 달러, 1970년까지는 13억5천만 달러에 달했고 이란군은 미 본토에서 교육훈련을 받았다. 제2차 세계대전 후부터 총 11,000명의 이란군이 미국의 군사기지에서 훈련을 받았다(Halliday 1979, 91)

미국의 정책 입안자들은 1953년 쿠데타 이후 점차적으로 이란의 절대적 중요성을 인식하게 되었다. 이에 외교적으로 강력한 반공산주의 정권을 이란에 수립하려는 아이젠하워 독트린의 일부로서 미국은 경제·군사적으로 테헤란 정부를 지원했다. 이란은 '포인트포' 계획 아래 미국의 경제·군사 원조의 주요 수혜국 중의 하나가 되었다. 이러한 사실은 부분적으로 영국의 쇠퇴와 특히, 수에즈 동부지역에서의 국제정세의 변화에 기인한 것으로 보인다. 더욱더 중요한 것은 이란을 위시한 북방위지대의 주요 국가들인 터키·아프가니스탄·이라크는 냉전 때문에 전략상 가장 중요한 위치에 오르기 시작했다. 이란 역시 역대 미 행정부의 외교정책 지침의 변화와는 관계없이 소련과 마주하고 있는 특별한 지정학적 위치 때문에 항상 미국 외교정책의 중심을 차지했다.

서양의 비평가들은 이란이 두 개의 동맹기구를 통하여 서구사회와 연결되었다는 사실을 자주 무시해 왔다. 이 두 개의 동맹은 1955년 바그다드 조약과 1959년 미국과 체결한 상호방위조약이었다. 이러한 동맹은 이란의 안보에 대한 필요성과 미국의 봉쇄정책이라는 상호 이해관계 속에서 맺어지게 된 것이었다(Lenczowski 1978, 465-7).

1959년의 조약으로 이란은 자국의 방위를 직접적으로 미국에 위탁하게 되었다. 미국의 군사 원조 및 영국과의 석유 분쟁 결과에서 생긴 상당량의 석유 수익으로, 이란은 1963년까지 병력을 12만 명에서 20만 명으로 늘릴 수 있었다. 연간 국방 예산도 1953년 8천만 달러에서 1963년에는 거의 1억8천3백만 달러로 증가되었다(Farhi 1989, 96).

케네디 대통령은 쿠바에서 일어난 사회주의 성격의 혁명에 대한 대책으로써 향후 이란을 위시한 다른 제3세계의 개혁의 필요성을 역설했다. 제3세계에서의 개혁을 증진시키기 위한 케네디의 '진보를 위한 동맹(Alliance for Progress)'의 창설에 이란 정부는 소극적이었다. 1951년 미국의 對이란 군사원조로 제공된 샤만(Sherman) 탱크가 테헤란의 항의시위 군중을 진압하는데 사용되고 인권탄압이 심해지자, 1960년대 초부터 팔레비 독재정권에 대한 미 정부의 비난이 가중되었다. 사실 1947년부터 1960년대 초까지 이란군의 주요 목적은 국방보다는 국내 강압정치를 지탱하는 정권 유지에 있었었다. 샤는 이란의 대대적인 사회경제개혁을 요구하는 케네디의 압력을 계속 거부할 수만은 없는 입장이었다. 그는 마지못해서 부정부패 혐의로 수백 명의 장교를 숙청하고 군대의 수를 12만5천 명에서 10만 명 선으로 감축하는 등 일련의 변화를 시도했다(Halliday 1979, 92)

한편, 존슨 미행정부 시기인 1964년 6월 워싱턴을 방문한 샤는 존슨을 설득하여 1965년 5천만 달러의 군사차관을 얻어내면서 성공적으로 미-소 줄타기 외교전술을 구사했다. 그러나 이란 정권 타도를 목표로 하는 흐루시초프의 경고에 케네디는 이란의 개혁의 필요성을 강조했고, 샤는 마지못해서 1961년 토지개혁과 백색혁명[56]을 단행했으나 실패했다.

1962년 초, 타 국가들을 위한 미국 원조 프로그램이 정책의 중점 사항과 전체 목표물 사이에서 변화를 겪었다. 이런 변화 중 몇몇은 이미 이란에 영향을 미치고 있었다. 케네디 대통령이 제안한 새로운 중점 사항이란 원조 공여보다는 차관으로 지급하고, 군사지원보다는 경제지원을 하며, 수혜국 정부예산의 균형을 바로 잡는 데에 목표를 두는 것이었다.

56) 이란의 토지개혁과 백색혁명은 박정희 시대의 '한국의 새마을 운동'과 비슷하다고 할 수 있는데, 자세한 내용은 다음 책을 참조할 것. Pahlavi, M.R.S, 1961, *Mission for my Country*, New York: Mc Graw-Hill Book Company, Inc; 1976, *The White Revolution*, 백색혁명, 무함마드 레자 팔레비 지음, 신상주 & 이영림 옮김, 서울: 범아협회; 장병옥, 2004, 현대이란정치, 서울: 한국외국어대학교 출판부.

미국의 새로운 원조정책은 이란의 관료사회에서는 환영받지 못했다. 이란은 미국재정 자금의 배분 상, 좀 더 많은 자유를 요구했으며, 터키와 마찬가지로 군사력 증강을 원했다. 이란 정부는 자신들의 국가도 터키와 같이 소련과 마주한 취약한 위치에 있는데도 불구하고 왜 미국이 터키와 이란에 다른 기준을 두는지 이해할 수 없었다. 왜냐하면 두 나라가 비슷한 지리전략적 위치에 있었고 또한 바그다드 조약에서 나중에 명칭이 바뀐 중앙조약기구(CENTO)의 주요한 회원국이었기 때문이다. 게다가, 샤에게 있어서 '이란 군대'란 권력 유지를 위한 하나의 중요한 무력적인 수단이었다.

1967년 초에 형성된 소련-이란 무기협정은 미국이 이란을 완전하게 지원하지 않는 것에 대한 이란의 불만에서 이루어진 것이다. 이것은 또한 이란을 세계문제에서 중립적 입장을 취하게끔 만들려는 소련의 정책이 성공하였음을 보여준다. 하지만, 이란이 소련과 교류하는 것이 미국과의 마찰에 원인이 되지는 않았다. 미국 정부는 이란 외교정책이 심지어 중립주의 노선으로 나간다고 할지라도 놀라지 않았다.

그러나 베트남 전쟁의 수렁에 빠져있었던 미국에 대해 이란이 지지를 표명하자, 존슨 대통령은 그 대가로 이란에 다양한 형태로 군사적 지원과 무기를 제공했다. 1969년 7월 닉슨 대통령은 그 지역의 방위는 그 지역 강국이 맡는다는 '괌'선언 이후, 새로운 닉슨 독트린(Nixon Doctrine)[57]을 발표하고, 그에 따라 미국의 對이란 지원은 상당히 강화되었다. 다극화 원칙에 기초한 이 독트린은 미국의 후원 아래 지역 강국의 발전을 목표로 했다.[58]

---

57) 닉슨독트린: 1970년 2월 18일에 미국의 닉슨 대통령이 의회에 보낸 1970년대의 미국 외교정책 및 평화를 위한 새로운 전략의 근본 원칙, 그 지역 방위는 그 지역 우방국가의 자주 방위를 강조하는 한편 힘의 대결과 함께 협상 등을 그 내용으로 함.

58) 1968년 1월 미국의 '괌'선언 이전에, 이미 영국은 페르시아만으로부터 자국의 군대를 1971년까지 철수할 것이라는 철군 일정을 발표하면서, 그 자

이란은 닉슨 독트린 목표와 팔레비 정권의 이해관계가 일치되어 워싱턴의 외교정책의 모범적 적용국가로 선택되었다. 샤 역시 자신의 통치에 대항한 공산주의자의 음모와 소련의 위협에 대응해서 미국의 지원 아래 지역 강국으로 부상하길 바랬다. 1972년 5월 닉슨은 테헤란을 방문하여 비밀협정을 체결한 후 F-14, F-15 전투기 등 최신예 무기를 이란에 판매하기로 합의했다. 때마침 OPEC 산유국들이 1973년 유가를 최고 4-5배까지 인상한데 힘입어 이란은 석유수출로 나온 막대한 오일 달러를 이용하여 대량의 무기를 구입했다. 그 결과 이란은 닉슨 독트린의 다극화 정책의 최대 수혜국이 되었고 중동에서 미국의 주요 대리국 역할을 하는 '페르시아만 경찰국가'로 등장했다(Halliday 1979, 94)

이와 같이 이란이 미국의 군사 무기와 차관 그리고 또 다른 형태의 원조를 받는 가장 큰 수혜국가가 되면서, 1973년 팔레비는 "우리는 미국이 가진 핵무기 외에는 어떤 것도 가질 수 있다"라고 자만하며 말하기도 했다. 1976년 지미 카터 정권의 출범과 함께 닉슨 독트린이 표면상 폐지되고 미 외교정책은 새로운 인권정책으로 대체되었다. 카터 대통령은 많은 권위주의적 동맹국가들에 대해 미국의 지원을 인권과 연계시킬 것이라고 선언했다. 그중에서도 이란은 인권을 신장시키려는 카터 행정부의 주요 타깃이 되었다.

카터 행정부의 목표는 이란을 동요시키거나 양국 간의 친밀한 우호관계를 해치지 않는 범위에서 샤가 인권에 관한 더욱 세심한 주의를 하게끔 강요하는 것이었다. 1977년 초에 카터 행정부의 고위 공직자는 "새로운 행정부가 도래했다. 만약 샤가 군사분야에서 원하는 것은 무엇이든 얻을 수 있을 것이라고 생각한다면 큰 오산이다"라고 강조했다. 그리고 1978년 처음으로 미국은 이란에 대한 신형 F-4기 판매를 거부했고, 미 의회에서도 對이란 AWACS 경보기의 판매와 관련한 문제를 둘러싼

리에 이란이 주요 공백을 채우게 될 것이라고 시사한 바 있다(Halliday 1979, 93).

논란이 일어났다. 이에 이란 정부는 마지못해 1977년 초부터 자유화 개혁 조치를 취하지 않을 수 없었다.

팔레비 시대는 이란에 대한 외세지배의 종식을 가져왔고, 전통적인 제국주의 세력이었던 영국의 이 지역에서의 역할은 영국이 페르시아만에서 철수한 뒤 미국에 의해 대체되었다. 샤는 "이란은 중동의 일본"이 될 태세를 갖추고 있다고 자랑스럽게 말했다. 당시 수치로만 나타난 경제성장 통계에 도취된 1976년도의 팔레비 정권은 향후 10년 안에는 이란의 생활수준이 서유럽을 능가하고, 20세기 말에는 이란이 세계 5대 공업국가들 중의 하나가 될 것이라고 떠벌리기 시작했다. 하지만 그것은 단지 환상이었고 잘못된 꿈은 불합리한 경제정책과 본질적으로 취약한 정치제도에서 비롯되었다. 위기가 닥쳤을 때 팔레비 왕조는 모래 위의 성곽처럼 쉽게 붕괴되었다.

2. 이슬람 공화국 시대의 이란-미국 관계

미국은 1979년 호메이니의 추종자들이 팔레비 정권을 무너뜨리고 테헤란 주재 미 대사관을 점거하며 이슬람 혁명의 전파를 역설했었던 이래로 이란과 적대관계에 있다. 미국을 향한 증오심은 이슬람 혁명이 발발한 주요한 요인 중의 하나였다.

그러나 1997년 5월에 실시된 대선과 2000년 2월-5월의 지방의회 선거 및 총선에서 개혁파의 압승을 계기로 미국과 서방 국가들은 "이란이 더 이상 적국이 아니다"라는 사실을 깨닫게 되었다. 사실 2000년 총선의 결과는 미국과 서구 국가들에게 또 다른 가능성을 안겨주었던 것이다. 클린턴 정부는 선거 결과에 흡족하였으며 이란 내 자유의 확산과 타국간의 우호적인 관계를 성립해 나갈 수 있는 단계로 해석했다. 미 국무성 대변인 제임스 루빈은 "이란 국민들의 모든 요구 사항들이 집권당에 의해 모두 충족되었으면 좋겠다. 이러한 분위기에서 이란이 외부 세계와의 관계를 맺는데 초석을 다져 주었으면 한다"라고 말하였다.

사실 이란과 미국의 관계에 있어서 개혁파조차도 미국과 너무 가까워지는 것을 두려워하며 "이란이 이슬람의 교리를 위배하면서까지 서방세계, 특히 미국에 맞춰 나가는 것은 결코 아니다"라고 밝힌 바 있다. 개혁파 출신의 하타미 대통령은 선거에서 압승을 거두었던 사실이 왜곡되어서는 안 되며 이란은 이란만의 길을 개척해 나가야 한다고 주장하였다. 이란 국영방송에서 그는 "이란은 결코 다른 국가의 이익에 맞춰주지 않을 것이다. 우리는 이란 국민이 중요하다고 여기는 것이 가장 최우선순위 관심사다"라고 강조했다.

이란과의 외교 정상화 관계의 수립단계에서 클린턴 정부는 보다 새롭고 유연한 對이란 정책을 채택하였다. 미국은 對이란 정책으로 "개입정책"을 구사하였는데, 이는 미국 측에서는 개입정책이 고립시키는 것보다 더 좋다고 판단되었기 때문이다. 올브라이트 미 국무장관은 미국에 있는 이란인 단체에 참석하여 연설하는 가운데 이란과 미국과의 관계에 있어서 "새로운 도약"을 제시하며 캐비어 · 카페트 · 피스타치오 등의 수입금지 정책을 철회하기로 했다고 발표하였다. 이 모임에는 이란과 관련된 미국 및 이란 외교관들이 참석했다. 또한 그녀는 미국 정부가 미-이란 간의 학자 · 전문가 · 예술가 · 운동선수 · NGO 단체의 왕성한 교류활동을 촉진시키기 위해 불필요한 장애물을 제거하겠다고 약속하며, "우리 두 나라 간의 국제적인 안정과 우호관계의 증진을 위해 많은 노력을 기울이고 있습니다"라고 전했다.

또한 올브라이트는 미국이 1953년 모사데그 정권을 붕괴시킴으로써 '이란의 정치발전에 악영향을 끼친 점'과 1980년대의 이란-이라크 전쟁에서 이라크를 지원한 것을 '근시안적'이라고 의미심장하게 시인했다. 또한 그녀는 "미국이 과거에 이란의 내정 문제에 간섭했던 점에 대하여, 매우 유감스럽게 생각합니다. 미국 국민을 대신해서 미 정부는 이란인들의 어떠한 요구사항이라도 적극적으로 수용하겠습니다. 또한 칠레 ·

니카라과 · 쿠바 같은 나라에게도 유감을 표하는 바입니다"라고 밝혔다.

이와 같은 클린턴 정부의 새롭고 유연한 對이란 정책은 2000년 제6대 국회선거에서 승리를 거둔 개혁파의 입지를 넓히고, 패배한 보수파의 분노를 가라앉히기 위한 의도적인 대응이었다. 클린턴 정부의 의도는 개혁파, 특히 하타미 대통령에게 더 많은 힘을 실어주기 위함이었다.

더욱이 올브라이트는 처음 미국을 방문하는 이란인들에게 사진을 찍거나 지문을 채취하지 않도록 조치하겠다고 발표하며 "우리가 공동의 역사에 새 장을 쓰는데 이란이 함께 참여하기를 요구한다"라고 끝맺었다. 이란의 반응은 다양한 형태로 나타났다. 외무성 대변인 아세피는 "그녀의 연설을 긍정적으로 받아들이며 환영한다"라고 논평했지만, 아야톨라 로우하니는 이란 내정에 새로운 개입을 위한 움직임이라고 말했다. 온건한 하라지 외무장관은 다소 균형된 의견을 냈다. 그는 올브라이트 연설에 대해 환영하지만 이란에 대한 미국의 계속된 내정간섭으로 인해서 그녀의 제안이 탈색되고 있다고 덧붙였다(Hiro 2001, 258)

이란 최고지도자 하메네이는 이러한 올브라이트 장관의 연설에 "이따위 고해성사는 미국이 이란에게 안겨준 수모를 덮지 못한다. 오늘날 적들이 노리고 있는 것은 이란의 안보와 통합을 깨는 것이다"라고 경고하였다. 또한 그는 "올브라이트의 연설은 오늘날 이란 국민들에게 마이동풍이며 또 다른 속셈... 그들만의 악행 자서전을 채워나가려는 음모이다"라고 주장했다. 2000년 3월 25일 그는 마샤드 이맘 모스크에 모인 군중을 향해 다음과 같이 연설했다.

"우리가 살고 있는 현재는 2000년인데, 1953년 8월 19일 쿠데타가 일어난 지 벌써 47년, 거의 50년이 다 되어간다. 그들은 비로소 지금에 와서야 우리에게 사죄를 하고 있다. 그러면서 그들은 25년 동안 독재적이며 무자비하고 부패한 샤 정권을 지원했다고 시인하고 있다. 그리고 또한 그들은 이란-이라크 전쟁 동안 사담 후세인을 지원했다고 인정하였다. 이런 파렴

치한 과거사를 듣고 이란 국민들은 과연 어떻게 생각해야 하는가?...”

이란은 인구가 많고 15개 이웃 국가와 국경을 접하고 있는 중동에서 2번째로 큰 국가이다. 또한 이란은 OPEC 내의 주요한 에너지 대국이며 중앙아시아로의 통로이기도 하다. 이와 같은 이란의 지정학적 위치는 이란 국내에서 어떤 정권이 통치를 하던지 간에 항상 세계열강들의 군사적 요충지로 이용되곤 하였다.

동서 양극체제의 붕괴 후, 현재 미국은 세계 최강의 국가이다. 왜 미국은 과거 25년간의 외교단절에도 불구하고 이란과의 관계 정상화를 갈구하는 것일까? 세계적 추세로 미루어 볼 때, 서아시아와 중앙아시아의 5개 신생 공화국들과 외교관계를 맺고 전략적 · 경제적 이익을 얻으려면 안전하고 안정된 유일한 루트인 이란을 이용해야 하기 때문이다. 이것이 미국이 이란을 끌어들이는 이유이다. 처음에는 아프가니스탄이 중앙아시아로 통하는 전략적 육로를 제공해주는 대안으로 간주되었지만, 아프가니스탄의 불안정한 정세로 인해서 미국의 정책 결정자들은 아프간 통로를 포기했다. 결국 미국은 이란을 중앙아시아로 통하는 대체 통로로 여긴 것이다. 그래서 클린턴 정부는 1979년 이슬람 혁명 후, 서먹해진 미-이란 관계를 개선해 보려고 애를 썼다.

그러나 국제사회는 2005년 강경 보수파 정권의 출현에 ‘조심스럽지만 분명한’ 우려의 시선을 보냈다. 특히 서구 각 국가들은 아흐마디네자드 개인보다는 우선 이란 대통령 선거과정 전반의 문제점을 지적했다. 미국은 조앤 무어 국무부 대변인을 통해 “이번 선거는 선출되지 않은 소수가 후보 1000여명의 출마 자체를 거부함으로써 시작부터 결함이 있었다”라고 논평했다. 마리아 탐베리 백악관 대변인은 “우리는 이란 국민을 위해 더 큰 자유를 촉구하는 사람들 편에 서 있다. 우리는 이란 국민이 자기들의 뜻을 정확히 표현할 수 있도록 하는 자유롭고 공정한 선거를 강력히 지지한다”라고 말했다. 럼스펠드 미 국방장관은 아흐마디네자드 당선자에 대해 “그는 민주주의의 친구가 아니다. 그는 자유의 친구도 아니다. 시간이 지나면 젊은이들과 여성들은 그를 받아들일 수 없는 인물임을 알게 될 것이다”라고 비판했다.

영국 외무장관 잭 스트로는 “이란의 선거가 국제적 기준에서 중대한 결함이 있어 유감이다”라고 말했다. 독일 외무장관 요슈카 피셔 역시 “많은 후보들이 국회의원 선거에서 배제된 것은 문제이다”라는 반응을 나타냈다.

II 부시 행정부의 對이란정책

이스라엘과 이란은 2004년에 들어와서부터 더욱 자주 이란의 부세르 원전 공사와 핵개발 의혹을 둘러싸고 선제공격과 보복 가능성으로 서로를 위협하는 등 치열한 신경전을 벌여왔다. 이란은 최근 이스라엘 전역을 사정권에 둘 수 있는 샤합-3 미사일 시험발사에 성공했으며, 사정 2,000km 이상의 샤합-4 미사일의 개발을 서두르고 있다. 미-이란-이스라엘이 상호 벼랑 끝 전술로 대치하고 있는 한편, 북한과 미국 양국도 이러한 벼랑 끝 전술을 구사하며 위기를 고조시켜 가고 있는 것은 우연의 일치가 아니다. 제임스 메트레이는 9.11테러 후 더욱 강화되는 일방주의적 부시 행정부의 외교정책을 다음과 같이 설명하고 있다.

“최근 미국의 한 기자는 제2차 세계대전 이후 미국이 ‘공세적 현실주의’라는 세계전략을 펴왔다고 지적했다. 공세적 현실주의란 ‘경쟁자’를 제거하는 압도적 힘을 축적하고 자신의 이념과 가치, 선호도를 반영하는 세계질서를 창출하는 것을 의미한다. 부시 대통령의 공세적 현실주의는 그가 ‘악의 축’으로 규정한 이란 · 이라크 · 북한 등 3개국을 붕괴시키는 데 목표를 두고 있다. 부시 행정부는 유엔의 승인을 받지 않은 채 기민하게 이라크를 점령함으로써 '미국의 뜻'대로 세계질서를 재편할 힘을 갖췄다고 믿게 됐다. 미국의 강경파 존 볼턴 국무부 차관보는 '북한의 종말'이라는 책을 서가에서 꺼내 책상에 쾅 내리치며 "이게 우리의 정책이오"라고 말했다. 미국이 공세적 현실주의 전략에 계속 집착하는 한 회담을 통해 북한의 핵위기를 종식시킬 가능성은 거의 없다. 벼랑 끝만 있을 뿐이다. 그러나 바로 이것이 부시 행정부의 목표다."[59)]

미국의 정책 담당자들은 이란도 북한처럼 비밀 핵시설에서 핵연료봉을 재처리하는 등 합의를 위반하거나 편법을 동원해 빠져나갈 수 있고, IAEA가 이란의 준수 여부를 제대로 감시할 것인지에 대해서도 의구심을 가지고 있다. 미국이 엘바라데이 IAEA 사무총장을 축출하려는 움직임을 보였던 것도 이와 무관하지 않다. 신보수주의(NEOCON)의 핵심 인물로 꼽히는 더글러스 페이스 미 국방부 정책담당관은 "미국은 이란이 리비아의 선례를 따라 핵 프로그램을 포기하기 바라지만, 그렇지 않다면 이란 핵시설에 대한 군사작전 가능성을 배제할 수 없다"라고 밝혔다.

이라크 바쿠바 군사대학의 칼리드 만수르 박사는 "이스라엘은 1981년 이라크의 오시라크 원자로를 공습해 완전 파괴했지만 이란은 다르다"라고 지적했다. 이란의 핵시설은 여러 곳에 분산돼 있기 때문에 이를

---

59) 캘리포니아 치코 칼스테이트대 역사학부 학장인 제임스 메트레이가 2003년 12월 3일자 동아일보에 기고한 글이다. 이는 북한이 진정한 국제 공조를 거부한다면 치르게 될 곤경과 위험을 드러낸 글이다. 2003년 8월 북한과 미국 대표가 러시아 · 중국 · 일본 · 한국 대표들과 함께 만났지만, 평양은 핵무기 프로그램 폐기를 계속 거부했다. 2003년 8월, 미-북-중-러-한-일 6자회담 이전 워싱턴은 만약 평양이 국제사찰을 용인한다면 북한을 공격할 의도가 없음을 보장하는 문서를 내겠다고 제안했다. 그러나 미국은 선제공격(preemptive strike)은 없을 것이라고 보장하는 어떤 표현도 하지 않고 있는 가운데, 대치국면을 해소할 핵폐기와 불가침조약의 '동시병행조치'를 거부했다. 부시 대통령은 이러한 교착상태를 군사 · 경제적 조치까지를 포함한 대북 압박을 정당화하기 위한 카드로 활용하고 있다.

파괴하려는 군사작전은 전면전으로 확대될 수 있다. 이란의 핵관련 시설은 1981년 이스라엘 공군이 감행했던 이라크 오시라크 원전에 대한 정밀폭격 때와는 비교할 수 없는 난점을 안고 있다. 당시 오시라크 원전 폭격은 다음과 같은 여러 성공 요인들이 있었다.

1) 당시 이라크가 이란과 전쟁 중이었다는 점
2) 프랑스 첩보원의 정밀 지원이 있었다는 점
3) 식별이 가능한 취약한 원전 한 곳이 목표물이었다는 점

미 국방부의 전략기획 분석가들은 단기간의 공격으로 이란 핵 프로그램을 파괴할 효과적인 군사적 방안이 없다고 지적하고 있다. 현재 이란의 경우 주요 핵관련 시설들이 인구가 조밀한 도시지역 등 여러 곳에 분산, 은폐돼 있기 때문에 일부 시설은 전혀 접근이 어려워 관련 정보가 부재한 상황이어서 정확한 첩보수집과 목표물 선정이 어렵다. 또 이란의 방공능력과 이라크 주둔 미군 및 중동 주둔 미군에 대한 이란의 군사적 보복능력, 중동 석유의 통행로인 호르무즈 해협에 대한 봉쇄 가능성, 이란과 연계한 알 카에다와 헤즈볼라에 의한 대미 테러 가능성 등 후폭풍이 만만치 않을 것으로 보인다. 이란 관련 전문가들은 군사적 행동으로 핵개발을 지연시킬 수는 있어도, 그 뒤 이란이 핵무기를 보유하려는 명분과 의지가 더욱 강해질 것이라며 군사행동의 효용성에 의문을 표시했다.

그러나 국방부의 신보수주의 진영은 핵위협을 풀기 위한 최선의 방안은 공습이나 특수부대 투입을 통해 핵시설을 파괴하는 것이라고 믿고 있다. 2005년 1월 18일 영국≪가디언≫은 "미 국방부는 최근 바그다드 외곽 캠프 아쉬라프에 머물고 있는 이란 반군세력 무자헤디네 할크(MEK)를 동원해 이란 국경을 침입하는 방안에 대해 검토한 바 있다. 이들은 과거 후세인 정권의 지원을 받아왔으며, 현재 미군의 관리 하에 있다"라고 밝혔다. 미 국무부는 이 단체를 테러조직으로 분류해 놓고 있

다. 이 신문은 전직 CIA 고위 인사의 말을 인용하여 "국방부 내 신보수주의자들이 이란-이라크 국경을 넘나드는 첩보작전에 이들을 동원하려 했다. 그들은 이란에 침투해 핵시설을 파괴하면 정정불안이 야기돼 소수 강경파 성직자들이 권력을 잃게 될 것이라고 판단하지만, 이는 환상에 불과하다"라고 전했다.

한편 하타미 대통령은 2005년 3월 30일 수도 테헤란에서 남쪽으로 270㎞ 가량 떨어진 나탄즈 핵단지를 방문하고 취재진에 핵시설을 전격 공개, 우라늄 농축 프로그램을 계속 진행시키겠다는 의지를 내비쳤다. 나탄즈 핵단지는 우라늄 농축용 지하시설이 있다고 알려진 곳으로 이란의 핵무기 개발 의혹이 불거질 때마다 국제사회의 주목을 받아왔다. 하타미는 핵문제를 빌미삼아 미국이 이란을 침공할 경우 혹독한 대가를 치르게 될 것임을 경고한다고 밝혔다. 부시 행정부가 이란 핵제재라는 강공 카드를 꺼낼 경우, 미국을 상대로 '성전(jihad)'을 결행할 태세였다. 미국이 이란 핵시설 공습을 감행하는 것은 부담이 너무 컸다. 전 중동지역을 상대로 싸워야하고 기독교와 이슬람교간의 종교전쟁으로 비화될 가능성도 배제할 수 없기 때문이었다.

다른 한편 이란의 핵 프로그램 포기를 유도하기 위해서는 이란 내의 강경파와 온건파의 분열을 이용해야 한다.[60] 이란의 강경파들은 자국 안보를 위해 핵개발을 추진하고 있으며 온건 실리파도 궁극적으로 핵개발에 반대하지 않는다. 그러나 실리파들은 심각한 고용난과 인플레 때문에 경제가 먼저라고 생각한다. 따라서 핵개발을 무리하게 강행하면 국제사회로부터 고립될 수 있다며 '자제론'을 주장한다. 이란과 경제교류를 하

60) 미국의 진보 성향 싱크탱크인 브루킹스연구소의 캔 폴락 연구원은 외교전문지 'Foreign Affairs' 2005년 3·4월호 기고문에서 이란의 강온 양파의 분열을 이용해야 한다고 주장했다. 그는 이란에 대한 군사공격은 최후 수단이라고 강조했다. 이란은 세계 최고 수준의 테러리스트 조직을 갖고 있기 때문에 보복테러에 대한 완벽한 준비 없이 군사 공격을 해서는 안 된다는 것이다.

는 유럽 · 일본 · 중국을 움직여 압박을 가하되, 핵개발을 계속하지 않는다면 당근을 제공하여 온건 실리파의 입지를 키워 주자는 것이다.

이란 의회는 정부에 우라늄 농축 활동을 재개하도록 강제하는 법률을 추진해 왔다. 알라에딘 보루에르디 의회 국가안보외교정책 위원장은 "전체 의원 290명 가운데 238명이 이미 이 같은 내용의 법안에 서명했다"라고 밝혔다. 그는 이란이 우라늄 채굴에서 농축에 이르는 전 과정을 실행하는 기술을 보유하고 있다면서, 국제사회는 이란을 고립시키려 하는 대신 핵보유국으로 인정하라고 촉구했다. 이란 의회는 이 법안을 2005년 5월 15일 통과시켰으나, 법적 효력이 발생하려면 혁명수호위원회의 검토를 거쳐야 한다.

이에 따라 이란 혁명수호위원회는 2005년 5월 28일 이란에 우라늄 농축을 포함한 핵기술을 개발하도록 하는 법안을 승인했다. 이 법은 정부에 우라늄 농축을 즉각 재개하도록 하지는 않지만, 핵활동에 대한 국제적 압력에도 불구하고 핵 프로그램을 추진하도록 권고하는 내용이다. 이 법은 또한 이란 정부에 우라늄 농축 재개를 포함한 핵연료 사이클의 개발을 요구하고 있다. 이란은 최근 동결된 핵활동을 재개하기로 결정했으나, 5월 25일 제네바에서 EU 3개국과 협상을 가진 후 우라늄 농축의 재개를 일단 중단하고 8월말까지 이들과 궁극적인 해결책을 모색한다는데 합의했다. 그러나 2005년 6월 24일 대통령 선거에서 당선된 마흐무드 아흐마디네자드는 다음과 같이 선언했다.

"이란은 전력 생산 등을 위해 원자력 기술이 필요하며, 핵개발은 이란이 선택한 마지막 길이므로 포기하지 않을 것이다. 국가 이익을 수호하고 이란이 평화적 핵기술을 추구할 권리가 있으며 EU와 핵협상을 계속할 것이다. 미국이 계속 이란에 대해 적대정책을 견지하는 한 관계개선을 고려하지 않겠다."

이슬람 정권의 많은 성직자들은 미국의 위협에 대항할 수 있는 궁극적인 방어 수단은 핵무기 개발뿐이라고 생각한다. 최고위 성직자 하메네이는 “이란은 어떤 종류의 위협에도 굴하지 않고 굳건히 대응할 것이다”라고 말했다. 지금까지 이란의 어떤 대통령도 이란을 지배하고 있는 최고위 성직자 아야톨라들의 정책에 도전할 수 없었던 것처럼 새로 출범한 아흐마디네자드 정부 역시 그들의 핵개발 강행의 뜻에 따를 수밖에 없다. 아흐마디네자드 대통령은 취임 후 2005년 9월 24일 유엔총회에 처음으로 참석하여 행한 연설에서 미국과 그 동맹국을 비난하고 이란 정부가 NPT 하에서 핵연료를 추출할 권리를 가지고 있다고 지적하면서 이란의 핵 프로그램을 계속 추진해 나아가겠다고 선언했다.[61)]

IAEA 이사회는 2005년 9월 24일 35개 이사국 대표들이 참석한 가운데 오스트리아 빈에서 열린 정기 이사회에서 찬성 22표, 반대 1표, 기권 12표로 이란 핵문제의 유엔 안보리 회부에 관한 결의안을 통과시켰다. 이 결의안 통과에 반대했던 중국과 러시아는 예상대로 기권한 가운데, 베네수엘라는 유일하게 반대표를 던졌고 인도가 막판에 찬성으로 돌아섰다. 인도의 찬성은 부시 미국 대통령이 지난 7월 16일 인도에 민간 핵기술 공유를 제안한 것과 관련 있어 보인다. 그동안 수십 년간 미국은 인도의 평화적 핵 이용에 대해 반대를 해왔으나, 이번 정상회담에서 인도에 원자로와 핵연료의 판매를 허용하겠다는 입장을 밝혔다.[62)]

---

61) International Herald Tribune, Sept. 22, 2005.

62) 이란과 북한의 문제는 미국이 인도에 핵기술과 원자로를 팔기로 약속함에 따라 더 복잡해졌다. 수십 년 간 미국을 위시한 서구 세계는 인도가 핵무기를 추구하는 한, 핵기술을 취득하는 것은 불가능하다는 자세를 견지해왔다. 그렇지만 수십 년을 버틴 덕에 인도는 이제 곧 미국으로부터 원자로 기술을 받는 혜택까지 누리게 됐다. 이것은 이란과 북한 같은 나라들에 오랜 시간을 견디고 기다리면, 미국이 종국적으로 입장을 바꾸고 승복하게 될 것이라는 메시지를 던져준다. 이것은 미국의 對북한 및 이란 정책과 비교하여 더욱 불공평한 것으로 보인다(존 울프스털 / 카네기국제평화硏 비확산담당 부국장).

이 기구가 결의안을 만장일치가 아닌 다수결로 채택한 것은 2003년 북한 핵문제를 유엔 안보리에 회부할 것을 요구하는 결의안을 채택한 이후 처음이다. 결의안 내용이 이란 핵문제의 즉각적인 안보리 회부를 요구했던 초안에서 후퇴한 데다 IAEA 결의안이 통상 표결 절차 없이 만장일치로 채택돼 온 점을 고려하면, 이란-중국-러시아와 미국-유럽연합 양측 간의 파국을 막기 위한 절충안으로 보인다.

EU가 발의하고 미국이 지원한 이 결의안은 이란 핵문제를 유엔 안전보장이사회에 회부하는 것을 IAEA 사무총장이 검토하도록 요구하는 내용을 담고 있다. 결의안은 이란 정부가 평화적 목적의 핵 프로그램을 추구하고 있다는 믿음을 주지 못함으로써 NPT 당사국으로서 지켜야 할 핵안전협정을 위반했다고 지적했다. 또한 이 결의안은 "이란이 우라늄 변환을 포함해 농축과 관련된 모든 활동을 전면 중단하라는 IAEA의 요구를 수용하지 않은데 우려"를 표명하고, "핵 프로그램에 대한 국제감시단의 완벽한 접근 허용 등 투명성 확보 조치"를 요구했다. 그렉 슐트 미국 대표는 "이번 결의안은 이란이 투명해지지 않으면 그에 상응한 대가를 치를 것을 상기시키는 경고장"이라고 말했다.

이에 대해 마누체르 모타키(Manouchehr Mottaki) 이란 외무장관은 "그 결의안은 불법적이며 정치적 의도가 숨겨진 미국의 각본에 영국·프랑스·독일이 놀아난 정치극"이라고 비난했다. 이란 부통령 아가자데 역시 "이란을 안보리에 회부하려는 것은 중동에서 긴장을 증폭시키게 될 것이다"라고 말했다. 보수파가 지배하고 있는 이란 의회의 290명 의원 중 약 170명이 IAEA 불시 사찰을 허용하는 추가의정서의 실행을 중단하도록 촉구하는 탄원서를 정부에 제출했다. 이란은 2003년 추가의정서에 서명했으나, 이란 국회가 아직까지 비준하지 않고 있다. 호세인 모자파르 의원은 "의회는 이런 환경 하에서는 추가의정서를 비준하지 않을 것이다"라고 말했다.[63]

이란 핵문제의 유엔 안보리 회부 가능성을 열어 놓은 IAEA 결의안을 주도한 영국에 항의하여 9월 28일 이란 대학생 수 백 명은 반영(反英) 시위를 벌이며 테헤란 주재 영국 대사관 진입을 시도했다. 대사관 진입 시도가 무산된 뒤 해산하지 않고 영국 대사관 앞에서 1시간여 동안 영국 대사 추방을 촉구하며 연좌시위를 벌였다. 일부 학생들은 영국 대사관을 '첩보의 소굴'이라고 부르며 폐쇄를 요구했다. 대학생들은 당초 이슬람 신학생 단체가 주도한 IAEA 결의안 규탄 시위에 참가한 뒤 영국 대사관 앞까지 평화적으로 행진했지만, 이후 이 시위는 폭력시위로 돌변했다. 이란 대학생들의 영국 대사관 앞 시위는 이슬람 혁명 후인 1979년 11월 당시 테헤란 주재 미국 대사관 점거농성을 연상시키고 있다. 그들의 행위는 미국의 외교시설이 없는 이란에서 미국 이익을 대변하는 것으로 인식되는 영국에 대한 반발감정에 기인한 것이다.

또한 이란 측은 결의안이 통과된 직후 찬성표를 던진 국가들에 대한 경제보복을 시사한 후 2005년 10월 17일부터 한국 상품을 수입 금지시킴으로써 불쾌감을 나타내었다.

이와 관련하여 유명환 외교통상부 제1차관은 2006년 1월 11일 외교부 청사에서 마디 사파리 이란 외무차관과 회담을 갖고 한국 상품 수입 금지 및 이란의 핵개발 프로그램 재개 움직임에 대해 우려를 표명했다. 유 차관은 이란 핵문제가 유엔 안전보장이사회에 회부되지 않고 협상을 통해 평화적, 외교적으로 해결되기를 기대한다는 정부 입장을 사파리 차관에게 전했다. 한편 당시 반기문 외교부 장관이 내외신 주례 브리핑에서 핵 비확산을 위한 국제사회의 노력을 지지하는 우리 정부의 확고한 입장을 밝혔다. 사파리 차관은 원자력 연구개발 시설의 봉인 제거를 비롯한 이란의 핵개발 관련 조치가 평화적 핵이용을 위한 것임을 강조하며 향후 IAEA 이사회 등에서 이란의 입장을 지지해 줄 것을 요청했다. 이제 지구 반대편에 있는 한국에까지 이란 핵위기의 충격파가 감지

---

63) New York Times, Sept. 27, 2005.

되기 시작한 것이다.

미국은 지금까지 공을 들여온 중동 민주화 구상은 물론이고 핵을 비롯한 대량살상무기(WMD) 확산방지 노력에 '역풍'을 불러올 수 있다는 사실을 우려하고 있다. 이란 대선 결과로 이란과 북한의 핵문제가 '강력한 핵 연쇄반응'을 만들어 낼지 모른다는 관측까지 나오고 있다. 이런 상황에서 2006년 4월 6일 존 볼턴 유엔 주재 미국대사는 "안보리가 이란 핵문제에 대한 대응에 실패할 경우 미국은 안보·금융·경제·관광 제재 등의 다른 대안을 추진할 것이다. 우리가 택할 수 있는 다른 방어적 조치들은 우리가 북한의 경우에 취한 것들과 비슷하며, 이란의 불법 금융거래를 추적하는 것이다"라고 말했다.

Ⅲ. 부시 정부의 이란 핵개발 대응전략

그동안 이란 정부가 비밀리에 핵무기 개발을 추진해왔다고 주장해 왔었던 미국은 이란이 잘못된 방향으로 가고 있다는 반응을 보였다. 부시 대통령은 "우리는 이란이 핵무기 제조 기술 또는 핵무기를 보유하는 것을 원치 않는다"라고 반복해서 말했다. 부시의 소위 '예방 독트린(doctrine of prevention)'은 이란의 핵무기 보유를 허용하지 않는 것이다.

조지 부시 대통령은 "이란의 핵개발 강행은 세계안보에 중대한 위협이 된다. 이란은 핵무기를 보유하려고 해선 안 된다"고 경고했다. 부시 대통령은 이란이 현 강경 이슬람 지도체제 하에서 핵으로 무장할 경우 인류의 대재앙으로 이어질 가능성이 있다고 판단하기 때문이다. 콘돌리자 라이스 미 국무장관도 이란을 '테러의 중앙은행'이라고 비난하며 "이란 핵무기 보유에 대한 유엔 안보리의 조치가 미흡할 경우 미국은 독자적으로 제재를 가할 수 있다"고 밝혔다. 라이스는 미 의회에 '이란의 민주화 촉진 및 이슬람 신정체제의 정권 교체'를 위한 예산으로 작년의 1000만 달러보다 훨씬 더 많은 8500만 달러를 요청했다.[64] 미국은 이란 내 반체제 인사들을 지원하고 '자유 이란 라디오 방송국' 등을 통해 이란 민중을 위한 선전작업도 본격적으로 병행할 방침이다. 미국은 이미 클린턴 행정부 시절에도 이와 같은 전략을 구사했으나 이란이 반미 테러집단에 자금을 제공하며 대응하는 바람에 오히려 역효과를 낸 바 있다.[65]

그러나 이란 이슬람 보수파 정권은 이를 역이용하여 자유와 민주주의를 원하는 개혁파를 탄압하는 구실로 삼고 있다. 심지어 그들은 '달러'가 가득 찬 가방을 든 CIA 요원들이 하타미 전 대통령을 지지했었던 개혁파를 포함한 반정부 세력들을 매수하기 위해 현금을 뿌리면서 공작을 벌일 목적으로 테헤란에 나타나고 있다고 주장한다. 실제로 그들은 달러를 받은 용의자를 심문하여 달러가 가득 채워진 가방의 위치를 찾아냈다고 조작하여 선전할 정도였다.[66]

한편 미 하원도 상원에 이어 이란의 핵 프로그램 추진 비난 결의안을 404 대 4의 압도적인 찬성으로 채택했다. 미국 의회 내에서 이란 핵사태에 대한 군사적 행동을 포함해 적극적으로 접근해야 한다는 강경론이 점차 확산되고 있다. 미국 정부는 2006년 3월 13일 자국의 기업이나 시민과 이란간의 석유 거래를 금지하는 내용의 제재 시한을 1년 연장했다. 이란 핵문제에 대한 압력의 수위를 높이고 있는 부시 대통령은 이란의

64) John Negroponte 국가정보국장에 의하면 전 세계를 대상으로 정보를 수집하는 요원들의 수는 거의 10만 명에 육박한다. 또 CIA 고위관리였던 Mary Margaret는 정보요원들을 위한 2005년도 예산은 총 440억 달러에 이르고 있다고 폭로했다(International Herald Tribune, April 22-23, 2006).

65) 이에 맞서 이란 역시 미국의 음모와 '내정간섭' 행위를 조사, 분쇄하기 위한 용도로 1,250억 리알(1,500만 달러)의 예산을 편성했다. 또한 이란 외무부가 테헤란 주재 스위스 대사관을 통해 미국 정부에 서한을 보내 이란 민주화를 위한 미국의 추가 예산편성 계획에 항의한 것으로 알려졌다.

66) Akbar Ganji, Money can't buy us democracy, International Herald Tribune, August 2, 2006.

위협이 "이례적이고 정도를 넘는다"면서 시한 연장 조치를 취했다.[67]

당시 미 공화당의 유력한 차기 대권주자인 존 매케인 상원의원이 이란 핵개발을 둘러싼 현재의 대치상태를 지난 10여 년 만에 최대의 국제적 위기로 규정하면서 "미국은 필요시 이란에 대해 군사적 조치를 취할 준비가 돼 있어야 한다. 미국의 군사적 대응이라는 선택보다 더 나쁜 것은 핵무기를 가진 이란이다"라고 주장했다. 그는 또 "지금은 냉전 종식 후 가장 심각한 상황"이라고 전제하고, "對이란 군사적 선택은 평화적 해결노력이 고갈된 뒤 사용될 최후의 것이다. 만약 중국과 러시아가 對이란 제재에 동참하지 않는다면 우리의 의지대로 강행해야 할 것이다"라고 역설했다. 빌 프리스트 미 공화당 상원 원내대표 역시 비폭력적 수단으로 이란의 핵무기 제조를 막지 못할 경우, 미국은 군사적 행동에 나설 준비가 되어 있어야 한다고 밝혔다. 프리스트는 "우리는 절대 이란이 핵무장하는 것을 허용할 수 없다. 만약 외교적 제재가 통하지 않으면 경제적 제재가 필요할 것이고 그래도 안 될 경우에는 군사력 투입도 거론할 수 있을 것이다"라고 주장했다.[68]

이러한 미 행정부와 의회의 강경 분위기 속에서 對이란 무력 개입이 힘을 받는 가운데, 미 군사 전문가들은 이란의 핵무기 개발 저지를 위한 마지막 수단으로 이란을 공격할 전략을 수립했다. 미 전략중앙통제본부(CCSC) 소속 전략가들이 공격목표 수립과 함께 무기 수송 및 병참 지원 방안을 마련 중에 있었다. 미 전략 수립가들은 외교적 노력을 통해 이란의 핵무기 보유 추진에 제동을 걸지 못할 경우, 군사적 선택을 할 수밖에 없다고 보았다. 니콜라스 번스 미 국무부 차관도 "우리는 현재 외교에 초점을 맞추고 있지만, 미국은 언제나 모든 대안을 테이블에 올려놓

67) 이 조치는 1995년 3월 15일 당시 빌 클린턴 대통령이 도입한 것이다.

68) 그러나 2006년 4월 16일 국가안보 및 대테러정책 조정관을 지낸 스티브 시몬과 리처드 클라크는 "군사행동은 미국의 국익에 더 큰 위험을 초래할 수 있다"고 경고했다. 또 리처드 루가 상원 외교위원장(공화)도 "미국은 제재를 보류하고 직접대화를 해야 한다"고 촉구했다.

고 있다"며 군사대응 가능성을 배제하지 않았다.

이에 대해 마샤이 이란 부통령은 미국이 이란의 핵문제와 관련해서 이란을 침공하지는 않을 것으로 믿는다고 말했다. 마샤이 부통령은 "이란은 이라크도 아니며, 아프가니스탄도 아니다. 미국이 이란을 침공하기란 불가능하다"고 주장했다. 사실 이란에 대한 무력의 사용은 여러 측면에서 상당한 위험이 뒤따른다. 미국의 이란 핵시설 공습은 오히려 중동 사태를 악화시키고 서방에 대한 보복을 촉발하며 러시아 및 중국과 마찰을 야기할 것으로 우려된다. 미국과 이스라엘의 침공에 직면하여, 이란은 몇 가지 군사적 및 비군사적 방식에 대응할 능력을 가지고 있다.

군사적 대응으로써, 이란은 중동 주둔 미군과 이스라엘을 사정권으로 하는 2000km에 달하는 장거리 샤합-3 미사일을 보유하고 있고, 그 보다 더 무서운 자살폭탄 테러를 미군과 이스라엘인들에게 언제든지 감행할 수 있다. 미군의 화력에 이란군이 당할 수 없지만 이슬람주의와 민족주의라는 열정으로 무장한 정신력은 미국도 무시할 수는 없다. 이란군은 중동 지역에 거미 망처럼 퍼져있는 이슬람 네트워크를 통한 지하드와 자살폭탄 공격을 이용하여, 이라크에서 고전을 면치 못하고 있는 미군을 더욱더 큰 곤경에 몰아넣을 것이다.

또한 이란은 중동 석유의 주요 통로인 페르시아만의 호르무즈 해협을 봉쇄해서 걸프 산유국 GCC 국가들의 유조선 출입을 금지시킬 해군력을 포함한 상당한 군사력을 보유하고 있다.[69] 이란군은 3월 31일부터 일주일간 "미군의 공격에 대비한다"며 페르시아만 지역에서 정규군 및

---

69) 이란의 군사력은 육군 45만 · 해군 4만 · 공군 3만 · 기타 2만 등 정규군은 총 54만 명이이고 그밖에 민병대 50만과 예비군 22만 명으로 구성되어 있다. 2005년 2월 로웰 자코비 미 국방정보국(DIA) 국장은 "이란이 전세계 석유공급량의 40%가량이 지나는 호르무즈 해협의 선박 통행을 일시적으로 막을 수 있는 저지력을 확보했다. 이란은 지난해 북한으로부터 소형 잠수함 · 어뢰정 · 미사일 함정 등을 사들여 해군력을 증강함으로써 이 같은 능력을 갖췄다"라고 밝혔다.

혁명수비대 병력 1만7천여 명과 선박 1500여 척, 군용기 등을 동원해 군사훈련을 벌이며, 최신형 무기의 실험도 실시했다.[70] 이것은 미국과 이스라엘의 선제공격 가능성에 대한 무언의 경고로서의 무력시위라 할 수 있다.

한편, 이란은 비군사적 대응으로써 위에서 언급한 석유를 무기화함으로써 핵폭발에 버금가는 충격을 세계 경제에 가할 수 있다.

2006년 4월 7일자 〈뉴요커〉에서 탐사전문 기자 세이무어 허시는 미국이 이란을 핵으로 공격하는 계획을 세우고 있다고 폭로하자, 부시 대통령은 4월 10일 '억측(wild speculation)'이라며 부인했다. 그러나 이란이 "우라늄 농축 실험에 성공했다"고 발표한 이후 미국은 "이란 핵개발을 저지하기 위해 모든 조치를 강구하겠다"고 밝혀 핵공격 가능성으로 입장을 바꿨다. 익명을 요구한 부시 대통령의 한 외교정책 보좌관은 최근 학계와 전략가들 모임에서 "이란 핵문제는 미국 정책이 회초리 없이 당근만 제시했기 때문"이라며 군사 공격에 대한 여러 가지 선택이 있다고 말했다.

---

70) 이란군은 훈련 첫날 적의 레이다에 포착되지 않는 신형 미사일 파지르 3'를 선보인 데 이어 2006년 4월 2일 대형 잠수함과 군함을 파괴할 수 있는 시속 362km의 최신형 고속 어뢰를 시험 발사에 성공했다고 발표했다. '후트'(고래)라는 이름의 이 어뢰는 초속 100m로, 세계에서 가장 빠른 러시아제 어뢰 'VA-111 시크발'과 동급 수준이다. 이란은 4월 4일에도 두 번째 신형 스텔스 미사일인 '코사르(Kowsar)' 시험 발사와 새 함정 '초현대식 플라잉 보트(super-modern flying boat)'의 시험 가동에도 성공했다고 밝혔다. 이란은 2005년 10월 27일 '시나-1'이라는 170kg짜리 통신 · 자연재해 관측용 미니 인공위성을 성공적으로 발사했다. 43번째로 인공위성 '시나-1'을 발사한 이란은 65~75kg의 소형 위성 '메스바'를 제작하고 있다. 2009년에 인공위성을 성공적으로 발사한 이란은 2010년까지 4개의 인공위성을 추가로 발사할 계획인데, 인공위성 발사를 통해 로켓과 위성을 포함한 광범위한 정밀 과학기술을 확보하려 하고 있다. 이란은 이 밖에도 사거리 3,200km의 미사일 샤합-4를 개발 중인데, 뉴욕 타임스는 2015년쯤이면 이란이 대륙간 탄도미사일을 보유할 수 있을 것으로 전망했다. New York Times April 4, 2006.

미국의 군사공격은 이란 핵관련 시설을 목표로 하여 크루즈 미사일 또는 스텔스 폭격기에 의한 하룻밤 정도의 야간 공습으로 제한하느냐, 그렇지 않으면 핵관련 시설뿐만 아니라 이란 혁명수비대와 정보부를 포함한 이슬람 정권 핵심 지휘부를 파괴하느냐에 초점을 맞추고 있다. 부시 행정부는 대규모 공습으로 이란의 이슬람 지도부에 타격을 가하여, 대중봉기를 유도해 정권을 전복시켜 이란 국민과 이란 정권을 분리시키려고 하고 있다. 부시 행정부는 아흐마디네자드 대통령을 '히틀러'와 같은 위험인물로 간주하고, 이란 핵문제 해결을 위한 유일한 해결책은 이란의 권력구조 변화라고 믿고 있으며 이는 곧 전쟁을 의미한다.

그러나 미국의 군사공격은 '양날의 칼'로써 이슬람 정권에는 위협이 되겠지만 동시에 이란 국민의 결속력을 강화시킬 수 있다. 나탄즈의 지하 핵시설을 파괴하기 위해서 미국은 전술 핵무기의 사용도 검토하고 있다. 부시 행정부는 이란에 대한 '강압 외교(coercive diplomacy)'의 일환으로 벙커버스터 핵폭탄을 동원, 對이란 공습을 검토하고 있다. 이스파한의 핵시설이 지상에 있는데 비해, 나탄즈 핵 단지는 지하 15m에 위치하고 있기 때문에 특히 공습에 어려움이 있다. 전술적으로 이란의 지하 핵시설을 파괴하는 데는 600~1,000회의 공습을 필요로 한다고 전문가들은 말하고 있다.[71] 이러한 어려운 상황에서 미국이 이란의 핵무기 제조를 막는다는 구실로 핵무기를 사용한다면, 이란 국민의 결속력은 더욱더 강화될 것이다. 또한 전략적으로 이란에 대한 미국의 공격은 다음과 같은 더 많은 예방 조치가 요구된다.[72]

---

71) International Herald Tribune, April 13, 2006.

72) 이란은 미국의 공격에 대비, 4만 명의 자살폭탄 대원들을 훈련시켜 왔다고 AP통신이 2006년 4월 16일 보도했다. 이란 혁명수비대 순교 특수대원들의 실체는 지난 3월 이란에서 첫 군사 퍼레이드가 있었을 때 처음으로 모습을 드러냈으며, 폭약대를 허리에 차고 기폭제가 달린 제복을 입은 모습이었다. 이란 혁명수비대 전략연구센터 소장인 하산 압바시 박사는 "지금까지 29개의 서방측 공격 목표물들을 검토했다. 우리는 미국과 영국의 민감한

1) 이란군에 의한 걸프만의 유조선 출입 봉쇄
2) 과격파 테러리스트의 자살폭탄 공격
3) 이란의 사주에 의한 남부 이라크의 시아파 봉기
4) 이란의 對이스라엘 미사일 공격
5) 이란 핵기술의 테러단체 유입
6) 세계 이슬람 국가들의 동요와 결속력 강화

라이스 미 국무장관이 시카고 대외관계협의회(CFR) 연설에서 "이란의 핵개발을 단념시키기 위해 우리는 정치 · 경제, 그리고 그 이외의 가능한 모든 수단을 사용할 준비가 돼 있다"고 밝히며 이란이 핵무기를 가져서는 안 된다는 것이 국제사회의 입장이라고 주장했다. 라이스 장관은 유엔 헌장 제7조[73]에 따라 이란의 핵개발을 단념시키기 위해 "모든 활용 가능한 수단을 사용할 준비가 돼 있다"고 밝혔다. 즉, 미국은 유엔 헌장 7조 하에서 이란 핵문제를 해결하고자 하고 있다. 7조는 '국제평화에 대한 위협'을 명시하고 최후의 수단으로써 군사적 행동의 길을 열어놓고 있다. 러시아와 중국은 이란이 핵무기 보유국가가 되는 것을 원하지 않지만, 7조 하에서의 해결책은 지지하지 않는다.[74]

이와 관련하여 왕광야(王光亞) 유엔 주재 중국대사는 "유엔 헌장 7조에 따른 어떤 결의안도 이란 핵문제를 해결할 수 있을 것으로 보지 않는다"고 반대 입장을 분명히 했다. 러시아의 푸틴 대통령도 이란 핵분쟁에서 유엔 핵기구가 중심 역할을 계속해야 한다 말했다. 그러나 미국 · 영

시설들을 공격할 준비가 돼 있다. 일부 시설물들은 이란과 이라크 국경지대에서 아주 가까운 곳에 있다"고 밝혔다. 그는 또 "우리의 예비 순교자들이 미국은 물론 '간교한' 영국을 공격할 준비가 돼 있다. 영국의 종말을 가져오는 것이 우리가 검토 중인 의제에 포함돼 있다"라고 경고했다.

73) 유엔 헌장 제7조는 국제평화와 안전을 유지 · 회복하기 위해서나(7조 42항) 자위를 위한 경우(7조 51항) 무력 사용을 허용하도록 규정하고 있다.

74) Roger Cohen, Bold but peaceful step is needed on Iran crisis, International Herald Tribune, April 29-30-Monday May 1, 2006.

국·프랑스는 유엔 안보리가 이란 문제를 다루는 우선권을 가질 뿐만 아니라 이란에 대한 압력을 강화하는 방법을 모색하기 시작해야 한다고 주장하고 있다. 4월 29일 라이스 장관은 NATO 외무장관 회의에서 "안보리가 국제평화·안정·안보의 유지를 위한 가장 중요한 최고의 기구이다. 이 기구의 의지와 언명이 하나의 회원국에 의해서 무시되어서는 안 된다"라고 말했다.

이에 대해 이란 마즐레스는 5월 7일 코피 아난 유엔 사무총장에게 보내는 공개 성명을 내고 "유엔이 핵 활동 중단을 강요하는 결의안을 채택한다면, NPT를 탈퇴하도록 정부에 요청할 것이다"라고 밝혔다. 아흐마디네자드 대통령도 "이란의 국익을 침해하는 유엔 결의안은 가치가 없는 것이다. 국제기구들이 제국주의의 대리인으로 활동한다면 거부하는 수밖에 없다"라고 주장했다.

미국은 그동안 4월 28일 IAEA 보고서 제출 시점을 기준으로 무력 사용까지 허용한 유엔 헌장 제7조에 따른 결의안을 안보리가 채택해야 한다고 주장해 왔다. 또한 같은 날 미 하원은 이란의 대량살상무기(WMD) 프로그램의 폐기가 입증될 때까지 이란에 대한 제재를 지속하도록 하는 이란 제재강화 법안을 397대 21의 압도적 찬성으로 통과시켰다. 미 공화당의 일리나 로스-레티넨 의원이 발의한 이 법안은 이란의 WMD 획득에 도움이 되는 물품이나 기술을 이란에 수출하거나 제공하는 사람에 대해서도 제재를 가하도록 규정하고 있는 반면 이란 내의 민주화운동 단체나 인권단체에 대해서는 대통령이 지원할 수 있도록 명시했다.

다른 한편 미국은 2006년 7월 12일 헤즈볼라가 이스라엘 병사를 납치함으로써 촉발된 이스라엘의 對레바논 공격이 '자위권' 행사임을 강조하면서 이번 사태의 배후세력으로 이란과 시리아를 지목하고 있다. 레바논 사태로 이슬람 세계뿐만 아니라 이란 내 강경파의 목소리가 커지면서 국제사회의 이목을 끌던 이란 핵문제가 잠시 뒤로 밀려나 있는 상황이다. 코펠(Ted Koppel)은 7월 23일 칼럼에서 이스라엘의 신경을 건드리고 있는 것은 레바논도 아니고 헤즈볼라도 아닌 바로 이란이라고 주장하고 있다. 이란이 헤즈볼라에게 장거리 로켓과 미사일, 그리고 매년 1억 달러의 자금을 제공하고 하마스에게도 현금 3억 달러를 지원했다는 것이다.[75)]

이란의 개혁파 신문인 샤르그(Shargh)가 헤즈볼라에 대한 지원을 반대하는 기사를 실었다. 이에 대응하여 하메네이는 7월 29일 "이것은 우리의 전쟁이다"라는 제목 하의 사설에서 친보수파 신문인 케이한의 그러한 논조는 "팔레스타인과 레바논의 피억압 민중들에 대한 지지를 반대하는 시온주의자 정권의 선전과 같은 것이다"라고 공격하였다. 아흐마디네자드는 8월 15일 "이스라엘-레바논간의 휴전 발효는 레바논의 승리이다. 헤즈볼라가 이스라엘을 이기고 미국의 새로운 중동 재편 계획을 무산시켰다"고 주장했다.

미국과 이스라엘은 국제사회의 비난에도 불구하고 레바논 공격을 통해 헤즈볼라를 완전 무력화시킴으로써 핵무기 개발을 추진하고 있는 이란에도 경고성의 메시지를 전달하려고 한다. 이란과 미국의 전쟁은 이미 진행되고 있다고 보는데 그것은 대리전 즉, 이란은 헤즈볼라를 통해서 그리고 미국은 이스라엘을 통해서 전선을 확대해가고 있다는 느낌을 준다. 따라서 미국과 이스라엘은 이란의 對레바논 외교적 중재를 원치 않고 있다. 왜냐하면 이란의 외교적 개입은 미국의 對이란 핵정책에 손상을 줄 수 있을 뿐만 아니라 서방측의 국제적 위상도 실추될 위험이 있기 때문이다.

75) Ted Koppel, Gifts for Iran: Look what spreading democracy can do, International Herald Tribune, July 22-23, 2006.

Ⅳ 오바마 시대의 이란정책

버락 후세인 오바마 미 행정부의 대외문제를 총괄하는 힐러리 클린턴 국무장관이 밝혔듯이 미국의 새로운 외교정책의 기조는 군사력이나 경제제재에만 의존하는 하드파워뿐 아니라 정치, 문화, 외교 등 '소프트 파워'까지 아우르는 '스마트 파워'의 채택이다. 그동안 힘에 의한 강압적인 외교로 국제사회에서 반발을 사온 부시 미 행정부의 전철을 밟지 않겠다는 의미이다. 이러한 오바마 정부의 '유화정책'은 힘에 의지한 일방주의 외교를 접고, 대화와 설득을 통한 '소프트 파워'를 가미한 새로운 '스마트 외교'라는 패러다임으로 '리셋 외교'[76]을 통하여 중동을 포함한 세계 현안문제를 풀겠다는 뜻이다. '리셋 외교'는 미국이 그동안 대립각을 세워왔던 적대적인 국가와의 관계를 원점에서 재설정 또는 재정립한다는 것을 의미한다.

오바마 미 행정부의 '리셋 외교'가 아직 어떤 효과를 낼지 판단하기 이르지만, 러시아를 비롯해 지금까지 미국과 갈등관계에 있는 이란·베네수엘라·쿠바·탈레반 등도 화답하고 있다.

주지하다시피 오바마 미 행정부가 당면한 가장 중요한 국제문제 중 하나는 이란 핵 위기이다. 사실 이란 핵문제를 풀기란 대단히 어려운 현실이다. 북핵 문제와 비교해보면 그 이유를 알 수 있다. 근본적인 문제는 이란 스스로가 자체적인 우라늄 농축 프로그램 보유를 양도할 수 없는 권리로 규정하고 있다는 점에 있다. 이는 핵문제를 협상 카드로 삼고 있는 북한과 근본적으로 차이가 나는 대목이다. 북한은 핵카드를 통해

76) '리셋(reset)'은 원래 컴퓨터를 초기 상태로 되돌리는 것을 뜻하는 용어로 최근 미국의 외교 정상화 의지를 대표하는 표현이 되었다. 이 '리셋 외교'라는 용어는 바이든 미 부통령과 히러리 클린턴 국무장관 등 오바마 행정부 관리들이 처음으로 사용한 것이다.

정치적, 경제적, 안보적 목적을 달성하려는 반면에, 이란은 우라늄 농축 프로그램 보유 자체를 목표로 하고 있기 때문이다.

오바마 정부는 시간을 갖고 테헤란에 대한 새로운 외교적 접근을 모색하고 있다. 중동 베테랑 외교관 로스(Dennis. B. Ross)를 책임자로해서 오바마가 작년에 제시한 "더 큰 당근과 더 큰 채찍(bigger carrots and bigger sticks)" 정책을 구상하고 있는 가운데, 오는 2009년 6월 이란 선거가 끝나고 나서야 비로소 본격적인 핵협상은 시작될 것으로 보인다.[77]

오바마의 이란에 대한 호의적인 태도는 2009년 3월 20일 이란의 설날인 노루즈를 맞이하여 그가 이란의 지도부와 국민들에게 보내는 신년 축하 메시지[78]에서도 드러난다. 오바마는 '이란 이슬람 공화국'이라는 표현을 두 번이나 사용하면서, 이란의 역사와 문화에 대한 존경과 존중을 표현하고, 이란계 미국인들이 미국에 기여한 바에 대하여 칭송하였다. 그러면서 "우리는 미국-이란 간 문제를 해결하는데 있어서 외교를 통한 건설적 관계의 유지를 위해 노력할 것이다. 이를 위해 위협을 앞세우지 않을 것이며, 대신 정직하고 상호이해와 존중에 기초해서 대화로 문제를 풀어나갈 것이다"라고 약속하며 유화정책 외교노선을 천명했다. 그러나 오바마도 "이런 관계가 쉽게 달성될 수 없다는 것을 알고 있다" 라고 인정한 바와 같이 30년간 이어져온 이란-미국의 적대관계는 청산이 어려울 것이다. 오바마의 화해 메시지에 대하여 이란 정부가 즉각적으로 공식적인 반응을 보이지 않고, 다음날 이란의 최고 지도자 아야톨라 알리 하메네이가 종교도시인 마쉬하드에서 오바마의 메시지가 오직 말뿐인 실질적인 변화가 없다[79]고 지적한 것에서도 이들 관계의 해묵은 감정이 쉽게 풀리지 않을 것임을 보여준다. 하메네이는 오바마가 그의 메시지에서 이란의 테러와 핵무기에 대해 언급한 것을 지적하면서, 미

---

77) Ibid.

78) www.whitehouse.gov/Nowruz

79) www.hamshahri.com 1388년 Farvardin 3일(2009년 3월 22일)

국이 여전히 이란에 대한 제재를 풀지 않고 있으며, 시오니즘을 지지하고 있다고 밝혔다.

그러나, 이란 정부는 대화의 여지는 열어놓고 있다. 지난 2월 아흐마디네자드 대통령은 "상호존중에 바탕을 둔 공정한 분위기"에서라면 이란도 미국과의 대화를 환영할 것이라고 말한 바 있으며,[80] 하메네이도 21일 연설에서 미국이 입장을 바꾸면, 이란도 입장을 바꿀 것이라고 언급했다.[81]

미국은 이란 핵을 해결하기 위하여 러시아와도 긴밀히 협조할 것으로 보인다. 최근 몇몇 미 행정부 관계자의 언급에 따르면, 러시아가 이란의 핵 위협을 막아주는 조건으로 미국이 폴란드와 체크 공화국에 설치하던 미사일 방어망(MD: missile defense)을 중단하도록 하겠다는 비밀 협상이 진행되고 있는 것으로 보인다.[82] 미국과 러시아 사이의 이러한 협상은 오는 4월 2일 영국 런던에서 열리는 G-20 금융정상회담에 참가하는 오바마 미 대통령과 메드베데프 러시아 대통령이 만나 매듭을 지을 것으로 예상된다. 오바마 대통령은 취임 이후 부시 행정부가 진행해오던 많은 정책들을 폐기하거나 유보시켜왔는데, 만약 러시아와 미국의 협상이 체결된다면, 동유럽에서의 MD 구축 중단도 그중 하나가 될 것이다. 오바마가 이렇게 부시 정부의 정책들을 폐기하려고 하는 것은 이제 출발한 오바마 행정부가 국내 경제문제와 일자리 창출을 위한 계획 수립에도 바쁜데, 신 냉전으로 불리는 미국과 러시아 사이의 불편한 관계를 풀고 이란 문제를 해결한다는 결심으로 보인다.[83] 바이든 부통령도 2월 7일 미국 새 행정부의 주요 외교정책을 대외적으로 밝혔듯이, 오바마 행정부는 러시아와의 관계에서 리셋 버튼을 누르기 원하며, 이란 정부와

80) CNN news 2009년 3월 21일
81) www.hamshahri.com 1388년 Farvardin 3일(2009년 3월 22일)
82) CNN news 2009년 3월 3일자
83) www.usinsideworld.com 2009년 3월 7일

의 대화를 원한다. 힐러리 클린턴 국무장관은 3월 유럽순방기간 스위스 제네바에서 세르게이 라브로프 러시아 외교장관과 회담을 갖고 "미국은 러시아와의 관계에 리셋(reset) 버튼을 누르고 새 출발을 할 것"이라고 말했다. 또 오바마 대통령은 러시아가 이란의 미사일 개발 저지를 위해 나선다면 미국이 폴란드와 체코 등 동유럽에 미사일 방어시스템을 구축하려는 계획을 재고할 것이라며 러시아의 적극적인 협력을 요청하기도 했다.[84)]

이와 관련한 국제문제에서 오바마 대통령은 2009년 12월 5일로 시한이 만료되는 전략무기감축조약(START)을 대체하기 위해서 메드베데프 러시아 대통령과 새로운 핵무기 감축 협상을 시작하기로 합의했다. 양국 정상은 공동성명을 통해 "전략 핵무기를 2002년 모스크바에서 합의한 것보다 낮은 수준으로 감축하겠다"고 말했다. START는 냉전시기인 1991년 조지 H W 부시 전 미국 대통령과 미하일 고르바초프 전 러시아 대통령이 체결한 협정이다. 이 조약으로 양국은 전략 핵탄두를 각각 6000기까지만 보유할 수 있었다. 양국 간 상호 무기사찰과 검증도 처음 허용했다. 이후 1997년 빌 클린턴 전 대통령과 보리스 옐친 전 대통령이 후속 START 협상을 추진했으나 타결되지는 않았다. 이에 조지 W 부시 전 대통령과 블라미디미르 푸틴 전 대통령은 2002년 만나 향후 10년 동안 핵탄두 수를 1700~2200기 수준으로 줄이기로 합의했다.

오바마 대통령은 "지구상에서 핵무기를 가장 많이 가진 미국과 러시아가 보유 핵무기를 감축하기 위한 진지한 조치를 취하지 않는다면 핵무기로 인한 위협을 줄일 수 없을 것"이라고 말했다. 이어서 그는 "미-러가 핵무기 감축을 한 후에야 이란에 대해 '핵무기를 개발하지 말라', 그리고 북한에 대해 '핵무기를 확산시키지 말라'라고 말할 수 있는 더 큰 도덕적 (정당성과) 권위를 갖게 될 것이다"라고 강조했다. 4월 12일

84) 매일경제3.23

아흐마디네자드 이란 대통령이 "미국은 5400개의 핵탄두를 보유하고 있는데 왜 우리는 핵에너지를 평화적으로 사용할 수 없느냐"고 반문하면서 "핵에너지의 평화적 사용은 모두에게 주어진 평등한 권리라는 것이 우리의 분명한 논리"라고 지적한 것은 미국의 주장이 정당성이 없음을 강조한 것이었다.[85)]

오바마 정부가 러시아와의 관계를 회복하면서 이란과 직접 대화에 나서면 이란 핵문제의 해결 가능성은 상당히 높아질 수 있을 것이다.

---

85) 문화일보2009.4.14.

제 II 편

미국의 중앙아시아 정책과 중앙아시아의 대응외교

제6장 서 론

장병옥

1997년 미국은 '새로운 세기를 위한 국가안보전략'을 통해 21세기를 겨냥한 안보정책을 발표하였다.[86] 이 보고서에서 미국의 세계전략은 힘의 우위에 기반하고 있음을 강조하면서, 세계전략의 핵심 목표로 미국의 안보 증진, 경제적 번영 강화, 그리고 해외에서의 민주주의 신장 등을 제시하였다. 특히 이 보고서에서 테러리즘을 잠정적인 위협으로 간주하고 있으며, 대량살상무기 확산을 저지해야 함도 강조했다. 특히 테러집단에게는 절대 양보란 있을 수 없음을 분명히 했으며, 이들을 처벌하기 위해 모든 법적 수단을 활용할 것을 천명했다. 또한 위험한 국가나 테러집단에 의한 비대칭 위협에 대비할 수 있는 충분한 군사력을 유지해야 하며, 전역미사일 방어체제(TMD) 도입도 미국 및 우방국을 보호하기 위해 필수적임을 강조했다. 그리고 국제테러와 대량살상무기와의 결합을 우려하면서 비확산 정책의 강화를 강조하였다.

이러한 정책에 따라 미국은 2001년 아프가니스탄 전쟁을 계기로 서둘러서 우즈베키스탄, 키르키즈스탄, 타지키스탄 등과 군사기지 및 영공사용 협약을 체결하였고, 우즈베키스탄에 약 1,000명, 키르기즈스탄에 약 2,000명의 미군을 주둔시켰다. 그리고 아프간과 국경을 맞대고 있는 파

86) The White House, *A National Security Strategy for New Century*(May 1997).

키스탄과의 협력을 강화하여 15년 전 아프가니스탄에서 소련 군대가 철수한 이후 가장 좋은 관계를 유지하고 있다. 미국은 중앙아시아에서 미국의 군사적 우위를 확보하고, 안보를 제공하는 조건으로 이 지역 국가들의 협력과 우호를 약속받은 것이다.

또한 미국은 이 보고서에서 에너지 안보를 강조했다. 중동 원유수입 의존도가 당시 40%에 이르고 있음을 지적하면서, 카스피해 연안의 자원에 대한 접근성 확보에 큰 관심을 가지고 있음을 숨기지 않았다. 이러한 미국의 국가안보전략을 통해 볼 때 21세기 미국의 중앙아시아 전략은 안보와 에너지에 집중된다.

안보 부문에서 미국은 미사일 방어체제 구축과 대량 살상무기 확산 방지뿐만 아니라 중앙아시아가 구소련으로부터 물려받은 핵시설에 초점을 맞추었다. 즉 구소련의 핵기술이 반미 성향의 이란으로 흘러들어가지 못하게 차단하고, 핵 보유 중앙아시아 국가를 미국에 협조적인 국가로 만들려는 정책이 추진되었다.

에너지를 둘러싼 강대국 간의 갈등과 투쟁은 20세기 초부터 시작됐다. 그러나 20세기가 새로운 에너지 자원의 발굴을 위한 투쟁이었다면 21세기는 점차적으로 고갈되어가는 에너지 자원을 확보하기 위한 투쟁이라고 할 수 있다. 미국은 중앙아시아에서의 영향력 강화를 바탕으로 카스피해 연안(Caspian Sea basin)의 자원을 확보하려 했다. 자원의 보고인 카스피해 지역은 약 2000억 배럴 규모의 원유와 6백조 입방미터의 천연가스가 매장되어 있는 곳으로 추정되고 있다. 유라시아 대륙 한복판에 있는 중앙아의 옛 소련 공화국들과 카스피해 연안국들을 흔히 '파이프라인스탄(pipelinestan)'이라고도 부른다. '스탄'('땅'이라는 뜻으로 古代 인도어인 산스크리트어에서 비롯됐음)이라는 단어에 이 지역 도처에 묻혀있는 석유와 천연가스 파이프라인이 합쳐져 나온 파생어다. 이 지역에는 우즈베키스탄·투르크메니스탄·타지키스탄·키르기스스탄·아제르바이잔·아르메니아·카자흐스탄 등의 국가들이 있다. 이 지역에는 현재 기준으로 약 5조 달러어치의 원유가 매장되어 있다고 추정되고 있어 '제2의 中東(중동)'이라는 말을 듣고도 남을 정도다.

또 하나 중요한 이유는 이 지역은 러시아·중국·인도·이란·터키·파키스탄 등과 국경을 맞대고 있다는 것이다. 때문에 미국으로선 이 지역에 대한 영향력을 확보할 경우, 러시아와 중국은 물론 눈엣가시인 이란까지 견제할 수 있다. 반대로 러시아와 중국도 이 지역을 절대 미국에 넘길 수 없는 입장이다. 미국은 단기적으로는 세계 원유 부존량의 67%를 차지하고 있는 중동의 석유자원 확보에 주력을 하면서 중기적으로 카스피해의 석유와 천연가스를 확보하고자 노력하고 있는 것이다. 그 첫 번째 노력이 카스피해 가스를 서방세계로 끌어들이기 위한 소위 TAP(투르크-아프간-파키스탄) 가스 파이프라인의 건설이었고, 둘째는 이라크의 석유자원 확보였다.

2001년 5월 미국의 국가에너지정책개발그룹(National Energy Policy Development Group)이 발표한 보고서에 의하면 가까운 장래에 저가 원유공급을 확실히 하기 위해서는 미국이 페르시안 걸프 이외 지역인 중앙아시아, 아프리카 사하라 지역의 앙골라와 나이지리아, 그리고 남미의 콜롬비아, 멕시코, 베네수엘라 등지의 원유를 확보해야 한다고 주장했다. '체니 보고서'라고도 부르는 이 보고서는 향후 25년 동안 증가 추세에 있는 미국의 에너지 사용을 원활히 하기 위한 청사진을 제시하면서, 미국의 에너지 수요가 급증하고 있기에 외국으로부터 원유를 수입하는 것은 불가피하다고 전제하고 있다.[87)]

이에 미국은 현재 북대서양조약기구(NATO)를 적극 활용하여 중앙아시아에서의 자국의 이익을 보호하고자 하는 노력을 경주하고 있는 것으로 분석된다. 미국의 전략적인 구상은 'Russia Down(러시아의 기득권을

87) Michael Klare, "gGlobal petro-politics: the foreign policy implication of the Bush administration"fs energy plan,"h*Current History* (March 2003).

줄이고)', 'China Out(중국의 지역영향력을 차단하며)', 'America In(미국은 개입한다)'는 것으로 알려지고 있다.

이처럼 미국의 21세기 중앙아시아 정책 목표는 미국의 안보와 에너지 확보라고 할 수 있다. 이번 장에서는 핵과 에너지에 초점을 맞추어 미국의 중앙아시아 정책을 다루어 보고자 한다.

제 7 장 미국의 국제전략과 카자흐스탄 우즈베키스탄 정책

장병옥

I 미국-카자흐스탄 외교관계

카자흐스탄은 러시아 및 중국과 접해 있으며 과거 소연방의 유산인 거대한 핵 군수공장을 보유하고 있기 때문에 美외교정책의 테두리를 벗어날 수 없었다. 카자흐스탄이 독립한 이후 카자흐-미국의 관계는 핵문제를 중심으로 발전되었다고 볼 수 있다.

미국은 유럽에서 동진정책의 여세를 몰아 초기에 구소연방의 핵 상속국 우크라이나, 벨라루스 등 서쪽 공화국들과의 관계 수립에 역점을 두었다. 따라서 중앙아시아 지역에서 미국의 외교 활동의 속도는 다소 느려졌다. 1992년 봄, 미국무장관 제임스 베이커의 중앙아시아 순방은 유럽 외무장관들의 순방을 잇따르게 했는데, 앞서 언급한 바와 같이 그들의 주요 관심사는 아제르바이잔을 포함한 이 지역 6개 무슬림 신생독립국들 중에서 유일하게 핵무기를 보유하고 있는 카자흐스탄 공화국이었다.

다른 중앙아시아 국가들은 카자흐스탄, 러시아, 미국 간의 핵문제에 무관심한 것처럼 보였으나 사실 핵문제는 카자흐스탄과 우즈베키스탄 간의 주요 마찰의 요인이 되고 있었다. 우즈베키스탄 대통령 카리모프는 카자흐스탄의 핵보유를 시기하는 한편 우려하기도 했다. 왜냐하면 카자흐스탄의 핵보유가 중앙아시아 지역에서 사실상 패권국이 되려는 그의 야심에 장애요인으로 작용했기 때문이다. 그는 서방 지도자들이 우즈베키스탄의 타쉬켄트보다 카자흐스탄의 알마아타를 더 자주 방문하고 카자흐스탄에 경제협력을 제공하는 것에 대해서 못마땅하게 생각했다(Rashid, 1994: 237).

중앙아시아 국가들 간에 핵보유를 둘러싸고 경쟁과 갈등이 심화되기 시작할 무렵 제1기 클린턴 행정부는 외교정책의 최우선 과제를 세계의 비핵화에 두고 출범했다. 미 CIA 국장 제임스 울시(James Woolsy)는 상원위원회에서 "비핵화는 남은 세기 동안 정보사회가 직면할 가장 복잡한 도전 중의 하나이다"라고 증언했다. 그는 1993년 당시 25개국이 핵무기와 생화학 무기를 개발하고 있고 일부 국가는 구소연방 국가들로부터 은밀히 핵원료를 얻으려 노력하고 있다고 주장했다. 서방언론에서는 카자흐스탄이 SS-18 미사일을 이란에 판매했으며, 이어 우라늄을 판매하려 한다는 기사들로 가득 채워졌다.

1993년 미국과 독일은 핵무기 제조에 사용되는 저급 핵연료의 국제 밀매에 대한 조사를 카자흐스탄에 요구했다. 일부 미국 당국자에 따르면 이란의 주요한 군사-전략적 관심사 중 하나는 소련제 무기 및 핵기술을 안정적으로 확보하는 것이다. 소연방 붕괴 이전뿐만 아니라 이후에도 이란이 소련제 재래식 무기를 도입했다는 것은 이미 널리 알려진 사실이다. 이란-이라크 8년 전쟁(1980-1988) 이후 국방력을 재건하려는 이란 정부의 노력은 소연방이 해체되기 이전부터 진행되어 왔다. T-72탱크, 미그 29 전투기, SU-24 폭격기 등은 현재까지 이란 국방력의 주축을 이루고 있다.

마침내 2001년 3월 푸틴 대통령과 하타미 대통령간의 정상회담에서 러시아는 이란에 3억 달러 상당의 T-62 및 T-72 탱크부품, SU-24, SU-25, MIG-29 등 전투기 등을 판매하기로 했다. 더 나아가 러시아는 미국이 강력하게 반대하는 페르시아만의 부세르 항구의 핵발전소 건설 재개도 약속하여 조지 W. 부시 미행정부를 자극했다.

이러한 대규모의 재래식 무기가 이란에 공급되는 것은 10년 만의 일이며 1995년에 체결된 미·러 비밀협정을 위반하는 것이다. 푸틴 대통령은 "이란은 자국의 안보를 지킬 권리를 가지고 있다"면서 "이란에 무기를 팔지 않기로 한 미국과의 비밀협정을 더 이상 지키지 않겠다"고 선언했다. 미국과 러시아는 1995년 이란에 대한 무기수출을 금지하기로 하고 협정을 체결했으나 지난해 부시가 선거전 도중 러시아를 비난하자 푸틴 정부는 2000년 12월 이를 일방적으로 폐기한 바 있다.

또한 푸틴 대통령은 회담 직후 "러시아와 이란의 공동협력관계 구축은 양국의 이익과 안보를 위한 것"이라고 강조했고 하타미 대통령은 "우리가 논의한 모든 문제에서 의견의 일치를 봤다. 러시아가 소연방 붕괴 이후 세계무대에서 제자리를 찾고 있다"고 치켜세웠다.

테헤란 정부는 1992년부터 소련제 킬로급 잠수함을 비롯하여 최신예 무기구입을 위해서 구소연방의 다른 공화국들과 접촉을 시도해오고 있다. 또한 이란은 중앙아시아 국가를 포함한 몇몇 공화국들이 보유하고 있는 군사장비의 구입을 희망하고 있다고 한다(Smolansky, 1994: 301).

테헤란 이슬람 정권은 재래식 무기와 더불어 중앙아시아 국가들로부터 핵폭탄 제조기술 및 양질의 우라늄을 얻는 데 민간뿐만 아니라 범정부차원에서 전력을 기울여 왔다고 알려져 있다. 국제원자력기구(IAEA)의 담당자들은 "핵과 관련한 이란의 노력은 전적으로 평화적인 목적을 위한 것"이라고 말했다. 그러나 이러한 발표도 이란의 핵무기 개발 의혹에 대한 서방세계의 의구심을 말끔히 씻어주진 못했다.

베이커 국무장관 등 미 최고위 관료들은 중앙아시아를 순방하며, 우라늄 및 그와 관련된 기술을 핵무기 개발 의혹국가에 팔지 않도록 하는 협정을 카자흐스탄을 포함한 몇몇 국가들과 체결했다. 테헤란 정부는 옛 소연방, 특히 무슬림 중앙아시아 출신 핵과학자들을 데려오길 시도했다고 한다. 이란 원자력 에너지기구의 '인재사냥'은 이란으로의 이주를 대가로 이들에게 매월 2만 달러의 월급과 10만 달러의 다양한 수당의 지불을 약속했다고 미국 측에서 주장하고 있지만 이것은 과장된 것으로 아무런 증거도 없다. 이란 정부는 소연방 붕괴 이후 일자리를 찾아 나선 2천여 명의 핵과학자와 기술자의 두뇌유출에 따른 미정보기관의 공작이라고 주장하고 있다. 또한 이러한 서구의 주장에 대하여 카자흐스탄을 비롯한 중앙아시아 국가들도 역시 미국 측의 주장에 대해 부인했다.

이러한 근거로 판단해보면 중앙아시아 국가들은 이란에 핵과 관련된 물질을 판매하지 않았던 것으로 보인다. 구소련의 일부로서 카자흐스탄은 냉전기간 동안 양대 진영의 적대적인 정치체제 사이에서 핵무기 대결에 깊이 관련된 바 있다. 세미팔란틴스크(Semipalantinsk)의 핵실험 부지는 1991년 8월 26일, 카자흐스탄 대통령 나자르바예프의 명령으로 결국 폐쇄되었지만 다른 군사 실험장은 여전히 가동 중에 있다. 바이코누르(Baikonur)에 있는 우주관련 시설은 평화적 목적뿐만 아니라 군사적 용도로도 사용되고 있다. 카자흐스탄에는 구소련의 위험한 유산의 하나로서 1,400개의 핵탄두가 장착된 SS-18 대륙간 탄두 미사일 104기와 240기의 핵비행 로켓을 보유한 40대의 전략 폭격기 TY-95 MC가 남아 있었다(나자르바예프, 1997: 72).

그러나 카자흐스탄은 1991년 7월 31일의 구소련-미국 간의 전략무기 제한협정 START Ⅰ뿐만 아니라 카자흐스탄, 러시아, 우크라이나, 벨라루스 4국과 미국이 1992년 5월 23일에 가맹한 리스본 의정서-핵의 비확산 및 단계적 해체, 카자흐스탄 내의 핵무기와 로켓의 러시아로의 철수, 우라늄 가격보상-에 비준함으로서 세계적인 핵무기 확산 방지 프로그램에 동참했다. 또한 1993년 12월 13일, 카자흐스탄 최고회의는 비핵국가로서 핵확산금지조약 NPT을 비준하였다. 1994년 2월에 카자흐스탄은 국제원자력기구에도 가입하였다(Kasenov, 1995: 269).

나자르바예프는 다음과 같이 지적했다. “카자흐스탄은 결코 핵강국이 되기를 원치 않는다. 이 세미팔란틴스크 지역에서 거의 500여 회의 핵무기 실험이 실시되었다. 소련 당국은 1949-1962년 사이에 지상에서 200회, 1962년 이후 지하에서 400회 실험했다. 이로 인하여 심지어 오늘날까지도 수십만 명의 국민들이 고생하는 가운데 카자흐스탄은 핵문제에 노출되어 왔다. 나의 명령으로 이 땅의 핵실험 기지는 폐쇄되었다. 따라서 우리는 핵무기로부터 해방되길 원하고, 핵무기 보유를 원치 않는 카자흐스탄의 참뜻이 이해되어야 한다.” 그러나 그가 지적한 것 중에서 핵실험 횟수와 관련된 부분은 명확하지 않다.

핵 문제 이외에 미국이 대 카자흐스탄 정책에서 심혈을 기울이는 또 다른 요인은 카자흐스탄의 에너지이다. 카자흐스탄의 원유의 확인 매장량은 전 세계 매장량의 3.3%이며, 천연가스는 세계 대비 1.7%이다(BP Statistical Review 2007). 특히 카스피해 동쪽에 있는 카자흐스탄의 텡기즈 유전은 그 추정 매장량이 150억~260억 배럴이며, 현재 하루 54만 배럴의 원유를 생산한다. 단일 유전에서 원유가 생산되는 규모로는 세계 최대인 이 유전에선 앞으로도 10년 동안 원유 생산량이 계속 늘어날 것으로 전망된다. 이 외에도 카자흐스탄은 멘델레예프 주기율표에 나오는 모든 광물을 보유하고 있다. 우라늄은 세계 매장량의 16.7%로 세계 2위, 크롬 매장량도 18.9%로 세계 2위이며, 수자원 보유량도 세계 10위권 내에 든다. 이 중 원유 매장량의 40%가 카스피해 등 해양지역에 위치하며, 상업적 가치가 높다고 평가된다. 카자흐스탄 정부는 1997년 ‘에너지 부문 민영화와 구조조정에 대한 법령’을 발효하는 등 에너지 산업을 국가경제성장의 동력으로 활용하고자 했다. 현재 카자흐스탄 정부는 산유량을 2015년까지 하루 260만 배럴로 증대할 계획을 세우고 있다.

1992년 5월 나자르바예프의 미국 공식 방문 기간 중, 미-카자흐 외교관계 수립을 위한 합의가 도출되었다. 여기에는 카자흐스탄에서 미국의 자본투자 보장, 무역 · 학문 및 기술 협력, 이중관세 폐지에 관한 합의문

등이 포함되어 있다. 양국 사이의 관계는 매우 짧은 기간 안에 다양한 분야에서 광범위한 협력과 상호이해의 수준에 도달하게 되었다. 양국이 진정한 파트너가 되었다는 것은 1994년 2월 14일에 워싱턴에서 클린턴과 나자르바예프 대통령이 서명한 '카자흐스탄-미합중국간의 민주적 동반자 관계'라는 헌장에서 확인할 수 있다. 양국은 정치, 경제, 문화, 교육, 생태학, 과학과 첨단기술, 건강과 서비스, 그리고 기타 분야에서의 교류를 강화할 것에 합의하였다. 미국은 이와 관련된 카자흐스탄의 노력에 재정적으로뿐만 아니라 기술적으로도 지원해 오고 있다. 이러한 상호협력의 예로는 무역합의서 서명, 미국의 지지를 기반으로 하는 투자 지원과 카자흐스탄의 공동참여에 관한 협정, 국제통화기금의 자금 이전계획 등의 좋은 성과를 지적할 수 있다.

특히 앞서 언급한 미국-카자흐 양국 간의 헌장 제3조는 카자흐스탄에게 정치적으로 가장 중요한 의미를 시사한다. 헌장 제3조에는 다음과 같이 명시되어 있다. "미합중국은 카자흐스탄의 안보, 독립, 주권, 영토의 영속성, 민주발전의 중요한 가치를 인정한다." 페리 미국방장관은 1994년 3월 알마아타를 방문하여 카자흐스탄 지도자들에게 미국의 지지를 확인시켜 주었으며, 미국과 영국의 공동참여 하에 이 지역 주요 세력인 러시아와 카자흐스탄간의 상호불가침 조약 체결을 역설했다.

그 해 12월 5일 부다페스트 회의에서 마침내 러시아, 미국, 영국이 카자흐스탄공화국의 안전보장 비망록에 조인함으로써 카자흐스탄의 독립 및 자주권에 대한 존중과 현 국경의 확고부동함을 확인했다. 비망록에는 카자흐스탄공화국에 대한 영토 불가침권과 정치적 독립에 대해 무력을 사용하지 않는다는 중요한 조항이 포함되어 있었다. 그 후에 중국과 프랑스도 불가침권을 보장할 것을 공표하였다. 이러한 국제적인 안전보장은 군축분야에서 카자흐 공화국의 나자르바예프 대통령이 취한 책임 있는 조치에 대한 보답의 성격을 지닌 것이다(나자르바예프, 1997: 84).

페리 국방장관에 따르면 이러한 협약의 주요한 목적은 무력사용의 금지, 즉 이 지역에서 일어나는 어떤 문제라 할지라도 평화적인 수단만을 사용하여 해결하는 것이다. 독립국가연합 CIS 내에서 국가 간 관계가 현재 개선되고 있긴 하지만 그다지 전도유망하지 않은 점을 고려한다면 이러한 새로운 미국의 발의안의 중요성은 특별한 의미를 지니고 있다고 하겠다. 1992년 5월 25일 러시아-카자흐 간 우호협력 상호원조 조약이 체결되었기 때문에 이에 앞선 5월 15일 카자흐스탄, 우즈베키스탄, 키르기즈스탄, 타지키스탄, 미국 등 5개국이 타쉬켄트에서 서명한 집단안보조약(Treaty on Collective Security)은 그 필요성이 없다고 할 수도 있다. 그러나 러시아-카자흐 조약은 만약 모스크바에서 소연방의 부활을 원하는 강경 수구 보수세력들이 집권하게 된다면 한낱 종이쪽지에 불과한 것이 되어버릴 가능성도 배제할 수 없다.

타쉬켄트 조약은 아직 제대로 그 효력을 발휘하지 못하고 있다. 그러므로 신생독립국가들뿐만 아니라 카자흐스탄의 주권과 영토권을 수호하는 데 있어서 미국의 역할은 더욱 더 중요한 정치적 의미를 지니고 있다. 물론 이러한 협정에 의거해서 미국이 위기 시 카자흐스탄을 방어하기 위해 무장군대를 파견할지는 의문이다. 미국은 이 지역 정부들이 듣기에 좋은 외교적 발언을 서슴지 않고 있지만, 미국 사회의 저변에 깔려 있는 신고립주의의 기운이 전면에 나타나고 있다(Reznikova, 1996:76). 아프간사태 및 타직내전의 경우와는 달리 미국-카자흐스탄간의 전략적 협정에도 불구하고 이 지역의 안보에 위협이 되는 긴급한 상황에 미군을 투입할 것인지는 미지수이다. 페리 국방장관이 알마아타에서 "우리가 카자흐스탄과 관련해 일어나는 문제로 기인해 전쟁을 하게 되리라는 보장은 없다"라고 말했다. 그러나 미국은 러시아에 직접적인 영향력을 가지고 있고, UN, NATO, IMF와 같은 국제기구들을 통해 러시아에 압력을 행사할 수 있다.

카자흐스탄의 주권과 안보문제는 미-카자흐 양국관계에 있어 매우 중요하다. 이 부분에서의 협력은 현존하는 국제적, 지역적 안보기구 즉

UN, CSCE, NATO의 틀 안에서 쌍무적으로 수행해 나가기로 하였으며, 카자흐스탄은 이들 평화를 위한 프로그램에 동반자로서 참가할 의향이 있음을 밝히고 있다. 그러나 NATO-카자흐스탄 관계는 러시아군과 카자흐군의 통합 노력 때문에 훨씬 더 복잡하다. 러시아와의 군사 통합 목적과 NATO와의 미묘한 역학관계 속에서 카자흐령 카스피해 연안에 정찰함대를 창설하기 위한 미-카자흐 협력이 가속화될 것이라는 보도가 있었다. 이와 같이 미국은 카자흐스탄 및 여타의 중앙아시아 국가와의 안보 협력을 발전시키는 것에 관심을 가지고 있는 것이 분명하다. 그러한 협력은 태평양에서 페르시아만과 지중해까지 뻗어 있는 미국의 동맹국 범위를 확대시킬 것이다. 이것은 현재 시행 중인 對이란 고립화 정책을 강화시킬 것이며, 러시아-서구 관계를 악화시키는 원인이 될 수도 있다. 그러나 미국은 현재로서는 러시아를 이유 없이 적대시하거나 자극하지 않으려고 신중을 기하고 있다(Hunter, 1996: 154).

아무튼 현재 카자흐스탄이 NPT와 IAEA에 가입하고 자국 내의 핵무기를 폐기하며 이란, 이라크, 북한 등의 국가에 핵기술 및 핵물질의 유출을 하지 않는다고 해서 이 나라의 핵정책이 완전히 종결된 것으로 여겨서는 안 된다. 여기에는 다음과 같은 이유들을 생각해 볼 수 있다.

첫째, 완전한 핵폐기 과정이 쉽지 않을 것이고, 카자흐스탄-러시아-미국 3국간의 관계에 핵문제는 항상 존재할 것이기 때문이다.

둘째, 핵무기의 문제점보다 더 광범위한 핵정책에 대한 고찰 때문이다. 여기에는 핵기술력의 발전도 포함된다. 이점이 핵과 관련된 카자흐스탄의 장래를 말해 줄 것이다.

셋째, 카자흐스탄이 자국 내에서 핵실험을 전면 금지하고 있음에도 불구하고 인접국 파키스탄, 인도, 중국의 핵실험 또는 그 가능성에 깊은 우려를 나타내고 있다는 점이다.

II 미국의 對카자흐스탄 핵정책

소연방의 붕괴로 카자흐스탄은 세계 핵세력 균형에 영향을 주는 핵보유국 4강에 오름으로써 미국 외교정책의 주요 과제가 되었다. 미국은 카자흐스탄으로부터 이란, 이라크 등 주변 국가들로 핵물질과 기술이 유출될 가능성을 우려했다. 나자르바예프 대통령은 미국의 카자흐스탄에 대한 최대 관심사는 핵무기라는 사실을 이미 간파하고 있었다. 따라서 그는 자국의 '핵'을 이용하여 서방의 경제적 지원을 이끌어 내고 국제적 위상을 드높이기 위한 기회로 삼았다.

다른 한편 카자흐스탄으로부터의 핵무기 철수 및 핵확산금지조약에 대한 미국의 외교정책은 이미 구소련체제 당시로부터 시작되었다고 보는 시각도 없지 않다. 1991년 3월 16일 미국무장관 제임스 베이커가 모스크바 주재 미대사관에서 나자르바예프를 처음 대면할 때부터 핵무기 문제 해결책의 탐색전이 시작된 것으로 볼 수 있으며, 이는 같은 해 9월 16일 알마아타 회담에서 본격적으로 거론되었다. 그때 서방에서는, 이미 소련이 개별적인 각 독립국가들로 분리될 가능성을 예측하고 있었다. 그 증거로는 베이커가 "만약 그렇게 된다면 미국은 각 독립국가를 개별적으로 다룰 것이다"라고 분명히 언급한 사실에서 찾아볼 수 있다. 이러한 사실을 카자흐스탄 공화국의 대통령은 「21세기 문턱에서」라는 자신의 저서에서 명확하게 밝히고 있다(나자르바예프, 1997: 73).

소연방 붕괴 이후 핵문제가 쟁점이 되었을 때 나자르바예프는 신생국가인 카자흐스탄의 영토보전과 자주권에 대한 보장을 국제사회에 촉구했다. 1991년 미국 TV와의 인터뷰에서 그는 "카자흐스탄공화국은 유산으로 핵무기를 물려받았고, 앞으로 그것을 보존해야 할 것이다. 우리는 우리나라 영토 내에서 아무리 강대국이라 하더라도 다른 나라가 핵무기를 통제하는 것을 허용할 수는 없다"고 주장했다. 앞서 언급한 바와 같이 그는 미국무장관 베이커에게 모든 핵무기의 통제는 카자흐스탄을 포함한 소연방의 핵상속 국가들에 의하여 공유되어야 한다고 일관된 주장을 펴기 시작했다.

1991년 8월 쿠데타가 실패한 이후 나자르바예프가 러시아가 핵능력을 보유하고 있는 한, 카자흐스탄도 자국 내의 핵무기를 포기하지 않을 것이라고 천명한 시점에 미국무장관 베이커는 알마아타로 급히 달려갔다. 나자르바예프는 베이커에게 "나는 어떤 소비에트 연방국가도 단독으로 모든 핵무기를 통제하는 것에 반대한다"고 말했다. 12월 소연방이 해체될 위기에 있을 때 그는 또 다른 모임에서 "모든 핵무기 관리는 소련의 핵상속 국가들인 러시아, 카자흐스탄, 벨라루스, 우크라이나에 의한 합동통제 하에서 이루어져야 한다"고 말한 바 있다(Rashid, 1994: 234).

CIS 창설이 공식적으로 발표된 12월 21일 알마아타 회의에서 4개 핵국가들은 소련의 전술적 무기고를 합동중앙사령부 하에 두고 1994년까지 러시아로 핵무기를 이전시켜 그것을 파괴하기로 한 미국의 제안에 동의했다. 1992년 12월까지 이 합의 중 실행된 것은 모든 전술핵무기가 러시아로 옮겨진 것이다. 미의회는 잉여핵무기 파괴를 위한 비용으로 이들 핵보유 4국에 4억 달러를 지원하는 정부안을 승인했다. 우크라이나와 카자흐스탄은 미국으로부터 더 많은 경제적 지원과 러시아의 양보를 이끌어내기 위해서 위협적인 핵카드를 사용하여 정치적 게임을 시도했다. 나자르바예프는 미국의 제안에 전폭적으로 동의하면서도 때로는 거부 · 지체함으로써 이중적인 핵카드 게임을 계속했다. 1992년 1월 28일 그는 자국의 핵무기를 러시아로 이전하지 않을 것이라고 선언하는 가운데, "우리가 핵강국이 된 것은 우리의 잘못이 아니다"라고 프랑스 외무장관 두마스(R. Dumas)에게 말한 바 있다.

1991년 12월 베이커는 나자르바예프를 만났을 때 부시 대통령의 친서와 미국 공식방문 초청장을 전해주었다. 그때는 CIS가 창설되고 알마아타 회담에서 전략무기협정이 조인되었던 시기이다. 카자흐스탄 공화국은 START Ⅰ 및 일련의 기타 조약을 지지했으나, 자국을 비핵국가로 인정하지는 않았다. 1992년 5월 나자르바예프의 첫 미국 방문시, 미국은 카자흐스탄이 비핵국가의 지위로 핵무기 관련 문서에 서명하도록 강요했다. 그러나 그는 우선 안전에 대한 일관된 주장을 펼치면서 미국의 안전보장에 대한 약속을 받아내고 '카자흐스탄-미국 간의 상호협력조약'에 서명했다. 미국의 주요 인사들은 비핵국가 자격으로 그가 NPT에 서명할 것을 바라고 있었던 것이다. 이러한 그의 강경 입장에 미국을 비롯한 서방국가들이 당혹해 하면서 1992년 초부터 프랑스 등 서구 여러 국가의 고위 지도자들은 알마아타를 방문하고 카자흐스탄의 핵정책을 타진하기 시작했다. 다른 한편 서구 언론들이 '카자흐스탄 공화국이 NPT를 위반하고, 핵무기 제조가 임박한 이슬람 국가들과 핵무기를 암암리에 뒷거래하고 있다'는 등 일종의 국제적 언론 플레이를 하기 시작했던 것도 이 시점이었다.

나자르바예프는 1992년 5월 부시 대통령과 전략무기 제한협정 START I 에 서명하고 NPT에도 가입하기로 약속했으나 다시 그의 약속을 파기하는 듯 했다. "우리의 이웃 중국은 핵보유국이다. 파키스탄과 인도 역시 그렇다. 이것이 우리가 분명한 입장을 취하는 이유이다. 이러한 미사일을 파괴하는 데에는 일이 순조롭게 잘 진행될 경우 적어도 15년은 걸린다. 이들 국가들이 카자흐스탄에 상응하는 조치를 취하는 것이 바람직하다"라고 그는 말했다(Rashid, 1994: 235). 나자르바예프는 자국이 핵무기를 포기하기 전에 인접국가들이 먼저 그렇게 하기를 요구했던 것으로 보인다. 그의 핵문제에 대한 이런 이중적 태도는 협상의 유리한 위치를 차지하는 동시에, 앞서 언급한 바와 같이 서방국가의 핵폐기 요구를 수용하기 전에 더 많은 경제적 지원을 이끌어내고자 하는 전략이었다. 카자흐스탄의 입장에서 러시아 등 주변 핵보유 국가들의 잠재적 위협과 정치적 불안정 및 서구와 중앙아시아 국가들 간의 관계가 개선되기까지 안보적 측면에서 카자흐스탄이 핵무기를 포기하고 싶지 않았던 것도 사실이다.

클린턴이 대통령에 당선된 후, 신임 미국무장관 크리스토퍼가 알마아타를 방문하여 부시 행정부가 해결하지 못한 카자흐스탄의 NPT 가입을 강요하였다. 나자르바예프 정부는 NPT 조약에 서명하지 않고 핵미사일을 해체하지도 않을 것이라고 반발했다. 1993년 10월 24일자 뉴욕타임스지는 "카자흐스탄 공화국 사람들이 자신의 이미지를 돋보이게 하기 위해 미국을 이용하고 있다"는 장황한 기사를 실었다. 그중 일부를 인용해보면 다음과 같다.

『카자흐스탄 대통령은 오늘 미국과의 정치게임에서 승리했다. 카자흐스탄이 핵무기를 해체하는 대가로 미국이 8천 5백만 달러의 원조를 제공한다는 내용의 기술협정에 나자르바예프 대통령과 크리스토퍼 국무장관이 서명하고 그 성과를 경축하기로 되어 있었다. 그러나 크리스토퍼가 오늘 아침 나자르바예프 집무실에 들어서자, 카자흐스탄공화국 지도자는 회담을 중지하자고 제의했다. "물론 카자흐스탄공화국은 협정을 맺을 것이지만 클린턴과 직접 협정을 맺는다"라고 그는 대답했다.』

1993년 12월 엘 고어 미부통령이 알마아타를 방문하여 핵무기 문제를 놓고 나자르바예프와 상호입장을 재조율하고 1994년 클린턴과의 회담으로 카자흐스탄은 비핵국가가 된다는 최종결정을 내리게 되었다(나자르바예프, 1997: 81-83).

이와 같이 소비에트연방의 붕괴 결과, 카자흐스탄은 자국 영토 내의 러시아의 핵무기 중 많은 부분을 잃었다. 소련 붕괴 직후 카자흐스탄은 왜 자국의 영토에서 핵무기를 제거하는 데 즉각적으로 동의하지 않았고, 핵확산금지조약 NPT에 가입하는 것을 서두르지 않았을까 하는 의문에 대해 나자르바예프는 스위스에서 개최된 제3차 세계경제회의 연설에서 이유를 밝혔다. 그는 카자흐스탄이 다음 세 가지 현안에 대한 답변을 얻은 후에 비로소 이 조약에 서명했음을 강조했다.

첫째, 핵보유국들의 對카자흐스탄 핵무기 절대 불사용 약속으로, 이 약속은 중국에게도 받아냈다.

둘째, 핵탄두에 사용되는 우라늄 보유에 관한 것으로 이 문제는 미국측의 동의를 얻었다.

셋째, 경제문제, 카자흐스탄에서의 자본투자, 미국을 포함한 서방세계와의 경제통합 등이다.

20개의 핵폭탄을 제조할 수 있는 카자흐스탄 내 600kg의 고농축 우라늄에 관심을 보였던 몇몇 국가의 구매 노력은 허사로 돌아갔고 결국 미국으로 수출하는 '삽피르' 작전이 실시되었다. 클린턴 대통령은 미본토 '오크리지' 핵기지 공장으로의 공수작전이 성공적으로 끝나자 "세계는 또 하나의 핵테러와 핵무기 학살을 모면했다"라고 선언했다. 페리 미국방장관 역시 "우리는 이 핵물질을 잠재적 협박자, 테러리스트, 그리고 핵무기 개발 의혹국가들로부터 격리시켰다. 이제는 그것이 안전한 상태에 있다"라고 확인했다. 이로써 1995년 5월 26일 카자흐스탄공화국은 자국 영토 내 핵무기 문제를 완전히 종결지었다고 할 수 있다.

결론적으로 미국의 외교정책은 카자흐스탄의 핵무기뿐만 아니라 핵과 관련된 모든 기술, 시설, 물질을 사전에 제거함으로써 이란, 이라크, 리비아, 북한 등 핵무기 개발 의혹국가들의 유혹을 차단하여 핵확산을 방지하고 이 지역의 안정과 평화를 구축하는 데 있다. 또한 미국은 핵보유국인 카자흐스탄으로 하여금 NPT에 가입하게 함으로써 다음 문제들에 기여할 것으로 평가하고 있다.

(1) 향후 핵을 보유하려는 후발 국가들에게 핵무기 생산 및 사용을 자제하도록 하는 긍정적 영향.
(2) 핵확산금지조약과 관련한 국제위원회에서 카자흐스탄의 참여에 따른 긍정적 영향.
(3) 인접해 있는 핵보유국인 중국에 핵실험금지 요구를 할 수 있는 명분을 제공한 긍정적 영향.

이것은 핵실험금지에 관한 일반협정에 접근하는 것을 용이하게 하고 범세계적 핵확산금지를 위한 초석이 될 것이다. 그러나 군비경쟁을 펼쳐온 서남아시아의 양 국가, 인도와 파키스탄이 1998년 5월에 수 차례의 핵실험을 재개했다. 이러한 행위는 핵확산을 금지하려는 국제적 노력에 찬물을 끼얹고 핵무기 개발 경쟁을 유발할 가능성이 있다. 인류는 핵전쟁의 공포에서 벗어나기 위해 지난 95년 NPT를 무기한 연장하는 한편 96년 9월에는 포괄핵실험금지조약(CTBT)을 채택하는 등 단계적인 핵군축 노력을 기울여 왔다. 이러한 상황에서 인도와 파키스탄이 핵무기 개발에 착수하고, 핵무기 개발 의혹국가로 지목되고 있는 이란 등 중앙아시아 주변국들이 핵무기 개발 경쟁에 뛰어들 경우, 카자흐스탄은 자국의 안보를 위해서 핵정책을 재고하게 될 것이다.

아무튼 중앙아시아 인접국 파키스탄과 인도의 핵실험으로 인해 NPT와 CTBT의 성립에 주도적인 역할을 해온 세계유일의 초강대국 미국의 입지는 그만큼 좁아졌다. 따라서 향후 미국의 對카자흐스탄 외교정책도 나자르바예프 정부의 핵정책의 재고 여부에 따라 달라질 것이다. 미국은 이 지역의 핵확산 도미노 현상을 방지하기 위해서 카자흐스탄에 대한 경제협력과 함께 카자흐 안보를 위한 미국의 '핵우산정책' 등 양국의 외교관계를 정치, 경제, 군사적으로 확대 · 강화시켜 나갈 것으로 보인다.

III 미국의 對우즈베키스탄 외교정책

미국의 21세기 중앙아시아 정책에서 가장 핵심인 안보와 에너지를 모두 추구할 수 있는 곳이 우즈베키스탄이다. 사실 에너지 매장량이 가장 많은 카자흐스탄이 미국의 에너지 확보 정책에서 우선수위에 있었으나, 카자흐스탄과 러시아의 밀접한 관계, 카자흐스탄의 핵시설 및 지정학적 위치로 인해 카자흐스탄과 미국의 협력관계가 그다지 성공적이지 않았다. 미국의 기대와는 달리 카자흐스탄은 친러 성향을 계속 유지해 왔다. 이는 카자흐스탄공화국의 전체 인구 중 카자흐인과 거의 같은 비율인 40%가 러시아인들이고 러시아와 국경을 6000㎞나 접하는 지정학적 요인 때문인 것으로 보인다. 따라서 미국은 이후 우즈베키스탄으로 정책의 무게 중심을 이동시켰다. 우즈베키스탄은 카자흐스탄과 인접해 있으면서도 중앙아시아에서 실질적인 패권국 역할을 하는 국가였다. 이러한 상황에서 미국은 중앙아시아 지역패권 세력인 우즈베키스탄공화국을 이 지역의 잠재적인 전략적 파트너로 지목했다. 그 결과 미국은 클린턴 행정부 시기부터 우즈베키스탄과 군사협동작전을 함께 하고, 우즈베키스탄에 경제적 지원을 하는 등 우호관계를 형성하고자 노력해왔다. 우즈베키스탄의 지역패권 야망이 서구와의 관계에 의해서 실현된 것이다.

이전까지는 우즈벡 정권의 권위주의적 성격으로 인하여 서구, 특히 미국과 긴장이 조성되었었다. 그러나 최근 우즈벡-서구 사이의 급속한 관계 개선은 카리모프 정권의 다음과 같은 세 가지 전략에 따른 것이다.

(1) 중앙아시아에서 우즈베키스탄이 이슬람 원리주의에 대항하는 최전선 국가라는 사실을 서구에 인식시키고 있다는 점
(2) 이스라엘과 밀접한 우호관계를 맺고 이란과 거리를 두는 등 중동문제에 대하여 미국과 공동보조를 취하고 있다는 점
(3) 향후 러시아의 강경 보수 민족주의로의 회귀와 지역패권주의에 대해 미국이 우려하고 있다는 점

사실 1994년 후반 이래로 서구-우즈벡 관계는 지속적으로 개선되어 왔다. 이러한 개선의 조짐은 세계은행 및 서구국가로부터 차관의 증대와 미국방장관 페리(W. Perry)를 비롯한 고위관료의 타쉬켄트 방문으로 이어졌다. 만약 서구가 러시아나 이란과 같은 국가의 영향력을 견제하기 위한 지역 동맹세력으로 우즈베키스탄을 중요시하고 경제적 및 군사

적 지원을 강화한다면, 카리모프 대통령은 지역패권에 대한 야심을 실현시킬 수 있는 기회를 그만큼 더 많이 갖게 되는 것이다. 1995년 여름까지 러시아 언론에 나타난 많은 논평은 주로 미국-우즈벡 간의 밀접한 관계를 다루고 있었다. 그러한 논평에 따르면 미국이 갖는 우즈베키스탄에 대한 주요 매력은 이란 이슬람 공화국의 영향력을 상쇄할 수 있는 균형추로서의 역할이다(Hunter, 1996: 101).

서구세력이 우즈베키스탄공화국에 주목하는 이유를 좀 더 깊이 살펴보면 다음과 같다.

(1) 이란의 영향력과 이슬람 원리주의를 차단하고 지역 안정의 주요한 세력으로서의 역할
(2) 중앙아시아 신생독립국 중에서 최대의 인구를 바탕으로 하는 노동력
(3) 민주화와 시장경제로의 이행 속도는 느리지만 권위주의적 독재체제에 의한 정치 안정
(4) 풍부한 금과 면, 그리고 다른 유채광물 및 에너지의 개발 가능성 등

유럽국가들 중 독일은 우즈베키스탄과 정치, 경제, 문화적인 관계를 가장 폭넓게 유지해 오고 있다. 1993년 5월 카리모프 대통령은 독일을 방문했고, 그 답방으로 독일 콜 총리가 1995년 4월 타쉬켄트를 순방했다. 카리모프가 같은 해 11월 독일을 두 번째 방문함으로서 양국 관계가 정상 궤도로 진입하는 가운데 메르세데스 벤츠, 폭스바겐 등 50개 이상의 독일 회사들이 우즈베키스탄에서 활발하게 사업하고 있다. 영국은 1991년 12월 31일 우즈베키스탄의 독립을 정식으로 승인하고 1992년 2월 18일 양국 간의 외교관계를 수립했다. 1993년 11월 카리모프 대통령이 영국을 방문하고, 투자지원 협정, 항공노선 개설, 경제협력, 양국 국민의 왕래에 관한 동의서에 서명했다. 우즈벡 정부는 10톤의 금을 영국

은행에 신용보증과 이자의 몫으로 예치시켜 두었다. 현재 양국 간의 협력은 1)경영과 무역 2)기술과 경제협력 3)문화협력 등 세 가지 분야를 중심으로 이루어지고 있다. 프랑스-우즈벡 양국 관계는 1993년 10월 말 카리모프 대통령의 파리 순방을 계기로 진전되었다. 1994년 4월 미테랑 대통령이 3백 명의 대규모 대표단을 이끌고 우즈베키스탄공화국을 공식 방문하여 7억 프랑을 지원하는 등 양국의 상호경제협력에 합의했다 (Davadcharmi, 1996: 110-12).

서유럽 국가들 중에서는 최초로 프랑스 대통령이 우즈베키스탄을 방문한 것에 대하여 미국은 의외로 불쾌한 반응을 보이며, 카리모프 정권의 비민주성을 비판하였다. 미국-우즈벡 외교관계는 1992년 2월 미국무장관 베이커의 타쉬켄트 방문을 계기로 카리모프 대통령이 민주화 이행을 약속함으로써 시작되었다. 두 국가는 동년 3월 15일에 수교와 동시에 상설 대사관 설치에 합의했다. 그러나 우즈벡 정부의 인권 탄압과 민주주의 이행 속도 등 몇 가지 이슈가 세계 언론의 부정적인 비판을 불러일으키면서 양국 간의 우호적인 외교관계 발전에 장애 요인이 되었다.

1989년 이래로 우즈베키스탄 국내에서 전개된 반정부 운동을 무자비하게 진압하는 카리모프는 미국을 위시한 세계 각국의 비난의 대상이 되었다. 카리모프 정권에 반대하는 가장 강력한 민족주의 단체는 '통합'을 의미하는 Birlik로서 모스크바로부터의 완전한 독립, 카리모프 대통령의 사임, 중앙아시아 국민의 범터키연합결성, 민주주의 실현 등을 요구하고 있다. 이 단체의 의장인 플라토프(A. Platov) 교수는 1992년 6월 우즈벡 KGB 요원에게 테러를 당하고 그 당원들도 감시 하에 있다.

이 시기에 미상원의원 프레슬러(L. Pressler)는 타쉬켄트를 방문하여 플라토프와 면담한 바 있다. 그는 타쉬켄트 병원에서 치료를 받다가 나중에 뇌손상을 더 치료하기 위해서 우즈베키스탄을 떠났다. 이제 그는 중앙아시아 전 지역에서 인권운동가의 상징이 되었다. 1992년의 미국무성 인권 보고서는 플라토프와 Birlik에 대한 카리모프 정권의 탄압을 비난하였다. 뉴욕에 본부를 둔 인권 감시단(Human Rights Watch)이 발행한 1994년 9월의 또 다른 보고서는 "인권 유린이 너무나 많이 자행되고 있어 우즈베키스탄을 범죄국가라고 부르는 것이 마땅하다"라고 지적했다(Hunter, 1996: 61).

우즈벡 국내 정치범의 탄압에 관한 헬싱키 인권 감시단 보고서의 명단을 살펴보면 상당히 광범위하게 인권유린이 자행되고 있음을 알 수 있다. 그중에 많은 사람이 피난처를 찾아서 미국이나 터키에서 망명생활을 하고 있다(Kangas, 1994: 178). 외국 언론 또한 카리모프 정권의 인권 침해 사실을 집중 보도하였다. 세계 각국의 국제적 비난에도 불구하고, 카리모프 정권은 인권탄압을 완화하지 않고 있다. 오히려 이러한 비난에 대하여 우즈벡 정부는 자국의 위상과 국내정치 안정을 해칠 뿐이라고 외국 언론을 공격하고 나섰다. 어떤 대가를 치루더라도 국가 안보와 안정을 위해서는 정치적 자유화나 민주화라는 사치품은 일시적으로 유보해야 한다는 논리이다. 우즈베키스탄은 외국의 투자와 무역이 절실하지만 만약 잠재적 해외 투자자들로부터 우즈벡 국내정치가 불안정하다고 인식되면 그것마저 얻을 희망이 없다는 것이다(Alimov, 1994: 231).

이러한 권위주의적인 카리모프 정권에 대한 압력 수단으로 미정부가 우즈벡 야당 지도자들과 비공식적으로 접촉하고 우즈베키스탄에 대한 1천 7백만 달러의 원조를 중지하자, 카리모프 대통령은 워싱턴에 정부 사절단을 급파하기도 했다. 워싱턴 주재 전 우즈벡 공화국 대사의 활약으로 1995년 이래 양국 간의 긴장관계는 상당히 해소되어 상호협력위원회가 설치되었다.

1995년에 실시된 카리모프 대통령의 2000년까지의 임기연장의 수단인 국민투표에 대한 우즈벡 야당 및 재야세력과 유럽 국가들의 반대에도 불구하고, 미국은 카리모프 정권에 대한 지지를 표명했다. 같은 해 4월, 윌리엄 페리 미국방장관이 타쉬켄트 정부를 방문하여 양국 간의 군사협력의 일환으로 우즈벡 비행사들을 미국에서 훈련시킬 것과 미군사고문단의 파견 등을 논의했다. 미국은 우즈베키스탄에 무상 군사원조를 지원하기로 합의하고, 1996년에 전자공학 및 통신 장비를 제공한 것으로 알려졌다. 그 해 여름 우즈벡 대표단의 미국 공식방문은 양국 관계발전에 크게 기여했으며, 방문 기간 중 클린턴 대통령과 미국-우즈벡 정치적 문제를 정기적으로 협의하기로 함으로써 양국 외교관계는 강화되었다. 미국은 우즈베키스탄의 독립과 주권을 확고히 하며 민주화 진척과정 및 정치발전을 순조롭게 이행하도록 하는 데 협력하게 되었다(Karimov, 1997: 265).

미-우즈벡 양국 정부는 광산 개발, 농기구 제조, 우즈벡 군수 산업의 민수용 산업으로의 전환, 군사 합동 훈련 등 다양한 분야에서 협력을 강화하고 세계은행과 IMF가 우즈베키스탄에 재정적 원조를 하도록 미국이 지원한다는 데 합의했다. 미국의 영향력 하에 있는 국제기구의 對우즈베키스탄 지원 확대는 정치, 경제, 안보 등 여러 측면에서 중요한 의미를 내포하고 있다. 최근 이와 같이 심화되는 정치, 경제, 군사 분야에서의 협력은 對러시아 견제용 카드로서 뿐만 아니라, 이 지역 안보를 위한 경찰국가로서 우즈베키스탄을 내세우는 듯한 인상을 준다.

이러한 사실은 미국이 1970년대 중동에서 친소국가인 이라크를 견제하고 페르시아만의 안정을 유지하기 위한 지역 패권세력으로 팔레비 독재정권 이란을 앞세운 것과 비교된다. 아이러니하게도 오늘날은 미국이 이란을 견제하고 중앙아시아 지역 안정을 위한 골육지책으로 권위주의적인 카리모프 독재정권을 지원하고 있는 것이다. 특히 이란-우즈벡 양국 간의 관계 개선으로 인하여 테헤란 이슬람 신정주의 정부의 입김이 이 지역에 점차 강화되자, 이에 대한 대응책으로서 클린턴 행정부는 카리모프 정권을 지원했던 것이다. 사실 서구국가들 특히 미국은 이란-우즈벡 양국간의 밀접한 우호관계를 원치 않는다. 우즈벡 외무 장관 카멜라프(Kamelav)가 워싱턴을 방문했을 때, 올브라이트 미국무장관은 미국의 對이란 이중 봉쇄정책에 대한 우즈베키스탄공화국의 지원에 감사한다고 말한 바 있다(Davadcharmi, 1996: 127). 이것은 미국의 이란 고립화 정책에 우즈베키스탄 정부가 동참해 줄 것을 은근히 유도하는 정치적인 계산이 깔린 발언으로 보인다.

그러나 우즈베키스탄은 이 지역의 주요 강국인 이란과의 경제협력 등 최소한의 관계마저 단절하라는 미국의 압력을 받아들이지는 않았던 것 같다. 우즈베키스탄이 미국의 적대국이자 테러지원국으로 낙인찍힌 이란과 전통적으로 우호적 관계를 유지해왔기 때문이었다. 그럼에도 불구하고 2001년 9.11 테러 이후 전 세계에서 테러와의 전쟁을 선포한 미국은 아프가니스탄 전쟁을 계기로 우즈베키스탄에 더욱 물질적, 외교적 지원을 강화하며 관계를 발전시키고자 노력했다.

군사적으로도 미국은 2001년 아프가니스탄 전쟁을 계기로 서둘러서 우즈베키스탄, 키르키즈스탄, 타지키스탄 등과 군사기지 및 영공사용 협약을 체결하였으며, 미국은 우즈베키스탄에는 약 1,000명의 미군을 주둔시켰다. 2001년 10월, 우즈베키스탄 정부는 남부지역 카르쉬-카나바드(Karshi-Khanabad, 'K2') 공군기지를 미군기지로 사용하는 데에 합의하였다. K2기지는 아프가니스탄에서 군사적 승리는 물론 이후 잔존 극단세력에 대한 공습기지로도 적지 않은 공헌을 해 온 것으로 평가되고 있다. 2005년 현재 K2기지에는 공수, 병참, 반테러 특수부대 등 약 800명의 병력이 주둔하고 있다. 미국은 우즈베키스탄에 대해서는 K2기지 사용료를 직접 지불하지 않고 대신 일종의 보답형식으로 경제지원 규모를 확대시켜 나갔다.

이와 같이 미-우즈벡 외교 현안은 대외적으로는 이란-우즈벡 관계와 대내적으로는 인권과 민주화 약속 등으로 요약할 수 있다. 이 지역 강대국 이란과의 적대관계는 우즈벡 국가안보에 심각한 위협을 야기할 수 있고, 인권 및 민주화 문제는 카리모프 정권과 국내정치 안정에 치명타를 줄 수 있는 요인을 안고 있다.

이러한 복잡한 정치적 역학관계 속에서 클린턴 미행정부는 현실적으로 권위주의적인 카리모프 정권을 지원하여 지역안보와 평화를 유지하도록 하면서 점진적으로 자유민주주의를 정착시킬 수밖에 없는 외교전략을 취하였다. 우즈베키스탄의 급격한 민주주의 실현과 인권탄압에 대한 미국의 압력은 중앙아시아 전 지역을 이슬람 혁명과 내전의 소용돌이 속으로 몰아넣을 수도 있다. 즉 미국이 오늘날 이 지역의 전통적인 정치, 문화, 경제상황을 무시하고 우즈베키스탄에 서구방식의 민주주의 모델을 일방적으로 주입하려 한다면, 아프카니스탄이나 타지키스탄의 재판(再版)이 될 수 있다.

1970년대 이란의 친미 팔레비 독재 정권에 대한 카터 미행정부의 인권 외교는 이슬람혁명을 자초하여 반미 호메이니 이슬람 신정국가를 탄생시키는데 일조한 외교정책의 실책 중의 하나였다. 그러나 우즈베키스탄에서 건전한 민주주의 세력을 제거하고 인권 탄압 정책을 묵인 또는 방조하는 것 역시 결국에는 정치 불안을 조성하여 이슬람주의자들에게 제2의 타직내전뿐만 아니라 이 지역 전체 안정을 깰 수 있는 위험요인을 제공할 수 있다는 것이 클린턴 미 행정부의 딜레마인 것으로 평가된다.

Ⅳ 결 론

2003년 6월 카자흐스탄은 카스피해 개발계획을 발표했다. 이 계획에 따르면 원유의 수송 및 수출대상 국가를 과거 구소련 중심에서 중앙아시아 인근 국가들로 전환하고, 석유 수송망을 확충하기 위한 노력이 포함되어 있다. 또한 석유 기금을 신설하고 석유개발 세제 및 로열티 지급 관련 제도를 정비, 석유산업 안정화 도모를 목표로 하고 있다. 그리고 카자흐스탄의 석유와 가스 산업을 주관하는 광물자원부 산하의 국영석유기업을 세워 석유와 가스에 대한 통합 정부정책을 창출하고 모든 석유계약에 의무적으로 참여함으로서 운영자로서 정부 이익을 대변하고

자 했다. 즉 석유의 탐사, 개발, 생산, 수송에 대해 정부가 규제하겠다는 의사를 밝힌 것이다.

결국 카자흐스탄 정부는 원유라는 귀중한 자산이 저가에 외국 기업으로 넘어가는 것을 방지하기 위해 광구 지분을 매각하는 경우 정부가 선취권을 행사하고, 국가 이익에 중대한 영향을 미치는 계약 조건에 대해서는 정부가 개입해 변경할 수 있게 하려는 것이다. 여기에 더해 카자흐스탄 정부는 에너지 사업에 참여하는 외국 기업에 대해 환경문제, 탐사, 신규광구개발 및 매입 등에 관여하고자 했다. 즉 카자흐스탄 정부는 자원을 이용한 경제발전에 전력추구를 하면서도 서구에 대해 완전히 개방적인 태도는 보이지 않은 것이다. 이러한 사실은 카자흐스탄에 진출해 있는 석유 관련 외국 기업들을 보면 알 수 있다. 일본의 Marubeni, 러시아의 Lukoil, 스페인의 Repsol-YPF, 중국의 CNPC가 주요 투자 회사이다. 물론, 카자흐스탄 정부도 미국, EU등 선진 국가들과의 실질 경제협력을 확대하고자 하지만, 오랫동안 지속된 친러 성향 때문에 쉽지 않은 것으로 보인다. 특히 카자흐스탄 에너지 자원부가 러시아의 산업에너지부와 단일 전력시장 구성을 골자로 하는 전력에너지 분야 협력의정서를 체결하는 등, 여전히 카자흐스탄의 에너지 부문은 미국보다는 러시아와 밀접한 관계를 가지고 있다. 미국에게 카자흐스탄은 카스피해 연안의 에너지 확보와 중앙아시아 안보 확립을 위해서 반드시 회유해야 하는 숙제로 남아있다.

이러한 이유로, 미국은 카자흐스탄에 두었던 초점을 우즈베키스탄으로 돌리게 되었다. 2002년 미국이 중앙아시아 국가들에 지원한 원조액을 보면 우즈베키스탄에 대한 미국의 경제 지원 규모가 막대하다는 것을 확인할 수 있다. 2002년 미국은 우즈베키스탄에 1억 2천만 달러를 지원했다. 이는 타키지스탄 5600만 달러, 카자흐스탄 4700만 달러, 카르키즈스탄 7천만 달러, 투르크메니스탄 1100만 달러에 비해 막대한 것으로(www.state.gov), 미국이 중앙아시아 지역 경제 안보에서 우즈베키스탄을 최우선으로 간주하고 있음을 반영했다.

그러나 우즈베키스탄 카리모프 정권의 장기집권과 저항세력에 대한 지나친 통제가 카리모프 정권과 미국의 우호관계에 마찰을 초래했다. 카리모프 정권에게 미국이 인권 문제 해결과 민주화를 요구하며 양국 관계가 악화된 것이다. 결국 카리모프 정권은 2005년 미군에 대해 K2기지로부터의 이착륙권을 제한하였다. 한때 "전략적 동반자관계"로 까지 불렸던 미국과의 관계가 매우 악화되었으며, 카리모프 대통령은 7월 5일 상하이 협력기구(SCO) 정상회담(회원국 중국, 러시아, 카자흐스탄, 키르기즈스탄, 우즈베키스탄, 타지키스탄)에서 "궁극적으로 미국의 지정학적 목표는 세력균형을 전환시켜 중앙아시아를 장악하는 것" 이라 역설하는 등 미국에 대한 불만을 표출했고, 이를 계기로 우즈베키스탄과 러시아, 중국의 관계가 호전되었다.

제8장 미국의 투르크메니스탄 정책과 파이프라인 건설전략

장병옥

I 이란-미국의 대립과 남북 경유 파이프라인

미국이 중앙아시아에 진출하려는 목적은 말할 필요도 없이 이 지역의 석유, 가스를 개발하는 것에 있으나, 그것은 단순히 개발만 하는 것이 아니고 21세기의 에너지 확보를 위해 전략상의 포석을 마련하기 위한 것이라 할 수 있다. 미국이 이 지역에 진출하게 된 것은 1991년 중앙아시아 국가들이 독립하고 러시아가 정치·경제적 혼란상태에 빠지면서 과거 소련 시대처럼 이 지역에서 지도력을 발휘하지 못하게 되었다는 호조건(好條件) 덕분이었다. 덧붙여 1990년대 초의 걸프위기와 걸프전으로 인해 무슬림 지역에 대해 미국이 결정적인 영향력을 미칠 수 있는 상황이 전개된 것이다.

이 결과 미국은 자유롭게 중앙아시아 각국에 접근하여 에너지 개발을 진행시키게 되었다. 미국이 자금력과 기술력으로 중앙아시아 지역의 석유와 가스개발에 나서기 시작하여, 이제는 이 지역이 미국의 경제적 국익 지대의 범위임이 분명해졌다. 이것은 중앙아시아 지역으로의 진출을 꾀하는 다른 나라들에게 커다란 위협 요인이 된다. 반면에 이 지역에 강력한 미국이 진출한 것은 중앙아시아 국가로서는 환영할 만한 일이다. 그것은 1970년 이상 소련의 통치 하에 있었던 이 지역 독립국가들의 러시아에 대한 반발과 더불어 미국의 경제적 풍요 및 고도의 기술에서 오는 매력 때문이다. 투르크메니스탄 가스의 경우에도 미국의 경제·외교적 지원 없이는 개발 자체가 곤란하다는 것은 누구도 예상할 수 있는 일이다. 한편, 이 지역 개발에는 각국의 이해가 얽혀 있어서 미국과 같은 대국의 개입 없이는 수습이 안 되는 복잡한 상황이었다.

러시아, 이란을 경유하는 중앙아시아의 석유와 가스를 서구시장으로 반출하는 것을 강하게 반대하는 미국의 정책은 러시아, 이란 및 중앙아시아의 관계 개선에 저해요인으로 작용하고 있다. 미국은 이미 중앙아시아 지역을 미국의 경제 이익권 내의 지역임을 선언하고 있는 가운데, 이란에 대해서는 다마토법 등을 통해 지역 각국과의 관계를 견제하고 프랑스를 위시한 유럽국가들의 대두에도 브레이크를 걸고 있다(佐佐木良昭, 1998:7-8).

미국은 러시아에 대해서도 경제적인 압력을 행사하거나 군사력으로 대응하고 있다. 1997년 중앙아시아 각국이 참가한 우즈베키스탄에서 실시된 합동군사훈련에는 러시아를 포함하고는 있었으나, 이는 명백히 미국의 러시아에 대한 군사력의 과시였고, 중앙아시아 각국에 대한 러시아의 군사적 위협을 막기 위한 입지를 드러낸 것이라고 파악된다.

미국은 이란, 러시아 등에 대한 견제책을 취하면서 중앙아시아 국가들에 대해서는 다음과 같은 입장을 표명하고 있다.

① 중앙아시아 각국의 독립 유지 지원
② 세계 에너지의 안정적 공급 실현
③ 지역협력에의 지원
④ 이 지역 진출 미국회사의 활동지원
⑤ 이란 정책변경에의 압력 지속

이러한 미국의 정책은 미국이 공정하고 신뢰할 수 있는 중앙아시아의 파트너라는 것을 나타내고 있는 것이다. 미국의 중앙아시아 정책과 관련하여 이란에 관한 조항이 포함되어 있는 것은 이란의 이슬람 혁명사상 수출의 시도에 대한 중앙아시아 신생국가들의 우려에 부합한 것이다. 미국은 이러한 형태로 중동 걸프지역에 이어서, 중앙아시아 석유, 가스자원 개발에 주도적 역할을 할 기회를 노리고 있다. 이것이 실현되면 미국은 세계 경제의 근원이 되는 세계 에너지 정책을 주도해 나갈 수 있다.

특히나 투르크메니스탄은 천연가스 매장량에서 세계 4위의 가스 대국이다. 확인 매장량이 2조8000억㎥, 추정 매장량은 15조㎥에 이른다. 확인 매장량만 따져도 한국의 160년치 도시가스 공급량(2005년 기준 173억㎥)에 해당한다. 이 때문에 '가스 위에 떠 있는 나라'라는 별명이 붙었다(중앙일보, 2007.9.25). 투르크메니스탄은 천연가스를 이란과 파키스탄에 수출함으로서 양국과 외교관계를 강화했다.

한편, 미국도 투르크메니스탄의 천연가스의 수출경로를 장악함으로서 이 지역에서 에너지 안보를 확보하고자 시도해왔다. 이 정책을 위한 가장 중요한 수단은 파이프라인을 장악하는 것이었다. 1990년대 중반까지 투르크메니스탄은 구소련시절에 구축된 가스 파이프라인망에 의존하는 수밖에 없었다.

여기에서 미국은 파이프라인과 관련해서 군사 안보와 에너지 안보 사이에서 딜레마에 빠지게 되었다. 중앙아시아 국가들에 대한 러시아의 영향력을 가능한 한 줄이는데 일차적인 목적을 둔 미국은 러시아를 우회하는 파이프라인 구축을 추구하는 한편, 이란을 '테러국가'로 지목하고 미국기업과 이란과의 상거래를 금지한 1995년의 미대통령 령과 1996년의 제재법을 발표하였다. 이는 카스피해 지역의 자원을 수출하는 루트로서 최적의 지리상 위치를 지닌 이란과의 거래를 스스로 막는 조치였다. 이로써 미국 및 미국기업은 러시아와 이란을 우회하는 루트를 찾는 것 말고는 선택의 여지가 없었다.

이러한 상황에서 이란 또는 아프가니스탄을 통과하는 남쪽 경유 루트는 이란-미국의 대립과 아프간 내전의 종식에 따른 정치 불안정이라는 조건에서 보면 당분간 전망이 없는 것으로 간주되었다. 이란을 경유하여 페르시아만으로, 또는 아프가니스탄-파키스탄을 경유해서 인도양에 이르는 석유・가스 파이프라인 루트가 바로 남쪽 경유 루트에 해당된다. 이란과 미국의 대립은 이 지역의 자원 개발에 있어서 장애요인이 되어 왔다. 미국이 해양으로 가는 최단 코스인 이란 경유 루트를 거부하고 있는 것이다. 서쪽의 카프카스는 지역대립이 복잡하고 동쪽 경유는 지리적으로 소비지까지 너무 멀다. 이 상태로는 러시아를 경유하지 않는 새 루트를 건설한다는 것은 사실상 전망이 없다.

그러나 남쪽 경유 루트는 해양까지 가깝다는 것 이외에도 다음과 같은 두 가지 이점을 가지고 있다(輪鳥實樹, 1997: 58).

첫째, 아프가니스탄 루트의 경우 소비시장이 러시아와 경합하지 않는 이점이 있다. 아프가니스탄 루트의 경우 예상 수요국은 파키스탄, 인도 등 아시아 국가이다. 현재 러시아의 주요 시장은 유럽이기 때문에 아프가니스탄 루트를 택할 경우 중앙아시아의 자원은 러시아와 경합하지 않아도 되는 것이다. 뿐만 아니라 송유관이 건설되면 기존의 파브로달-차르죠 라인을 연장해서 러시아의 석유를 아시아로 수출하는 것도 가능하다.

둘째, 이란 루트의 경우 이란 자체가 석유・가스 자원국이라는 이점이 있다. 이란이 가스 산유국인 점이 유리한 이유는 반드시 파이프라인을 페르시아만까지 건설하지 않더라도 중간에서 이란과 스왑(SWAP: 물물교환)할 수 있기 때문이다. 이란의 광상은 석유・가스 둘 다 국토 남부인 페르시아만에 위치하고 있어 수도인 테헤란을 중심으로 한 북부 지역에는 오히려 에너지가 부족한 상황이다. 따라서 제1단계로서 카스피해의 석유・가스를 이란 북부 지역의 대소비지까지 공급할 수 있다면, 남부의 이란산 석유・가스와의 스왑 수출 가능성이 열리는 것이다.

이란-미국의 대립 및 아프가니스탄 정치 불안정이라는 예측 불가능한 장애를 안고도 남쪽 경유 루트가 계속 검토되고 있는 것은 이런 조건이 높이 평가되고 있기 때문일 것이다.

남쪽 경유 루트를 둘러싼 정세를 살펴보면, 첫째, 투르크메니스탄-이란간 파이프라인 완성, 둘째, 미국의 이란 루트에 대한 제재법 완화 내지는 부적용 결정, 셋째, 아프간 탈레반 정권의 실리주의 외교정책에 의해 향후 급격히 변화될 가능성 등이 변수로 적용될 것이다.

한편, 투르크메니스탄은 가스 수요가 높은 터키시장에 깊은 관심을 가지고, 이 파이프라인을 터키에 연장하는 것과 함께 투르크메니스탄-이란-터키-유럽을 잇는 간선 파이프라인의 건설을 구상하고 있다. 이에 대하여 이란에 경제제재를 가하고 있는 미국으로부터도 청신호가 나오고 있다. 97년 7월에 美국가안전보장회의는 투르크메니스탄에서 이란을 경유하여 터키에 이르는 가스파이프라인 건설에도 미국은 '반대하지 않는다'는 입장을 표명하였다. 앞서 말한 투르크메니스탄에서 이란 북동부까지의 짧은 소구경 파이프라인은 이란 국내의 파이프라인과 연결되어 있고, 이것을 터키에 연장시키는 간단한 방법도 있다. 그러나 여기서 문제가 되고 있는 것은 구경(口徑)이 더 큰, 대규모 파이프라인이다.

II 이란-투르크메니스탄간의 파이프라인 개통과 미국의 유화정책

투르크메니스탄은 카페트와 Karakul 양모로 유명하기는 하지만 국가수입의 상당 부분을 차지하는 수출품은 1989년에 약 28여개의 천연가스 채굴장에서 생산된 850억㎥에 달하는 천연가스였다. 이 나라 경제가 반전하게 된 원동력의 약 47% 정도가 대부분 가스에 의존한 산업이었다.

1991년 12월 외무부장관인 쿨리예프(Avde Kuliyev)는 "문제는 소련이 붕괴한 후로 우리 가스를 살 곳이 없다는 것이죠. 우리는 고대 실크로드 덕택에, 한때는 이 세계 무역의 중심지였지만, 이제는 다시 시작해야만 합니다"라고 말했다. 지금도 가스가 거대한 송유관을 따라 러시아나 우크라이나로 흘러가고 있지만, 이러한 수요국들도 가스에 더 비싼 값을 치러야 했으며, 투르크메니스탄은 예전에 모스크바 중앙정부 보조금에 의한 식량이나 소비재 상품을 더 이상 공급받지 못했다. 정부는 어느 곳으로부터도 이러한 물품들을 구매할 수 있을 만한 충분한 외화를 보유하고 있지 못했던 것이다. 따라서 1991년 겨울, 물가가 500%나 폭등한 이후 경제위기는 급속히 악화되어 갔다.

모스크바의 가격 체계는 독립 이후 위기의 주된 원인이 되었다. 즉, 사회주의체제 하에서 투르크멘 공화국은 1000㎥의 가스 당 겨우 5-6루블 정도밖에 받을 수 없었는데 이것은 너무도 비현실적인 가격이었다. 독립국임을 선언한 이후에는 니야조프 정부측에서 가스의 가격을 34루블로 올리고 1992년도에는 870루블로 다시 한 번 올렸으나, 이것은 여전히 투르크멘산 천연가스가 세계에서 가장 싼 가격임을 보여주는 것이었다. 1992년 말에 정부는 국제 표준가 수준인 8000루블로 가스 가격을 끌어올렸다. 90%의 가스가 인접 공화국으로 수출되었는데, 많은 양의 가스를 수입국들이 여전히 인상된 가격으로 수입할는지는 의문스러운 일이었다. 그러던 중 1992년 3월, 우크라이나 공화국에서 가스에 대해 새로 인상된 가격으로 지불하기를 거부하자 양국 간에 위기가 고조되었다. 투르크멘 정부는 신속하게 송유관을 닫고 우크라이나의 가스 수송을 멈추었다. 며칠 후에는 아르메니아공화국 역시 인상된 가격으로 지불하기를 거절하자 이곳으로의 가스 공급도 중단되었다. 다른 한편 그루지아 및 아제르바이잔공화국과도 논쟁이 일게 된다. 마침내 이 국가들은 투르크메니스탄과 가스를 국제가로 소비재 및 식료품과 물물교환 형태로 교역할 것을 합의하였다(Rashid, 1994: 201).

그러나 1993년 모스크바 정부가 투르크멘 정부가 그동안 사용해 왔던 러시아 소유의 파이프라인을 폐쇄하자, 투르크멘산 천연가스의 수출은 중단되었다. 1993-1995년 기간 동안에 투르크메니스탄 경제는 치명적인 타격을 받은 바 있다. 투르크멘산 천연가스 수출은 1996년부터 재개되었으나 다시 중단되었다. 1998년 12월 투르크메니스탄은 러시아와 천연가스 수송에 관한 우호적인 협정을 체결한 후, 1999년 1월부터 우크라이나와 트랜스코카서스 지역 국가들에 대한 천연가스 수출을 재개한 바 있다.

1991년 천연가스 생산량은 수출량의 축소와 여분의 심각한 부족으로 804억㎥, 또 다시 다음 해에는 550억㎥로 크게 줄어들었고 전문가 부재 등의 여러 가지 문제들이 누적되기 시작했다. 그렇지만, 투르크메니스탄은 8.1조㎥라는 놀랄 만한 양의 가스 매장량을 가지고 있기 때문에 니야조프 대통령은 국가의 경제 회생의 근간을 가스의 대외 수출이라고 보았다. 초기의 혼란을 극복하고 나서, 정부는 자본 투자를 해줄 만한 외국계 기업과 이웃 국가들을 끌어들이기 위해 노력하였다. 그 결과 터키, 이란, 파키스탄 3국이 자국의 영토를 통과하는 가스관 건설과 투르크멘산 가스 수출을 위한 해양으로의 출구를 제공하는 데 지대한 관심을 보였다.

1992년 4월 터키, 이란, 투르크메니스탄은 25억 달러가 소요되는, 유럽으로 통하는 가스관 설치에 동의하였고, 이 공사비는 사우디아라비아 신용장으로 지불될 예정이었다. 정부는 또한 액화 천연가스와 다른 화학제품들을 생산함으로써 천연가스에 가치를 더해줄 석유화학제품 공장을 설립하기 위해 외국 투자자들을 끌어들이려는 노력을 하였다. 한편, 가스산업의 중심지는 과거 11-12세기 위대한 셀주크 터키제국의 수도였던 마르브(Merv: 현재는 Mary로 개칭)였는데, 이곳은 투르크메니스탄 동부에 위치해 있다. 여기서 엄청난 양의 가스를 이용하여 전력 발전소에서 생산한 30억kw의 전력을 다른 국가에 수출했지만, 지금까지 이 전력 수출로 벌어들인 수입은 미미하다.

4월 14일 이란 석유장관 아가자데(G.R. Agazade)와 니야조프 대통령 양국 대표는 투르크멘 수도 아쉬하바드에서 엄청난 경제적 파급효과를 가져오는 투르크메니스탄-이란-터키-유럽 사이의 가스 수송관 건설계획에 관한 중요한 협정에 서명하였다. 가스 수송관은 이란 영토를 통과하게 되어 있었고, 이란 회사가 건설하기로 결정했다. 1993년 10월, 이란 대통령 라프산자니의 중요한 공식 방문기간 동안에 이란-투르크메니스탄 양국은 파이프라인 건설계획에 대한 종전의 협정을 재확인한 바 있다.

파이프라인은 첫 단계로 연간 수송량 150억㎥을 1994년 말까지 완공하며 두 번째 단계로 연간 280억㎥을 1997년까지 완공하기로 계획되어 있다. 투르크멘 대통령 궁에서 발표한 바와 같이, 투르크메니스탄이 투자했지만, 이란 지역에서의 건설공사는 이란 측에서 담당하였다. 이란에 부설하게 될 파이프라인 건설비용의 35%는 이란이 투르크메니스탄으로부터 가스 구입비를 지불하는 대신 이란이 부담하는 것으로 되어 있다. 투르크멘산 가스에 대한 이란의 요구치는 연간 30억㎥로 추정되지만 최종적으로 정확한 수치는 나중에 자세히 밝혀질 것이다. 이 모든 공급은 세계 기준 가격으로 이루어질 것이다(Nedvetsky, 1994: 200).

투르크메니스탄-이란간의 파이프라인은 투르크메니스탄 서남부의 카스피해 연안에 위치하는 코르페제(Korpeje) 가스 광상과 이란 북부의 코르드쿠이(Kord Kuy)를 연결하는 전체 길이 140㎞에 이르는 가스 파이프라인을 말한다. 이것은 1995년 7월 4일, 투르크메니스탄-이란 양국이 의정서를 교환함에 따라 건설에 착수한 것이다. 1997년 말 공사는 완료되어 이란의 하타미 대통령은 같은 해 12월 29일에 투르크메니스탄의 니야조프 대통령과 함께 파이프라인의 개통식에 참석했다.

이 파이프라인은 1998년에는 연간 2억㎥의 가스를 송출할 예정이었으나, 1999년에는 연간 4억㎥, 그 이후 계속적으로 증가시켜 나갈 계획이었다. 당초 연간 수송량은 30억㎥정도에 불과하나 2005년까지는, 이 루트가 투르크메니스탄-이란-터키 가스 파이프라인 루트와 중복되겠지만, 구경 1020㎜, 연간 수송능력 80억㎥로 높일 계획이다. 제시된 파이프라인은 구경 1400㎜, 연간 최대 수송능력 280억㎥에 달하지만, 이 파이프라인이 그대로 연장되어 투르크메니스탄-이란-터키 루트로 발전하는 것은 아니다.

건설이 완료된 투르크메니스탄-이란 라인(이하는 현지의 호칭을 빌려 小파이프라인이라고 한다)은 종래의 대부분의 수출용 파이프라인과는 다른 발상에서 건설된 것이다. 예상 수요지는 유럽・아시아와 같은 대소비지가 아닌 이란 북부이다. 小파이프라인은 코르드쿠이에서 이란의 기존 파이프라인과 접속되어 북부의 네카 발전소에 천연가스를 공급한다. 이렇게 함으로써 이란은 페르시아만의 가스를 보다 많이 수출할 수 있다. 이란의 가스 구입 조건은 매년 정해지지만 어느 쪽이든 간에 이 교환적 발상에 기본을 두고 있다. 거리상으로 상당히 짧기 때문에 건설비도 적게 들고 두 나라만이 연결되어 있어 서구를 비롯한 외국의 외자 도입도 필요하지 않다.

이 小파이프라인은 각종 검토된 수출 루트 중에서 비러시아 루트로 건설된 최초의 예라 할 수 있다. 이상적인 파이프라인 건설 프로젝트는 첫째로, 세계의 대소비지, 그리고 대량수송, 마지막으로는 가능하면 러시아를 통하지 않고 카스피해 자원을 수송한다는 데 그 목표를 두고 있다. 이러한 목표와는 동떨어진 것이지만 어쨌든 CIS로의 직접적인 출구, 그것도 이란 방향으로 수송로를 열었다는 파급 효과는 매우 클 것이다. 그 효과는 다음과 같다.

첫째, 러시아 북부 루트가 막히더라도 투르크메니스탄에 최소한의 경제안보를 보장할 수 있다.

둘째, 이 지역에서 조지 W 부시 미행정부의 對이란 봉쇄정책에 구멍이 생김으로써 미외교정책에 압력 요인이 될 수 있다.

셋째, 이란은 현재 국내 공급용인 기존 파이프라인 망을 터키 국경을 향해서 확대하고 있고, 터키가 이것과 연결할 수 있는 국내 파이프라인을 건설한다면 소규모이지만 3국을 통과하는 가스 수송로가 열릴 수 있다.

이란-투르크메니스탄은 ECO의 틀 안에서 지역 3국간의 협력을 진행하고 있어 새롭게 투르크메니스탄 공화국 동부의 소비에타바드

(Sovietabad) 가스 광상과 이란 북부의 기존 파이프라인을 잇는 것도 검토되고 있다. 1997년 5월 ECO 회의 기간 동안 3국이 교환한 의정서에서는 3국을 잇는 가스 파이프라인의 연간 수송능력이 연간 280억~300억㎥라고 되어 있지만 이것은 실질적인 계획이라기보다도 최종목표를 제시한 것이다(輪鳥實樹, 1997: 60).

小파이프라인과 같이 지역 협력적인 발상으로 기존의 수송로를 이용하면서 소규모라도 우선 수송 실적을 올리려는 움직임은 1995년 이후 나타난 것으로, 전혀 진척이 없던 대규모 파이프라인 건설계획 즉, '대구상' 프로젝트에 대한 카스피해 연안 국가들의 대응책이라고 할 수 있을 것이다. 소규모이지만 수출로를 개척한다는 것은 문자 그대로 일보 전진이기 때문에 수출 실적을 올리면, '대구상'의 진척 요인이 될 수 있다.

이러한 이란-투르크메니스탄 양국의 관계 긴밀화에 의해, 미국은 지정학적으로 이란에 대한 정책을 재검토하지 않을 수 없게 되었다. 미국은 1997년 7월 27일, 투르크메니스탄에서 이란을 경유하여 터키에 이르는 천연가스 파이프라인 건설에 대해, 연간 4000만 달러 이상의 이란 투자를 금지한 '이란 · 리비아 제재 강화법'을 적용하지 않을 것을 결정했다. 이와 같은 클린턴 행정부의 결정도 중앙아시아 · 카스피해 국가들에 대한 미국의 정책의 딜레마를 보여주는 것으로, 이는 미국이 이란의 지리적 중요성을 인정한 것이다.

인구 450만 남짓인 투르크메니스탄이 세계 유일 초강대국인 미국의 의향을 무시하고 이란에게 접근하는 것은 그 경제적 가능성, 그리고 니야조프 대통령의 성품 및 권위주의 정치체제를 배경으로 하고 있다. 투르크메니스탄에는 풍부한 석유와 천연가스 자원이 있는데, 21조㎥의 천연가스 매장량은 세계 제3위이고, 석유 매장량은 쿠웨이트의 거의 2분의 1의 양이다. 이러한 풍부한 천연자원은 니야조프 정권의 국내 정치적 기반을 확고하게 하고 있고, 대외적으로 독자적인 외교정책을 펼 수 있는 기반이 되고 있다(宮田 律, 1998: 18).

1992년에 미국 부시정권 당시 베이커 국무장관이 아쉬하바드를 방문하여 이란을 정점으로 하는 '이슬람 원리주의'의 위협을 경고한 직후, 오히려 니야조프 정부는 이란에 가스, 석유, 전기를 수출할 용의가 있음을 명확히 하였고, 게다가 투르크메니스탄은 이란이 주도하는 '카스피해 협력평의회'에도 참가했다. 이와 같은 투르크메니스탄-이란의 관계를 파악한 브레진스키와 같은 과거 미국의 안보담당 대통령 보좌관들은 이란에 대한 봉쇄가 미 국익에 맞지 않는 것이라고 주장했다. 對이란 제제법의 부적용을 결정한 1997년 7월 말의 클린턴 정부의 판단은 이러한 '이란봉쇄'를 의문시하는 목소리에 영향을 받은 것으로, 투르크메니스탄을 둘러싼 경제이익을 중시하는 미국정부의 자세가 나타나 있다. 또 이러한 미국의 정책변화는 이란에서 같은 해 8월에 현실적 경향이 강한 모하마드 하타미가 대통령에 취임한 것과도 무관하지 않다.

이러한 이란-투르크메니스탄간의 파이프라인은 처음으로 러시아를 통과하지 않고 가스를 수출하는 것으로, 중앙아시아 諸國에 있어 이란의 경제적 중요성을 높이는 것이다. 또 이란과 터키 양국 역시 1996년 8월에 230억 달러 상당의 가스를 20년간에 걸쳐 수출하는 계약을 체결했다. 게다가 터키, 이란, 그리고 투르크메니스탄은 로열·덧치·쉘社에 투르크메니스탄으로부터 이란을 통과하여 터키의 지중해 동부의 제이한에 이르는 파이프라인 건설의 타당성을 검토할 것을 의뢰했다. 이 파이프라인이 투르크멘산 가스를 유럽시장에 수출하는 것을 가시화한 것이라는 점은 두말할 나위도 없다.

1995년 초 네덜란드의 라루마그社는 3200톤의 석유를 투르크메니스탄 카스피해의 첼레켄(Cheleken)港에서 이란의 카스피해 연안 반다르·노우샤후르(Nowshahr)港까지 수송하여, 거기에서부터 다시 테헤란 근교를 거쳐 페르시아만의 반다르·호메이니항까지 트럭으로 운반한 바 있다. 또 이란은 호주의 부르클·힐·프로프라이마터리社(BHP)와도 투르크메니스탄에서 파키스탄에 가스를 공급하는 가능성을 검토한다는 계약을 1998년 1월에 체결하였다. 이는 이란의 '국영가스회사'와 계약을 맺고, 2002년까지 가스를 파키스탄에 송출하는, 총액 27억 달러의 파이프라인의 부설에 관한 것이었다(宮田 律, 1998: 19).

실제로 1997년 8월 미국의 對이란 경제제재법 완화 내지는 부적용이라는 유화정책의 결정 배경에는 투르크메니스탄-이란-터키 지역 3국의 협력 움직임도 하나의 주요한 요인으로 작용하고 있음에 틀림없다. 가령 연간 수십 억㎥의 소규모 수준이라 할지라도, '미국의 정책 노선과 어긋난' 수송로가 이 지역에 열렸다는 사실은 분명 클린턴 미행정부와 2001년 초 새로 들어선 조지 W 부시 정부의 영향력의 저하를 의미한다. 이로 인하여 미국의 對이란 경제제재의 유효성 자체가 의문시되고 있으며, 카스피해 국가들에 대한 미외교정책의 우호적 측면에서도 실로 난처한 것이다. 지리적으로 합리적인 이란 루트를 반대한다면 중앙아시아 국가들은 기존 루트를 이용하기 위해 오히려 친러시아 노선으로 돌아설 가능성도 없지 않기 때문에 이 지역 관련 국가들에 대하여 유화정책을 취하지 않을 수 없는 것이 미국이 처한 현실이다.

하타미 이란 대통령이 자유 개방파로서 온건주의 외교정책 노선을 취하고 있고 또한 시기적으로도 小파이프라인이 완성된 시점에서 판단한다면, 미국의 제재법 부적용의 결정과 같은 유화정책은 실로 시기적절했다고 할 수 있을 것이다. 그동안 압력요인으로 작용해온 미국의 반대가 없어지면 대규모의 투르크메니스탄-이란-터키 파이프라인 건설을 검토하는 서구 측에서 자본을 투자할 가능성도 있을 것이다.

Ⅲ 결 론

미국은 중앙아시아 지역에서 러시아의 간섭을 받지 않고 안정적으로 석유 및 천연가스를 수입하는 것을 주요 목표로 하고 있다. 이를 위해 미국은 투르크메니스탄의 대외 수출용 가스 수송로에 대해 러시아 영토를 경유하지 않는 파이프라인 건설안을 제시하였다. 그러나 파이프라인 건설은 미국의 계획안이 아닌 러시아의 계획대로 이루어지게 되었다. 2007년 5월 12일 투르크메니스탄의 카스피 해 연안도시인 투르크멘바쉬에서 러시아의 푸틴 대통령, 카자흐스탄의 누르 술탄 나자르바예프 대통령, 투르크메니스탄의 구르반굴리 베르디무함메도프 대통령에 의하여, 미국이 계획한 투르크메니스탄-카스피해-그루지야-터키를 연결하는 가스 파이프라인 건설계획은 무산되고, 러시아의 계획대로 투르크메니스탄-카자흐스탄-러시아-유럽으로 연결되는 파이프라인 건설이 이루어지게 되었다.

한편, 이란도 투르크메니스탄의 파이프라인에 관심을 보이고 있는데, 이란의 對투르크메니스탄 정책은 중앙아시아 경제의 대동맥이라 할 수 있는 '신 실크로드 및 파이프라인 건설' 프로젝트를 중심으로 다자간 지역경제 협력관계의 확대와 무역을 늘리는 양자 경제협력관계를 통하여 자국의 정치·경제적 고립과 한계를 극복하려는 방향으로 나아갈 것으로 보인다.

카스피해 지역으로부터의 수출 루트 중 현재 건설 단계에 이른 것은 비러시아 루트로서 AIOC의 그루지아 루트와 투르크메니스탄-이란간의 小파이프라인 이외에는 없다. 러시아의 지배를 피하고 수출량의 비약적인 증대를 위해 검토된 그 외의 파이프라인 건설구상은 복잡한 지역분쟁과 대립구조에 가로막혀 진전이 매우 늦다. 그러나 수송문제에 대한 현실적 대응 방안으로 카스피해 연안 국가들은 소규모 투자 프로젝트로 착실히 수송 실적을 올리는 방침으로 전환하기 시작했다. 소규모라도 다양한 수출 통로를 확보함으로써 카스피해 지역에서의 석유·가스 수출은 안정되고 또한 대규모 프로젝트로 가는 기반을 다질 수 있을 것이다.

이란-미국의 대립 및 아프가니스탄 정치 불안정이라는 예측 불가능한 장애 요인에도 불구하고 남쪽 경유 루트가 계속 검토되고 있는 것은 이런 조건이 높이 평가되고 있기 때문일 것이다. 남쪽 경유 루트를 둘러싼 정세는 첫째, 투르크메니스탄-이란간 파이프라인 완성, 둘째, 미국의 이란 루트에 대한 제재법 완화 내지는 부적용 결정, 셋째, 아프가니스탄의 탈레반 정권의 실리주의 외교정책에 의한 급격한 변화의 가능성에 영향을 받게 된다.

향후 미국의 對이란정책이 변화되고 아프가니스탄 분쟁이 종결되면 머지않아 중앙아시아 국가들의 막대한 석유・가스를 최단 코스인 이란-파키스탄을 통과하는 남부 방향 즉, 페르시아만과 인도양으로 수송할 수 있는 대규모 파이프라인 건설이 실현될 가능성도 있다. 이것은 미국이 이 지역에서 이란을 고립시키기 위한 봉쇄정책 해제와 對이란 유화정책의 속도 조절에 의해서 좌우될 것으로 보인다.

중동 지역의 군사, 정치적 평화가 이루어진다면 미국은 러시아 영토를 경유하지 않는 새로운 가스 파이프라인 건설계획을 EU 등과 협력하여 다시 시도할 것이다. 현재 미국기업 중에서는 모빌 오일(Mobil Oil)이 부룬(Burun) 유전에 투자를 하고 있다. 예를 들면, 러시아의 주도하에 계획되고 있는 중앙아시아 및 중동의 천연가스 생산국 통합체인 일명 가스 오펙(Gas-Opec) 결성에 대하여 미국은 중앙아시아 각국들에 그 비현실성을 지속적으로 제기할 것이다. 그리고 아메리칸 커뮤니케이션 컨설턴트(American Communication Consultant)가 투르크메니스탄 비누공장에 8,100만 달러를, US 텔레커뮤니케이션(US telecommunication)이 투르크메니스탄의 10개년 통신발전 프로그램에 참여하여 컨설팅을 하고 있다. 또한 MIC가 인터넷 사업과 미국-투르크메니스탄 직통전화 구축사업에 진출해 있다. 셸(Shell)도 투르크메니스탄 유전탐사에 투자 진출해 있다.[88] 결론적으로, 미국은 중앙아시아의 에너지자원 수입을 위해 정부 및 기업을 통한 모든 수단을 동원하여 안정적으로 석유 및 천연가스를 수급하려 할 것이다.[89]

---

88) http://www.cainfo.ru/(2006. 8. 28).

제 9 장 투르크메니스탄의 영구 중립주의 외교정책

장병옥

Ⅰ 서 론

독립한 투르크메니스탄이 신생 중앙아시아 공화국 중에서 가장 안정되어있다는 데 대해서는 이견이 없다. 투르크메니스탄에는 소련의 지배를 받던 과거의 긴장과 분쟁을 일으키는 요인도 없다. 민족적 불균형도, 심각한 영토분쟁도 없으며 러시아와 미국 다음으로 천연가스를 많이 보유한 투르크메니스탄의 충분한 천연자원은 당면한 경제문제를 해결하는 데 충분했다. 그 결과 니야조프 정권은 안정되어 지금까지 실질적으로 어떠한 대규모 집회나 항의시위도 지금까지는 없었고, 난민문제도 없었다. 투르크메니스탄은 독립 후에 변화를 하긴 했으나 중앙아시아 국가들 중 가장 적은 변화를 겪은 나라일 것이다.

외교 면에서도 투르크메니스탄은 '주체성'을 발휘하여 1995년 12월 27일에 영세중립을 선언, 군사 면은 말할 것도 없고 정치 · 경제면에서도 일절 동맹관계를 거부하고 모든 문제는 양 당사국 간에 조정한다는 입장을

89) 주요국의 대중앙아시아 통상전략 및 시사점, 박상남,강명구, KIEP 중장기 통상전략연구 07-13-01.

고수하고 있다. 그러나 결코 고립정책을 취하고 있는 것은 아니며, 對러시아 관계를 비롯해 모든 이웃 국가들과의 우호관계 구축에 힘쓰고 있다.

지역적인 연대를 수립하기 위하여, 남쪽의 이란과 북쪽의 러시아 사이에서 세력균형을 유지하려는 투르크멘 외교정책은 지금까지 상당히 성공적이었다고 볼 수 있다. 국제적인 영향력은 투르크멘 국민에게 텔레비전 · 여행 · 교육을 통해 침투하기 시작했기 때문에, 향후 투르크멘 사회에 좀 더 큰 다양성이 널리 나타날 가능성이 있다. 이러한 정치 환경이 집권당인 투르크메니스탄 민주당 또는 심지어 니야조프 대통령에게도 어느 정도 영향을 미칠 것이다.

II 국내정치 상황

1. 정치체제

투르크메니스탄은 CIS 중에서 가장 평화롭고 안정된 정치체제를 유지하고 있는 국가이다. 70년 동안이나 소련의 지배 하에 있었으면서도 투르크멘 사회는 꽤 많은 전통 구조와 가치, 그리고 정치문화의 일부분까지도 보존해 왔다. 친족과 부족구조가 현대화의 과정 속에서도 유지되고 있는 그러한 특징 중 하나이다.

Teke, Ersari, Yomut를 포함한 투르크멘 부족은 혼재하여 여러 지역에서 거주하고 있다. 수많은 투르크멘 공동체가 해외, 특히 이란과 파키스탄에 거주하고 있다. 이는 투르크멘인과 우즈벡인 사이의 국경분쟁과 같은 민족 내부 혹은 국가 내부의 갈등을 가져올 수 있다. 부족은 개인과 사회 전체의 운명을 조정하고 좌우하는 민족사회 구조이다. 그것은 한편으로는 정치제도를 안정시키는 역할을 하지만, 다른 한편으로는 잠재적으로 정치를 긴장시키거나 혹은 혼란하게 만들기도 한다. 부족 내부의 결속력과 충성심은 사회유지의 주요한 요소이다. 부족이나 지역 공동체에 대한 개인의 충성심은 대체로 단체의 새로운 연대나 연합보다 더 강하다. 특히 부족과 지역연대가 동시에 일어날 때에는 더욱 그러하다.

지난 20-30년 동안 범국가적인 수준에서 자아 정체성이 발달하였다. 개개인은 점점 자신을 특정한 종족의 일원으로서 뿐만 아니라 거대한 '근대'국가의 대표자로 생각했다. 이런 현상은 1960년대와 1970년대에 소련 군대에서 투르크메니스탄 사병들이 자신을 Yomutis나 Tekes로 여기지 않고 투르크멘인이라고 생각한 점에서도 나타난다. 종족 간 갈등이 쉽게 사라지기는 어렵겠지만, 종족 간의 긴장이 풀어짐에 따라 범국가적 차원에서의 통합은 더욱 중요시 될 것이다. 원칙적으로 이것은 전통적인 사회구조가 분열되고 개인과 사회의 사상이 변화한 후에야 비로소 가능하다. 중앙아시아 국가들은 모두 대통령이 강력한 권한을 지니는 이른바 '개발독재형'의 정치체제를 가지고 있다. 시장경제로의 이행에서 중앙아시아뿐만이 아닌 CIS 국가들 중 소위 민주화 및 시장경제를 가장 잘 추진하고 있는 키르기즈스탄도 이 점에 있어서는 예외가 아니다. 그러나 대통령의 전제정치라는 면에서는 투르크메니스탄의 니야조프 대통령은 독보적이다. 니야조프가 선택한 정부 모델은 '계몽적 권위주의' 정치체제라고 알려져 있다. 투르크메니스탄 지도자의 강력한 개인 권력은 투르크멘 전통을 이어받은 것이며 이 권력이 안정을 제공한다고 믿는다.

니야조프 대통령은 '투르크멘바시' 즉, '투르크메니스탄의 국부(國父)'라고 불리며, 주요 도로와 대부분의 사무실에는 그의 초상화가 걸려 있고 모든 회의와 학교 수업은 '투르크멘바시에의 맹세'로 시작한다. 카스피 해에 접한 투르크메니스탄의 주요 항구 도시인 크라스노보츠크 역시 투르크멘바시市로 개명되었다. 이러한 상황을 소개한 '이즈베스티야紙'의 한 르포 기사는 이와 같은 투르크메니스탄의 상황이 '북한을 상기시킨다'라고 표현하고 있다(佐久間 邦夫, 1998: 50).

그는 공개적으로 자기 자신을 독재적인 스탈린주의 예찬자로 부각시켰다. 그의 초상화는 이제 정부 각 부처를 포함한 도처에 깔렸고 가두행렬에서조차 학생들은 대통령의 초상화가 찍힌 티셔츠를 입은 채, 스크럼을 짜고 행진한다. 이제 여기에 정치적 개방이라든가 민주주의가 꽃필 수 있는 징후 따위는 없다.

한편 1991년 모스크바에 대항한 쿠데타를 지원했던 니야조프는 쿠데타가 실패하자 서둘러 귀국하게 된다. 정부는 1991년 8월 22일에 투르크메니스탄이 독립국임을 선언했으나, 공산당만을 유일한 정당으로 등록하고 어떠한 야당도 허용하지 않았다. 따라서 같은 해 10월, 개혁주의적인 야당 세력에 의해서 새로이 창당된 투르크메니스탄의 '민주전선당(Democratic Front Party)' 또한 그 첫 번째 회합을 모스크바에서 가질 수밖에 없었는데, 이것은 그러한 정치 회의가 아쉬하바드에서는 금지되어 있었기 때문이다.

이 당의 총수인 무라드(Mohammed Durdu Murad)는 모든 투르크 민족들의 연합을 주창하였으나 회합 내용에 대한 검열과 금지 조치 때문에 그의 메시지를 대중에게 전달할 수는 없었다. 그리고 정당을 구성하는 것은 여전히 금지되어 있었다. 이에, 지하 야당세력으로 활동 중인 민주전선당의 당수인 무라드는 "공산주의자는 예전보다 더 강해졌습니다. 레닌은 무산계급의 독재를 만들어 냈지만, 니야조프는 그 자신의 독재를 구축하고 있어요. 독립은 오직 그의 정권과 폭력 조직에게만 주어진 것이죠"라고 말한다(Rashid, 1994: 204).

소련 정부의 기관지인 이즈베스티야의 한 평론가는 중앙아시아의 상황을 분석하면서 "현재 투르크메니스탄의 대통령 니야조프는 가장 좋은 상황에 있다. 그에게는 반대세력이 없다. 투르크메니스탄의 수도 아쉬하바드의 정치 생활은 끝났다. '사회가 잠들어 있다'고 말할 수 있다. 니야조프는 나에게 '우리는 혁명이 필요 없다'고 말했다"라는 기사를 썼다(Nedvetsky, 1994: 195).

독립 후 국가를 건설하는 과정에서 투르크메니스탄은 새로운 헌법을 채택하고 통치기구를 만들었다. 이 기구들 중 일부는 국제적인 관습을 반영하지만 일부는 그렇지 않다. 그렇지만 더 중요한 문제는 투르크메니스탄의 현실이 헌법의 많은 조항을 반영하지 않고 있다는 것이다. 투르크메니스탄은 1992년 5월의 헌법에 의거한 대통령 공화제 형태의 민주법치국가이다. 헌법은 역시 입법·행정·사법이 서로 조화를 이루는 권력분립의 원칙에 근거한다.

대통령은 군의 최고 통수권자이고 국민 협의회체인 마즐레스(majlis)의 의장이다. 게다가 대통령은 1996년 현재 국가 최고위 관료 15인을 포함하는 국가안전보장회의를 주재한다. 처음에 정부는 1990년 10월 26일 선거에서 98%나 되는 절대 다수의 국민이 니야조프 대통령을 지지했기 때문에 새로운 선거 따위는 필요치 않다고 주장했다. 그러나 1991년부터 1992년까지 중앙아시아 전역에서 자유로운 대통령 선거가 실시되자, 니야조프 대통령은 마음을 바꾸게 된다. 1992년 6월, 그는 투르크메니스탄 최초의 보통선거에 단독 출마하여 투르크멘이 보유한 천연가스와 석유를 이용하여 이 나라를 '제2의 쿠웨이트'로 만들겠다는 민족주의적인 연설을 펼쳤다. 메카로 향하는 연중 순례행사에 직접 참가함으로써 독실한 이슬람교도로서의 신임도도 높였다. 정부의 공식발표에 의하면, 99.5%의 지지로 그는 대통령에 재선되었다. 다른 정당들은 선거유세에도 참가하지 못한 채 배제되었던 것이다(Rashid, 1994: 198).

1994년 1월에 투르크메니스탄은 1997년의 선거를 취소하고 동시에 니야조프의 대통령 임기를 2002년까지 연장하는데 대한 국민투표를 실시했는데, 그 결과 총 유권자의 99.9%가 그 조치에 찬성했다. 이에 맞서 반정부 야당세력은 그러한 선거와 2002년까지 니야조프의 대통령 임기를 연장하기로 한 것을 무효화하기 위하여 국민투표를 실시하자고 제의하기도 했다(Oches, 1996: 329).

현 정부는 대통령 선거의 결과를 예로 들어 니야조프 대통령이 모든 민족적 · 종족 · 씨족적 차이에도 불구하고 국민의 강력한 지지를 받고 있다고 주장한다. 새로운 선거는 의회가 채택한 투르크메니스탄의 신헌법과 함께 치러진 의례적 통과 행위에 불과하지만, 이러한 선거들은 형식적으로나마 니야조프의 지위의 견고함을 입증한다. 그는 투르크메니스탄 국민으로부터 맹목적이고 전폭적인 지지를 받고 있는 것 같다. 투르크메니스탄의 러시아 시민 또한 니야조프의 국가적, 경제적 정책을 인정한다.

몇몇 관측통에 의하면 니야조프는 정치 · 경제적 지위를 확립한 이후, 반정부 세력에 대한 무자비한 탄압과 통제를 완화했고 독립신문인 Turkmenistan Today와 연계된 온건한 재야 세력의 정치 활동을 허용해 주었다. 고르바초프가 1989년 소연방 최고회의에서 선거권을 허용한 후에 투르크메니스탄은 1990년 1월 선거를 통해 175명의 의원을 선출했다. 다음 의회 선거는 1994년 12월, 5년 임기인 50석의 입법부 의원 선출을 위해 열렸다. 헌법 조항에 명시된 바에 따르면 의회는 입법, 헌법 수정, 예산안 승인과 감독 등의 권한을 부여받는다. 그럼에도 불구하고 투르크메니스탄 의회는 행정부를 견제하는 어떠한 실질적인 권한도 가지고 있지 않다.

그는 국민협의회체인 마즐레스를 세웠는데 그것은 실질적인 국가권력 행사에 대한 영향력은 미비하지만, 협의회 대변인 무라도프(Sahat Muradov)에 의하면 "투르크멘 국민의 민족적 전통에 뿌리를 두고 있다"고 한다(Nedvetsky, 1994: 206). 그리고는 의회의 이름을 '투르크멘 마즐레스(Turkmen Majlis)[90]라고 개명하였다. 또한 마즐레스는 니야조프 대통령에게 한층 더 많은 권력을 부여하는 반면, 의회의 상당한 입법적 권한을 박탈하게 한다. 비록 새로 개정된 헌법은 개인의 토지와 재산 소유를 보장하고 있지만 개인이 얼마나 가질 수 있느냐는 명확히 밝혀지지

90) 여기서 Majlis는 이란어 혹은 아랍어로 '의회'를 뜻하는 단어이다.

않아 그 한계를 보여준다.

공식적으로 가장 권위 있는 최고 대표기관은 대통령이 참석해야 하는 '국민의회(Halk Maslakhaty)'이다. 그 멤버들은 모두 대통령이 선출한다. 그것은 대통령 · 국회의원 · 모든 etrap의 대표들 · 국무회의 각료 · 대법원 판사 · 검찰총장 · 하킴 · 지방관으로 구성되어 있기 때문에 대통령이 모든 권력을 장악하고 있다는 것에는 의심의 여지가 없다. Halk Maslakhaty는 조약을 비준하고 헌법 개정을 포함한 정치나 경제 · 사회 문제에 관한 조언을 할 수 있다. 또 전쟁을 선포할 수도 있고 만일 대통령이 헌법이나 법을 어긴다면 불신임 투표를 할 수도 있다. 투르크멘 관료에 따르면 세계 어느 곳에도 Halk Maslakhaty와 유사한 기구는 없으며 이러한 아이디어는 대통령 자신의 경험으로부터 얻은 것이라고 전해진다. 사실 Halk Maslakhaty는 대통령에게 대내외 정책에 대해 지침서를 제시하는 공식 포럼을 제공하고 관리들의 국정수행 능력에 대한 평가를 하며 대통령의 정책을 검토하는 국가의 명목상 최고기구이다. Halk Maslakhaty는 연간 한 번의 회합을 가져야 하는데 1995년에 10월과 12월, 2번의 회합이 있었다(Ochs, 1996: 319).

1992년 5월 18일, 투르크멘 신헌법은 투르크메니스탄의 독재정치체제를 완화시킬 것이라는 기대 하에 채택되었다. 헌법 제1조에서 대통령 · 총리 · 의회가 국가를 관리하는 '대통령제 공화국'이라고 규정하고 있다. 입법상의 부문에는 헌법 개정의 통과를 책임지는 Halk Maslakhaty라 불리는 각각의 기구를 포함한다. 그러므로 Halk Maslakhaty에 커다란 힘을 부여하였던 것이다. 그러나 불행하게도 국회에서 선출했던 Halk Maslakhaty 구성원들은 대체로 대통령에 의해 임명되고 있다(Nissman, 1994 :185).

제27조에서는 법률에 의해 인가된 집회와 시위의 자유를 보장한다고 했다. 하지만, 입법부에서 자유롭게 이 권리를 축소시킬 수 있다. 또 하나의 예로 제28조에서 국민은 정당이나 법의 테두리 안에서 운영되는

단체를 결성할 수 있다고 언급하고 있지만, 같은 조항에서 정당은 금지될 수 있다고 제한하고 있다. 정당이 국민의 '심신의 건강'을 훼손시킬 수 있다고 생각될 때 그것은 금지의 근거가 된다.

1991년 가을, 니야조프의 지시로 투르크메니스탄 공산당은 해산되고 투르크메니스탄 민주당(TDP)으로 개편되었다. 그해 12월 단독 후보로 선거에 출마하여 대통령에 당선된 니야조프는 과거의 공산당원에게 TDP 당원 자격을 부여하는 법령에 서명하였다. TDP 정강에 따르면 TDP는 정치 · 경제 · 문화의 개혁을 수행하고 투르크멘 사회를 민주화하는 데 기여한다고 되어있다. 분명히 민주화는 정부의 우선순위 안에 들지 않는다. 그 예로 헬싱키 인권감시기구가 발행한 보고서에서 "정부에 대한 비판은 억압되고 검열관은 정부 정책에 부응하는 것만을 허가하며, 의견을 달리하거나 반체제주의자와 접촉하는 국민은 투르크메니스탄을 떠나지도, 외국인과 자유로이 교제하지도 못하는 가택연금 상태에 놓여있다"라고 밝힌 것을 들 수 있다.

TDP 외에 합법적 정당으로는 농민당이 창당된 바 있다. 비록 이 농민당은 투르크멘 법무장관에 의해 공식적으로 등록되었지만 활동하지는 않는 것처럼 보인다. 투르크메니스탄의 다른 정당과 정치운동은 대체로 독립 이전에 조직되었는데 모두 등록을 거부당했다. 이것들은 중앙아시아에 있는 모든 민주 단체의 노력을 하나로 통합하여 협력하자고 주장하는 투르크메니스탄 민주당(Democratic Party of Turkmenistan)과 1990년 '대중운동' 선언 때까지 1989년 초기 투르크멘 과학학회로 등록되어, 과거 투르크멘 언어 보호를 위한 단체로 알려진 Solidarity를 포함한다. 처음에 Solidarity 회원은 투르크멘 과학학회 내에서 '비공식단체'로 불리어졌다. 1989년 12월, 관영 매체는 그 운동의 이름에 대한 언급 없이 그 단체의 회원은 개방과 다원주의의 개념을 "악용하고 있다"고 주장했다. 1990년 1월, 투르크메니스탄 검찰국의 한 고위 관료는 Solidarity를 법률적으로 등록되지 않은 정치운동으로 규정, 공식적인 수사 대상으로 삼았다. Solidarity 본래의 정강은 소연방으로부터의 독립이었다. Solidarity의 한 측근은 “소연방이 무너지기 전엔 그들은 우리를 ‘CIA’라고 불렀다. 그러나 지금은 우리를 ‘KGB 조직’이라고 하니 우스운 일이다”라고 비꼬았다. Solidarity는 특히 투르크멘 문학 공동체에 영향을 끼쳤다.

니야조프 정권에 좀 더 우호적인 성향을 가진 단체로는 민주개혁 운동(Movement for Democratic Reform)을 들 수 있다. 이 단체는 옛 공산당원들과 투르크메니스탄 의회 대표들을 포함하고 있으며 모스크바와 강한 결속을 유지하여 왔다. 마침내 이러한 단체들[91]이 연합하여 1991년에 의회가 형성되었다.

2. 반정부 세력과 언론

1989년 가을에는 600여명에 달하는 투르크멘 학자와 지식인이 ‘Agzybirlik’ 즉 ‘통합(Unity)’이라는 비공식 단체를 최초로 결성했다. 그들은 1881년 Geok Tepe에서의 대량 학살을 규탄하는 기념일을 제정할 것을 요구하였으나, 정부는 그 단체를 불법적이며 극단적인 민족주의 집단이라고 비난하였다. 보건과 생태학적 문제를 다루었던 이 단체는 정부 통제 하에 있던 언론의 비난을 집중적으로 받으며 경찰에 의해 해산되고 만다.

또한, 모스크바의 보도기관을 통해 아쉬하바드의 개방을 요구하는 인터뷰를 했던 지식인마저 이로 인해 일자리를 잃게 되었다. 영자 신문인 Moscow News에서 1989년 말, 투르크메니스탄에서의 면화 단일재배가 얼마나 아동들의 건강을 해치는지에 대해 기술한 특집 기사가 나가게 되자, 이곳 국회에서는 일대 파란이 일어났다. 정부 당국은 그들의 잘못된 정책집행을 강력히 부인하고 그 기사를 실은 혐의가 있는 몇몇 언론

91) Solidarity, Democratic Party of Turkmenistan, Movement for Democratic Reform.

인을 숙청하였다.

투르크메니스탄의 반정부 세력이 중앙아시아의 모든 나라 중에서 가장 약한 것은 확실하다. 'Agzybirlik' 운동과 '투르크메니스탄의 민주당'과 같은 힘이 없는 반정부 세력이 존재할 뿐이다. 그들은 서구화된 지식인의 소규모 집단이었고, 실제로는 여론에 아무런 영향력을 미치지 못했다. 또한, 우리는 그들의 활동에 대한 정보를 얻어낼 길이 거의 없다. 반정부 세력은 신문이나 잡지를 발행할 기회뿐만 아니라 라디오나 텔레비전을 통해 자신의 입장을 표명할 기회도 없다.

Alexei Maleshenka에 의하면 투르크멘 반정부 세력은 브레즈네프 시대의 소련 반체제 인사들과 여러 요인에서 비슷하다. 투르크멘 당국의 반정부 세력에 대한 탄압 또한 1970년대와 1980년대 소련의 억압과도 유사하다. 1992년 미국 국무장관 베이커가 아쉬하바드를 방문하는 동안, 몇몇 야당 지식인은 경찰서에 유치되거나 가택연금 되어 있었다. 민주주의 운동단체들에 의하면 반정부 인사들을 직장에서 괴롭히거나 정신병원에 감금한 사건도 있었다. 가장 소름끼치는 인권 침해의 사례 가운데 하나는 1971년 여류 시인 케키로바(Annasuhan Kekilova)의 예를 꼽을 수 있다. 그녀는 자신의 시에서 지방 관리들을 비난했다는 이유로 정신병원 수용소에 감금되어 옥사했다. 그러나 오늘날 그녀의 시들은 다시 한 번 널리 유명세를 떨치고 있다(Rashid, 1994: 195).

정부에 대한 반대의 여론은 여전히 표출될 수 없는 정치 환경에 있지만, 반정부 세력이 모스크바 언론을 통해 끊임없이 니야조프 정권을 비판하기도 한다. 1992년 12월에 정부는 민족주의적 성격의 단체 Agzybirlik의 지도자들이 인권회의 참석을 위해 키르기즈스탄의 수도 비쉬켁으로 출국하는 것을 거부함으로써 국제인권단체들로부터 강력한 비난을 받았다. 정부는 그와 같이 국외로 나가고자 하는 인사들을 가택연금 시켰다.

한편, 투르크인의 민족주의는 과거에 민족주의적인 문학을 했던 사람들의 산문이나 시가 암암리에 출판됨으로써, 더욱더 힘을 얻고 있다. 많은 민족주의자에 의한 범투르크멘주의는 명실 공히 국제적 연계 조직까지 갖추고 있었는데, 이는 수 만 명의 투르크멘인이 터키 · 이란 · 아프가니스탄 등지에 거주하고 있기 때문이다. 미래에 투르크메니스탄 국내에서 더욱 큰 정치적 자각을 불러일으킬 가능성은 외국에 거주하고 있는 동포들과 연계될 때 더욱 커질 것이다. 국가 통합에 대한 생각은 CIS의 국경 밖에 거주하는 투르크멘인에게 매우 널리 퍼져 있다. 그들에게는 선천적으로 동족을 도와주고 싶어 하는 전통적인 동족애와 종족에 대한 충성심이 있었고, 또한 풍부한 천연자원을 이용하여 조상의 영토에서 사업을 하려는 경제적인 관심도 있었다.

어쨌든 이제 이 국가의 국제적 경계선이 개방되었기 때문에, 니야조프 정권이 제 아무리 사상의 흐름을 통제하려 할지라도 국경을 가로지르는 물결은 스스로의 추진력을 더욱더 생성시켜 나갈 것이다(Rashid, 1994: 204).

투르크메니스탄의 헌법은 언론과 출판의 자유를 보장하고 있다. 하지만 언론의 자유는 한정되어 있고, 출판의 자유는 현존하지 않는다. 라디오와 텔레비전은 철저히 정부의 통제 하에 있고, 모든 신문은 인쇄 전에 국가비밀보호위원회에 제출되어야만 한다. 해외에서 출간된 반정부 성향의 신문은 정기적으로 압수되어 파기된다. 1992년 2월에 모스크바에서 투르크멘 반정부 단체가 발간한 Support의 창간호가 아쉬하바드에 들어오자마자 즉시 압수되었다. 두 번째 반정부 신문 Fatherland 역시 같은 운명을 맞았다. 언론사는 여전히 국가 통제 하에 있으면서 대중매체에서의 국가 기밀을 보호한다는 명목으로 위원회에 의해 통제되고 있다. 러시아 신문에서 인용되는 기사들이나 모스크바 텔레비전에서 방영되는 영화들이 모두 사전에 심의 · 검열되는 정치적 통제는 여전히 완화될 기미가 없다. 새로운 헌법 초안은 1992년 3월에 공개적인 토론을 위해 발표되었으나, 언론에서 최소한의 형식적인 토론만을 거친 후에는 모두 통과되어 마침내 5월 18일에는 신헌법이 최종적으로 채택되게 된다

(Rashid, 1994: 198).

결국 당국은 대중이 이용할 수 있는 다양한 정보를 철저하게 통제한다. 그래서 투르크메니스탄에는 독립된 대중매체가 없다. 헌법은 명백하게 검열을 금지하고 있지만, 사실 모든 매체는 국가기밀보호위원회의 엄격한 통제를 받는다. 외국 저널리스트에 따르면, 세관은 입국하는 사람들의 가방을 조사하여 치안방해에 사용되는 것으로 여겨지는 모든 물건을 압수한다. 여기에는 러시아 신문도 포함된다. 가판대에서는 러시아 신문을 구입할 수 없지만 정기구독은 가능하다. 그러나 구독대금은 아주 구하기 힘든 금이나 루블로만 가능하다.

1995년 7월 29일자 기사에서 이즈베스티야지는 7월 20일에 아쉬하바드 지국 신문사 사무실이 폐쇄·압류 당했다고 밝혔다. 투르크메니스탄 보안당국은 아쉬하바드에서 이즈베스티야 기자인 블라디미르 쿠레쇼프를 감금하였고 그를 반 투르크메니스탄의 선동자로 기소하였다. 러시아의 국영 TV인 오스탄키노를 투르크메니스탄에서 볼 수 있지만, 국가에 반하는 것은 절대 방영하지 않는다고 주민들은 말한다. 여론조사 역시, 발표되지 않는다는 전제조건을 달고 실시된다는 것은 말할 필요조차 없다. 그 예로 정치인들의 인기도에 관한 정보를 정기적으로 발표하는 여론 연구를 위한 모스크바의 범러시아 센터와 유사한 것도 투르크메니스탄에서는 찾아보기 힘들다(Ochs, 1996: 332).

러시아의 텔레비전과 라디오 방송은 투르크메니스탄에 대해 비판적이다. 따라서 투르크멘 당국은 대통령의 명예와 권위를 훼손하는 방송의 전파를 방해하고 케이블(유선방송) 개방을 거부했다. 투르크메니스탄 정부가 자금을 조성하여 운영되는 신문이나 거의 모든 출판물은 정부가 미리 정책을 바꾸기로 결정한 경우에 한해서만 비판 기사를 실을 수 있다(Nissman, 1994: 185).

투르크메니스탄의 최초의 독립 잡지인 Dayanch의 편집장인 살라마토프(Muhamme dmurat Salamatov)는 공식적인 협의 없이 공항에서 체포

되었고 모든 잡지 사본은 압류 당했다. 살라마토프의 후원자들은 니야조프 대통령과 차리야로프(Serdar Charyiarov) 내무장관에 대해 비판적인 기사를 잡지에 실었기 때문에 탄압을 받았다고 믿었다. 당국은 반정부 단체와 야당의 활동을 조사하고 그것을 진압하거나 필요하다면 처벌도 불사했다.

잔인한 처벌 중에서 유일하게 알려진 것은 니야조프 대통령을 풍자했다는 이유로 7년형을 선고받은 한 시인 무르마메도프(Sh. Murmamedov)에 대한 판결이다. 공식적인 혐의는 공갈과 사기였다. 무르마메도프에 대한 판결은 정치적 반대에 대한 처벌이라기보다는 신성불가침의 최고 권력기관에 공격을 시도한 것에 대한 보복이었다.

국민은 최고 권력자를 포함해서 고대의 종교적, 친족적, 그리고 종족적 전통을 모독하는 것에 대한 이러한 처벌을 용인한다. 사회심리와 정치문화에 대한 이러한 특징은 투르크멘 사회 정치발전의 저해 요인으로 작용할 것이다. 전통적인 행위 규범을 위반하는 자들에 대한 처벌은 최고 권력기관의 권위가 훼손되는 경우로만 한정되지 않는다. 1991년 6월에 분노한 농민단체가 탄원서를 대통령에게 보낸 후, 니야조프는 Kaakhin과 Serakh 지방의 부패한 지도자들을 가차 없이 추방했다.

관료정치의 폭정으로부터 일반 국민을 보호하는 것은 지도자로서의 전통적인 가부장적 권위를 확보하는 주요 수단 중의 하나이다. 대체로 투르크메니스탄의 현재 정치체제는 온건한 권위주의로 간주된다. 종족의 원로 및 이슬람 성직자에 의하면, 니야조프 대통령은 투르크멘 사회의 전통적 가치를 보존하려는 사람들 사이에서 이러한 권위를 얻었다. 이슬람은 이러한 가치들 중에서 중심적 위치를 차지한다.

3. 이슬람과 니야조프 정권

투르크멘 지도자들은 자국의 문화적 정체성 회복의 근거 중 하나로 이슬람을 꼽는다. 니야조프는 공화국의 무슬림 정체성을 중요시한다는 점에서 다른 중앙아시아 지도자들보다 앞서 있다. 이것은 공화국 지도자들이 경제 지원을 기대함에 따른 투르크멘 외교정책 방향의 변화와 이슬람 국가들과의 연대를 강화하려는 노력과도 일치한다. 그러나 정치적인 이슬람을 향한 대통령의 태도는 엄격하다. 그는 이슬람 교단세력을 경쟁상대로 두고 싶어 하지 않는다. 또한 비종교적 개혁운동가들은 소규모의 시위를 하며 니야조프가 이슬람교를 지원한다고 비난하였다.

이슬람이 새로이 주요 쟁점으로 부각됨에 따라, 1991년 7월 니야조프 대통령 및 각료들은 1992년 이슬람 성지로 순례여행을 하였다. '투르크메니스탄의 불꽃' 신문(1995년 12월 8일자)은 1989년부터 시작된 코란을 투르크멘어로 번역하는 작업을 완성했다고 밝혔다. 니야조프 대통령의 이슬람교 장려정책은 투르크메니스탄 현재와 미래의 이슬람화에 대한 문제점을 야기 시켰다. 한 예로 현행 헌법상 투르크메니스탄은 비종교 국가이다. 하지만 이슬람 성직자의 고위 대표들이 모든 중요한 회의에 참석하고 있고, 더욱이 대통령이 학교에서 종교의 근본원리를 연구하라는 교서를 발표하기도 했다.

실제로 이슬람교는 정부의 배려로 도움을 받았지만, 니야조프는 종교와 긴밀한 관계를 유지하며 종교 활동을 국가의 통제 하에 두었다. 그는 법적으로 종교를 비정치화 하려고 노력하였다. 특히 1992년 5월 헌법은 종교에 기초한 정당을 금지하는 가운데, 정부가 종교 지도자와 이슬람교를 엄격히 통제하고 감독할 수 있는 기구를 창설하였다(Ochs, 1996: 338).

각료회의 산하 종교위원회는 종교 감독기관의 역할을 수행하면서 1992년 6월에는 무슬림의 책임 · 권리 · 활동을 감독하는 투르크메니스탄의 카지야트(Kaziate) 즉, 종교평위원회를 법무부에 등록했다. 법무부는 급진주의적인 성직자의 활동을 제한한다. 법무부 장관은 "우리 시대에 지방법 집행자가 이슬람 종교 대표자와 적법한 관계를 유지해야 한다"고 언론에 발표하였다(Rashid, 1994: 204).

1994년 4월 니야조프 대통령은 종교인들을 소집하여 정부의 일에 간섭하려는 시도는 어떤 것이라도 중단시킬 것이라고 경고하였다. 그는 '번영의 10년'이라는 프로그램을 시행하는데 필요한 안정과 평화를 위해서 종교인들에게 협조를 요청하였다. 현존하는 기구들이 정치와 종교를 분리하고 있기 때문에 정부 프로그램을 시행하는데 종교계의 지지가 불충분하다고 느낀 대통령은 새로운 기구인 '위원회(Gengesh)'의 창설을 발표하였다. 이 기구는 종교 협의회를 포함하여 정부산하 종교청의 역할을 수행한다.

이맘은 투르크인이 아닌 우즈벡인으로서, 선출이 아니라 지명을 통해 임명되었다. 이맘은 "투르크멘 카지야트의 지도력이 미약하고 카지는 신도들 사이에 영향력이 없다"라는 말을 함으로써 실제 이슬람 지도자 출현을 원하지 않는 사람들의 입장에 지지를 표했다. 정부는 이러한 조치에 만족하지 않고 1991년 5월에 제정된 종교법을 1993년 3월과 1995년 10월, 두 차례 수정함으로써 정치에 잠재적으로 미칠 이슬람의 영향에 대해서 법적 감독권을 강화하였다. 그 예로 제5조에 종교의 긴장 조성과 정부에 대항하는 어떠한 행위도 엄격하게 처벌될 것이고, 종교계가 국사에 간섭하지 않는다는 내용의 두 조항을 신설함으로써 종교계는 정부의 기능을 수행하지 않는다는 사실을 명문화했다. 그리고 13조에는 법무부 장관에 의해서 종교 등록 신청자수는 과거에 단지 10명에 불과했지만, 지금은 약 5백 명이 등록신청에 서명을 해야 한다고 명시되어있다. 등록 요건을 강화한 것은 종교 세력의 힘을 약화시키기 위함이다.

종교를 통제하면서 이슬람교를 지원하는 정부 정책의 목표는 분명하다. 민중과 친숙한 비정부적 이슬람 성직자인 이맘과 물라들이 소련의 통치기간 동안 투르크메니스탄에 많은 영향력을 미쳤으므로 니야조프 정권은 성직자의 모든 사회적 활동에 사실상 철저한 통제를 가하려는 것이었다(Ochs, 1996: 340).

투르크메니스탄에서 이슬람교가 가지는 특별한 성격 때문에 종교의 영향력을 분석하는데 있어서 문제점이 발생한다. 투르크메니스탄에는 부족의 전통과 결합된 여러 지방 성자들의 이슬람 성지가 산재해 있다. 학자들은 이것을 전통적 이슬람 수피 신비주의와 샤마니즘의 혼합이라고 설명한다. 게다가 보통 성인의 무덤인 성지를 순례하는 것과 같은 투르크메니스탄 이슬람교의 몇 가지 특성은 코란의 계율에 위배되기 때문에 카지 이바둘라는 이를 비난한 바 있다. 1992년 아쉬하바드의 가장 큰 모스크의 이맘은 젊은 세대들의 99%가 종교에 무관심하다고 말했다. 그러나 종교는 하나의 사회적 역할을 수행한다. 그 좋은 예로 투르크멘인은 종교적으로 행해지는 친인척들의 장례 · 출생 · 결혼에 관여하며 민족적 전통을 보존해 간다. 아쉬하바드의 투르크멘인과 외국인 거주자에 따르면 1995년 후반과 마찬가지로 지금 투르크메니스탄에는 이슬람 원리주의자는 고사하고 종교적 부흥의 증거도 거의 없다. 현재 투르크멘인은 돼지고기와 보드카를 원하고 새로 건축한 이슬람 성원은 텅 비어 있다.

어떠한 경우라도 니야조프 정권은 비종교적이므로, 민주 세력과 마찬가지로 이슬람 세력 역시 그에 도전하지 못한다. 현재 이슬람교의 추종자는 많지 않지만, 추종자들이 많아지면 통제하기 어려워질 것이다. 이웃국가인 이란은 투르크메니스탄에 독실한 무슬림의 급속한 증가를 원하지만, 그렇다고 인접국가에 특별한 지원을 하지는 않고 있다.

투르크메니스탄은 정치와 종교가 분리된 순니파 무슬림 세력이 우세한 국가이다. 투르크메니스탄의 이슬람은 너무나 지역적이기 때문에, 이것을 정치적인 문제로 다루는 데는 한계가 있다. 무슬림 문제는 성직자를 감독하고 이슬람법 내에서 분쟁을 해결하는 카지야트가 관리한다. 종교기구로서 카지야트는 투르크메니스탄의 법무부에 등록해야만 했다. 앞서 언급한 바와 같이 법무부는 이슬람법에 관련된 판결의 사법상 권한을 주는 대가로 정부와 긴밀한 관계를 유지할 것을 강요했다 (Nissman, 1994: 185).

이슬람의 가치가 정치투쟁을 위해서가 아니라 민중계몽의 목적으로 사용될 때, 그것은 정부로부터 승인을 받는다. 이것이 'Sunna' 계몽단체의 경우이다. 'Sunna'는 사회의 만연한 비도덕성을 경계한다.

Ⅲ 투르크메니스탄의 중립주의 외교정책

1. 니야조프의 중립주의 외교정책 강령

니야조프 대통령이 발표한 투르크메니스탄의 중립주의 외교정책 강령은 근본적으로 입헌주의적 입장에 기초한다. 본 강령은 국제기구 및 타국과의 관계에서 투르크메니스탄의 장기적 정책과 전략을 반영한다. 투르크메니스탄의 외교정책은 국내정책의 논리적 연속성에 있다고 할 수 있다. 투르크메니스탄의 영구 중립주의는 결국 국제법에 의해 결정되기 때문이다. 주권 국가의 침해당할 수 없는 권리를 실현하는 데 있어서 투르크메니스탄의 자유 의지는 계속될 것이다. 국제법의 정의에 따른 투르크메니스탄의 중립주의와 외교정책의 주요한 목적은 다음과 같다.

(1) 국제법의 정의에 따른 투르크메니스탄의 중립주의

· 기원상 - 영구 중립주의에 대한 유엔 총회결의(1995.12.12), ECO 정상회담의 이슬라마바드 선언(1995.3.15), XI NOAM의 최종문서(1995.10.20 카르타세나, 콜롬비아)에 의해 승인

· 형식상 - 전시에나 평화시에나 활발하게 영구적으로 중립주의 국가로서 활동

· 내용상 - 국가 간 협력과 우호관계 증진, 평화와 안전 수호를 목적으로 하는 긍정적이고 건설적인 국가의 지위를 확립

(2) 외교정책의 목적

- 국제관계에서의 주요한 역할과 주권 보호 및 강화
- 모든 외교적 경로를 통한 투르크메니스탄 국익의 보호 및 실현
- 정치·외교적 수단을 통한 투르크메니스탄 안전 보장
- 상호평등과 존중을 바탕으로 우호국과의 건설적인 협력
- 국제법과 유엔헌장의 원칙에 따른 투르크메니스탄 외교정책의 추구

투르크메니스탄은 외교정책을 수립하면서 타국과의 문명화된 관계를 지속적으로 발전시키고 있다. 어느 국가와도 적대적 관계를 가지지 않을 것과 어느 국가에게도 침략적 의지가 없음을 보장한다. 이것은 어느 국가도 투르크메니스탄에 대한 침략적 의도를 가지고 있지 않는다는 가정을 전제로 한다. 투르크메니스탄은 외교정책의 실현 과정에서 타국의 이익을 침해하거나 그들의 안전을 위협할 수 없으며, 건설적인 국제적 협력이 필요할 때 지지·협조한다. 또한 유엔의 회원국으로서 국제문제 해결에 책임감을 가진다. 투르크메니스탄은 영구 중립주의로서 유엔이 부과한 의무를 수행하며 유엔의 목적과 부합하도록 노력한다.

가) 정치적 측면

투르크메니스탄의 중립적 지위는 자국의 평화적 외교정책 수행과 지역적 그리고 세계적 국가들과의 평화 및 우호적 발전에 많은 기회를 열어 주었다. 투르크메니스탄은 타국의 내정문제에 대한 외국과의 관계에서 상호 존중 및 평등을 기본 원칙으로 한다.

투르크메니스탄은 비슷한 정치·경제·역사·문화적 전통을 가진 이웃국가와의 관계에 특별한 관심을 기울인다. 모든 영역에서 그러한 국가들과 밀접한 관계를 유지하고 포괄적 협력을 이룩하는 것은 투르크메니스탄의 주권·중립주의적 지위·외교정책의 목적을 달성하는 데 중요한 담보로 간주된다. 투르크메니스탄의 적극적인 영구 중립주의는 투르

크메니스탄이 국제문제에서 역동적이고 건설적인 위치를 차지하게 하며 국가 간 분쟁을 평화적으로 해결하고 국제관계에서 건설적인 질서를 확립하게 한다. 투르크메니스탄은 평화구축 과정으로서 건설적인 대화를 증진시킨다. 또한 다른 국가에 대한 내정간섭의 가능성을 배제한다.

중립주의 정책에 따라, 투르크메니스탄은 분쟁에 개입하거나 타 국가에 무장 병력을 주둔시키는 것을 고려하지 않을 것이다. 투르크메니스탄은 어떤 식으로든 다른 국가에 무력적인 위협을 가하지 않을 것이며, 중립국가로서 방어목적 이외의 어떠한 전쟁도 일으키지 않을 것을, 또 전쟁에 동참하지도 않을 것을 맹세한다. 그리고 전쟁 혹은 분쟁으로 이어질 수 있는 정치 및 외교적 행위를 억제한다. 투르크메니스탄은 집단적 책임을 요하는 어떠한 '군대 조직 · 블록 · 국가 간 동맹'의 일원이 되지 않을 것이다.

투르크메니스탄은 핵, 화학, 세균 무기 또는 다른 종류의 대량 살상 무기를 생산하거나 확산시키지 않을 것이며. 무기 생산을 위한 새로운 기술 역시 개발하지 않을 것이다. 투르크메니스탄은 대량 살상 무기의 확산 방지를 위한 집단적 노력에 일조할 것이다. 투르크메니스탄 국방 독트린 및 국제 의무에 기초해서 투르크멘 정부는 무장병력과 무기를 자국의 주권과 영토를 위해 가진다. 투르크메니스탄이 공격을 받을 경우 다른 국가의 군사적 지원을 호소할 권리를 가진다.

나) 경제적 측면

평등, 상호이익, 그리고 각 국가의 입장을 존중하는 것은 국제 경제협력의 발전을 위한 국가 간 · 지역 간 상호작용에서 중요하다. 그러한 목적으로 투르크메니스탄은 모든 형태의 소유권과 기업의 발전에서 평등권을 보장하기 위해 필수적인 경제 · 법률적 메커니즘을 사용할 것이다. 그리고 외국의 투자를 매력적이고 안전한 수단으로 불러일으킬 것이다. 경제 및 재정부문에서 세계 수준에 이르는 것과 운송과 통신 기간시설

확충은 국제관계에서의 성공적 통합과 투르크메니스탄의 중립주의 외교정책의 이행을 위한 중요한 요건이 된다.

투르크메니스탄의 중립주의 외교정책은 외국기업과의 합작사업 및 국제금융기구로부터의 투자 유치와 같은 대규모의 국제 프로젝트에 활기를 불어넣는다. 주권국의 경제적 측면을 강화하기 위해 투르크메니스탄은 국제경제 및 재정기구와 협력할 것이고, 경제문제를 해결하기 위해 국제사회의 노력을 지원할 것이다. 또한 만약 어떤 다른 국가와의 양자 또는 다자간의 경제협력체가 투르크메니스탄이 중립국가로서 지켜야 할 국제적 의무에 배치되는 것이 아니라면 기꺼이 참여할 것이며, 중립국가의 주권을 침해하지 않는다면 타국 혹은 국제기구로부터 경제 · 기술 원조를 받아들일 것이다. 투르크메니스탄은 정치적 목적으로 한 국가에서 다른 국가로 부과된 경제 제재를 지지하지 않는다. 투르크메니스탄은 경제 봉쇄와 제재를 통해 한 국가의 비전과 사상을 다른 국가에 강요하는 것에 참여하지 않을 것이다.

다) 인도적 측면

외교정책을 추구하는 데 있어서 투르크메니스탄은 인간이 사회에서 가장 고귀한 가치를 가지고 있다고 공언하고 있다. 따라서 국가는 개인의 발전과 자아실현을 위해 최대한으로 지원해야 한다. 투르크메니스탄은 국제사회에서 채택된 기본적 인권인 4대 자유를 인정하고 그것을 존중하고 있다. 투르크메니스탄은 자유를 성취하기 위한 정치 · 경제 · 법적 규범을 창안함에 있어서 국제법 규범에 그 기준을 두고 있다.

투르크메니스탄에 있는 모든 민족들은 평등한 권리를 누리고 있다. 또 기본권에 있어서는 어떠한 제한도 없다. 국내 민족집단과 종교집단의 조화는 바로 외교정책의 방향을 제시해 준다.

투르크메니스탄 정부는 타국에 대한 외교정책을 규정하고 있다. 이 외교정책은 다른 나라의 민족 문화 · 전통 · 관습 · 역사를 존중하는 것에 기본적 가치를 두고 있다. 투르크메니스탄은 인도주의적 관계유지 · 상호 이해 · 우호관계 · 상호 협조적 발전을 국가 접근법 정책의 가장 중요한 수단으로 간주하고 있다. 투르크메니스탄은 민족과 소수민족 사이의 정신적 가치의 교환뿐만 아니라, 활발한 문화교류를 권장, 환영한다.

투르크메니스탄은 전쟁 · 분쟁 · 재난 등을 겪는 피해국가들에게 원조를 제공하는 세계국가들과 국제기구들을 지지한다. 투르크메니스탄은 피난민, 이민자, 강제로 추방된 자들을 보호하는 국제법을 지지한다. 투르크메니스탄은 역동적으로 국제적 · 지역적 · 인도주의적 기구를 바탕으로 국제적십자사와 이슬람세계적십자사, 그리고 유엔 산하조직인 WHO · 유네스코 · 유니세프 · 유엔 고등난민위원회와 협력한다.

투르크메니스탄은 외교정책 · 중립주의 · 국제의무에 관한 강령 조항을 지속적으로 확고하게 지켜 나간다. 본 강령의 유효기간은 무제한적이고 각 조항의 근본원리와 대치되지 않는 한 개정될 수 있다.

2. 중립주의 외교정책기조

외교정책과 관련하여, 투르크메니스탄은 옛 소련으로부터 독립한 후 주변국뿐만 아니라 거리상 먼 국가들과도 외교 관계를 맺었다. 니야조프 정부는 UN과 CSCE는 물론 또 다른 다국적 기구에 참여하며 중립화라는 기치 아래 국제사회로의 첫 발을 내딛으려고 노력했다.

쌍무적 관계를 강조하는 중립화의 명백한 목표는 주변국들과의 분쟁에 휘말리는 것을 피하면서 예측할 수 없는 지역 및 세계의 정치 환경 속에서 최대한의 자유를 유지함과 동시에 투르크메니스탄의 독립을 위협할 수 있는 강대국, 특히 러시아와 동맹을 유지하는 것이다. 러시아와 이란 사이에 위치한 투르크메니스탄은 통치자의 명령 아래 국가가 침몰하지 않도록 하기 위해 국민들이 단결하여 최대한의 노력을 기울이고 있다. 앞서 언급한 바와 같이 1995년 12월 12일 이러한 노력은 UN총회에서 투르크메니스탄의 중립화를 인정하는 결의안을 발표함에 따라 결실을 맺게 되었다(Ochs, 1997: 313).

근본적으로 투르크메니스탄은 두 가지 입장에서 외교문제를 다루고 있다. 투르크메니스탄은 CIS의 회원국으로서 러시아와 긴밀한 무역 상대국인 다른 CIS 회원국들과의 정상적인 관계를 유지한다. 또한 미국을 포함한 40개국 이상의 나라들이 세계의 새로운 구성원으로 승인한 바 있는 투르크메니스탄은 이슬람회의기구(ICO)뿐만 아니라 유엔에도 가입되어 있다. 비록 다른 가맹국들이 권고하는 자유가 투르크멘 국내에서 무시되고 있지만, 투르크메니스탄은 또한 헬싱키 협약 마지막 결의안의 조약 가맹국이다. 니야조프 대통령은 투르크메니스탄의 외교정책을 '긍정적 중립주의'로 규정해왔다. 그러나 이는 의미가 명백하지 않은 것이었다(Nissman, 1994: 186).

투르크메니스탄이 독립한 1991년 이래로 니야조프 정부는 국가의 대내외적 이익에 부합하는 정책을 추구해 왔다. 중앙아시아 지역의 동서-남북의 교차점이라는 지리적 요건과 역사적 전통 및 가치 때문에 투르크메니스탄 정부는 국가의 정치 · 경제적 역량을 이룩하고 중앙아시아 지역의 안정을 가져오는데 중립적 지위 상태가 가장 효율적임을 확신했다.

1870년부터 1927년에 걸쳐 일어난 간헐적인 투르크멘인 유목민들의 반란은 러시아 팽창주의에 대항하여 벌였던 중앙아시아에서의 가장 오래 지속되고 치열했던 대결이었다. 중앙아시아 민족들 중에서 투르크멘 부족처럼 그렇게 강렬하게 대항하고 그렇게 철저히 보복에 시달린 민족은 거의 없었다. 그들은 수세기 동안 기근을 겪었고, 그들의 가축은 학살당했으며, 우물에 독약을 타는 만행을 당하는 등의 극한 상황에도 불구하고 결코 굴복하지 않았던 것이다. 이 유혈 · 파괴 사태는 러시아-투르크멘 관계를 악화시켰고, 이는 앞으로도 독립된 투르크메니스탄이 러시아와의 관계에 대한 미래를 결정하는 데 주요한 요인이 될 것이다. 이러한 요인은 최근 니야조프 대통령이 그의 연설에서 투르크메니스탄은 CIS이나 어떤 중앙아시아 경제공동체와도 협력하지 않을 것이라는 중립주의 외교정책을 표방하게 된 원인과도 무관하지 않다(Rashid, 1994: 194).

1992년 5월 ECO 정상회담(아프가니스탄 · 파키스탄 · 이란 · 터키 · 아제르바이잔 · 중앙아시아 5개국)에서도 니야조프 대통령은 그들 국가들이 경제연합이 아닌 쌍무협정에 역점을 두어야만 한다고 주장하며, 강한 반통합의 자세를 취하였다. 그는 국가들이 상호 의존하여 살아가서는 안 되며 각각 독립된 경제를 발전시켜야 한다고 강조했는데, 이는 ECO를 정면으로 비난하는 처사였다.

CIS에 관한 한, 니야조프 대통령은 우크라이나처럼 어떤 집단 조약도 인정하지 않으며 쌍무협력을 명백하게 선호했다. 1993년 1월, 투르크메니스탄은 민스크에서 CIS 헌장 초안에 서명하기를 거부했다. 니야조프는 CIS 회원국에 완전한 합의를 선언했으나, "이러한 회원국의 지위는 엄격히 협의적이어야 한다. 우리나라의 정당한 이익을 침해할지도 모르는 초국가적 정부의 특성을 지닌 CIS 단일 구성체는 결코 채택되지 않을 것이다"라고 말했다. 그러나 1993년 12월 Ashghabaul에서 개최된 CIS 정상회담에서는 간섭받지 않는 독자노선에 대한 투르크메니스탄의 갈망이 강하게 남아있었지만, 투르크메니스탄이 처한 경제적 · 지정학적 실체가 CIS 내에서의 점진적 통합, 특히 러시아와의 우호관계를 요구할 수밖에 없는 상황이었다.

한편, 투르크메니스탄은 1992년 가을에 중앙아시아 국가들과 러시아가 타지키스탄의 위기를 진정시키기 위해 공동 조치를 취하기로 결정했을 때, 이 문제가 타직 국내문제라고 여기면서 그 문제에 대해 논의하기조차 거부했던 유일한 국가였다.

또한, 1993년 1월에 열린 중앙아시아 수뇌들의 타쉬겐트 정상회담에서, 니야조프 대통령은 CIS가 단지 경제개발 자문기관의 기능을 해야지 조정기구 역할을 해서는 안 된다고 역설했다. 그는 CIS나 다른 중앙아시아 국가들이 제안하는 각종 경제 포럼에 참가하는 것조차 반대하며 투르크메니스탄이 개발계획에 연루되는 것을 강하게 반대했다. 중립주의 노선에서 한 걸음 더 나아가서 이러한 독자노선 정책을 편 것은 투르크메니스탄의 석유와 가스 자원이 자국의 경제문제에 신속한 해결책을 제공해 주리라는 믿음에 의해 더욱더 강화되었다. 그리고 이는 자국의 수출품에 대한 적정 가격을 받는데 있어서 옛 소연방 국가들과 겪어 왔던 문제점을 반영하는 것이기도 했다.

이러한 태도는 투르크메니스탄을 가능한 고립시키고 러시아 및 다른 국가들에서의 정치 불안으로부터 자유로워지기 위한 니야조프의 욕구에 의해 더욱 강화되었다.

니야조프 대통령은 미국을 방문하여 1998년 4월 21일 존스 홉킨스 대학 부설 중앙아시아 연구소에서 다음과 같이 연설한 바 있다.

"국가의 외교정책은 국내의 복지를 보장하는데 중요한 역할을 한다. 우리는 영구 중립주의 지위상태를 국제적으로 승인 받았기 때문에 우리의 국익을 실현하는 데 전념해야 한다. 투르크멘 중립주의는 외부세계의 위험과 공포로부터 피하기 위한 단순한 보호막 장치가 아니다. 그것은 이 지역과 국제협력을 다지려는 우리의 강력한 입장이다."

영구 중립주의는 투르크메니스탄 외교정책의 시금석이다. 이와 같은 정책을 통해 투르크메니스탄은 비동맹과 중립주의 노선을 견지하면서 국제무대에 등장하였다. 투르크메니스탄은 자국의 민감하고 전략적인 입지 때문에 이 정책을 지역적·세계적 문제에 참여하는 수단으로 선택했다. 영구 중립주의정책에 의해 투르크메니스탄은 어떤 동맹도 맺을 수 없고, 어떤 정치·군사적 기구에 가입할 수도 없을 것이다. 하지만, 투르크메니스탄은 타 국가의 정책이 지역 안정에 건설적으로 기여할 때 지원을 아끼지 않을 것이다.

투르크메니스탄은 비동맹 국가연합에 가입했고 회원으로서 완전한 권리를 얻었음을 재확인하였다. 또한 투르크메니스탄의 영구 중립주의 외교정책은 비동맹 국가연합으로부터 만장일치의 찬성을 얻었다. 1995년 10월 콜롬비아에서 열린 제11회 비동맹 국가 정상회담에 참석한 각국 정상들은 투르크메니스탄의 정책에 전폭적인 지지를 보낼 것임을 밝혔다. 이 지역의 경제협력기구(ECO) 역시 지지를 표명했다.

1995년 10월 22일, 미국 뉴욕에서 개최된 제50회 유엔 총회에서 투르크메니스탄 대통령 니야조프는 유엔의 회원국으로서 국제문제에 적극적으로 참여할 의지를 밝히고 있는데, 그의 연설의 일부는 다음과 같다.

"투르크메니스탄이 독립을 선언하고 1992년 3월 2일 유엔에 가입한 후, 우리는 세계적 변환기의 국제정치 무대에 독립적으로 참여할 수가 있었습니다. 20세기의 이데올로기를 토대로 하는 대립은 끝나고 인류는 스스로에게 맞는 방법을 모색하고 있습니다. 투르크메니스탄은 유엔의 목적과 이념에 근거하여 국가의 이념을 정립했습니다. 우리는 각 국마다 차이점이 어느 정도 있다는 것을 인정하면서 세계는 하나로 뭉칠 수 있다는 철학을 가진 국가와 함께 합니다.

투르크메니스탄은 유엔의 위상을 높이고, 유엔의 구조 개선노력에 지지를 보냅니다. 세계는 변했고, 모든 상황도 변했습니다. 이 사실은 유엔의 활동에서도 분명히 반영됩니다. 우리는 유엔 안전보장이사회의 확대를 통해 모든 국가와 세계 지역의 이익을 적절하게 반영해 줄 필요가 있다는 데 동의합니다. 새롭고 문명화된 세계 창조를 위해 의사결정 과정의 민주화를 이루어야 합니다. 그리고 이 과정에 모든 국가들이 동참해야 합니다."

1995년 12월 14일 워싱턴에서 열린 유엔 총회에서 투르크메니스탄의 중립국가 선언을 지지하는 투표가 만장일치로 가결되었다. 투르크메니스탄은 자국의 외교정책에 대한 국제사회의 지지를 목적으로 하는「영구 중립주의」노선을 표방하는 교서를 유엔에 제출하였다. 유엔의 결의는 영구 중립주의의 지위상태가 그 지역의 평화와 안전을 강화하는 데 기여할 것이라는 신념으로 보인다.

투르크메니스탄의 수도 아쉬하바드에 각 국 외교사절 및 취재단이 참석한 자리에서 외무장관인 보리스 시크무라도프는 니야조프 대통령을 대신해서 각 국 대사들의 공헌과 지지에 감사를 표했다. 그 일로 인해 그들은 투르크메니스탄에게 있어 중립주의의 지위상태가 중요하다는 사실을 인식하게 되었다. 외무부 관료들은 유엔 총회의 결의가 국제사회에서 투르크메니스탄에게 승인을 제가했다고 발표했다. 투르크메니스탄은 조심스럽게 지역적 분쟁에 연루되는 것을 피하며 대신, 안정을 이룩하는데 일조 했다. 타지키스탄 분쟁으로 인한 5번째 회담 주최는 투르크메니스탄의 평화지대 구축 의지를 보여준다. 투르크멘 정부는 중립주의가 지역적・초국가적 협력의 버팀목이 될 것이라고 기대하고 있다.

Ⅳ 투르크메니스탄 국제관계와 경제발전

독립 이후에 투르크메니스탄을 승인한 최초의 두 나라는 이란과 터키였다. 터키는 투르크멘인을 전문 외교관으로 훈련시켰고, 러시아와 대등하게 투르크메니스탄의 군대를 훈련시키는 데 참가하였다. 이란은 신속히 상업상의 관계로 출발하여, 투르크멘 소비시장에 옷과 신발 등 생필품을 공급했을 뿐 아니라 이란의 석유와 천연가스 전문가를 파견했다. 니야조프의 가장 큰 국제적인 성과 중의 하나는 CIS가 형성된 후 곧 중앙아시아 연합회의에서 일어났다. 니야조프는 투르크메니스탄의 국경도시와 이란 사이에 철도를 건설함으로써 신 실크로드의 일부를 건설했다. 소련의 동맹국은 아니었지만 투르크메니스탄과 긴 국경을 공유하고 있는 이란은 투르크메니스탄의 가장 가까운 동맹국이 되었다.

미국 또한 긴급하게 아쉬하바드에 외교대표부를 설치했다. 비록 미국 관료들이 투르크메니스탄의 헬싱키 협정 이행을 촉구하긴 했지만, 현재 투르크메니스탄은 미국으로부터 최혜국(MFN)의 위치를 누리고 있다.

니야조프 대통령은 1985년 공산당 제1서기장이 되어 모스크바에 확고한 충성심을 보이며 자신을 지지하던 투르크멘 공산주의자를 우대함으로써 지배력을 강화하였다. 한편 소연방 붕괴 한 달 전인 11월에만 해도 투르크메니스탄의 근시안적인 지도자들은 토지의 사유화를 거부하고 국가에 의해 통제되지 않는 외국 자본의 유입을 비난하였으나, 6주 후에 모스크바로부터 더 이상의 경제적 지원이 없게 되자 하루가 급하게 외국투자를 기다리는 형편이 되었다. 정부 관리들은 가스와 다른 수출품의 가격을 달러로 책정하고 그것들을 국제시장에서 거래하기 위해 고군분투하는 한편, 다른 국가들로부터 식료품을 수입하기 위해 노력했다. 한편 외무부 장관인 쿨리예프(Avde Kuliyev)는 "우리는 시장경제에 대해 잘 알지 못하므로 우리 스스로가 먼저 배워 와야 할 형편이다"라고 인정하기도 하였다. 그는 1991년 12월에 10여명의 관리들을 거느리고 있었는데, 사실상 그들 중 어느 누구도 외부세계와의 거래에 경험이 없었다(Rashid, 1994: 194).

앞서 언급한대로, 투르크멘 지도자들이 다른 중앙아시아 공화국에서는 이미 시행해 온 사유화 정책의 실행에 반대하였으므로 몇 달 간 경제적 혼란이 일어났다. 마침내 1992년 3월에 이곳에서도 사유법이 통과되었고, 국가는 판매가 가능한 많은 자산을 차지하였다. 그리고 관리들이 지적하는 바에 따르면, 이것은 투기와 성급한 변혁을 피하기 위해서였다.

투르크메니스탄은 사유화나 시장경제의 형성, 혹은 외국과의 합작사업과 같은 경제계획조차 가지고 있지 않았다. 심지어 1992년 6월, 다른 공화국들이 마침내 사유화를 시행했을 때조차도 니야조프 대통령은 앞으로 10년간은 아파트나 일반 주택에 대한 사유화는 없을 것이라고 발표했다. 즉, 대통령은 자국의 석유와 광물 자원이 시장경제체제로 전환하는데 있어 필수 불가결한 어떠한 변화를 겪지 않고도 생활수준을 높여줄 수 있다고 믿었던 것이었다. 그는 또한 투자와 개발을 경제의 개방 차원에서 보지 않고 국민을 정치적으로 더욱더 탄압할 수 있는 수단으로 여겼다.

투르크메니스탄에 있어서 국내정책과 외교정책의 관계는 상당히 중요하다. 이 정권의 국내 정치적 자유와 경제개혁에 비하여 상대적으로 큰 비중의 목화 · 석유 · 천연 가스와 같은 원자재 수출은 높은 수입의 증가를 가져왔다. 이러한 막대한 수입은 국민에게 상당한 양의 기본 생필품이나 일자리의 제공을 가능하게 하는 보조금으로 활용됨으로써 폭동이나 정치 격변을 실질적으로 완화시키거나 심지어는 피할 수도 있게 할 것이다. 투르크메니스탄 지도자의 전반적인 전략은 그들이 위험하다고 판단되는 국내 반체제 요인을 회피하고 국제적 비난을 차단하기 위해 끊임없는 캠페인을 벌임과 동시에 아주 철저한 사회통제를 유지해 나가는 것이다(Ochs, 1997: 314).

또한, 투르크메니스탄 정부는 오직 대주주로 남을 경우에만 외국회사들에게 특권을 제공하겠다고 주장했다. 그렇지만 그 해 말 이들은 새로운 조정안으로 태도를 달리하게 된다. 정부가 외국투자를 장려하려는 취지에서 국가 내 어떠한 새로운 사업이든지 30%를 투자하는 외국기업이라면 어디에나 3년간의 면세 혜택을 제공한다고 공표한 것이다. 니야조프 대통령은 투르크메니스탄의 석유와 가스가 이 면세액을 조달하기에 충분할 것이라고 주장하며, 이 양은 쿠웨이트의 자원만큼이나 많다고 강조했다.

투르크메니스탄이 천연자원의 개발을 포함한 경제를 발전시키는 데에는 막대한 투자 · 현대 기술 · 고급 기술 인력이 필요하다. 투르크메니스탄은 경제관계의 중요한 부분을 중동, 특히 이란 및 터키와의 협력을 강화함으로써 해결하기를 희망한다. 경제적 이익과 지리적 근접 이외에도 투르크메니스탄 정부가 이란과 터키 양국에 친밀감을 보이는 요인이 있다. 그것은 이란의 호라산(Khorasan) 지방에 투르크멘 소수민족이 거주하고 있고, 양국이 넓은 국경을 공유하고 있다는 사실이다. 또, 터키와는 공통된 투르크 유산을 공유하기 때문에 우호적이다. 이 과정은 중앙아시아와 트랜스코카서스 국가들이 경제적 측면에서 CIS로부터 그들의 남쪽 이웃나라로 새 방향을 설정하는 일반적인 대세를 반영한다.

1991년 투르크메니스탄은 무슬림 국가들과 활발한 우호정책을 펴기 시작했다. 1991년 말, 투르크메니스탄 · 아제르바이잔 · 카자흐스탄은 이슬람회의기구에 들어갈 수 있는 자격을 갖게 되었다. '카스피 해는 이슬람적이어야 한다'는 이란 정부의 선전문구는 잘 알려져 있다. 이것에 의하면, 카스피 해 해상국경에 접해 있는 모든 이슬람 국가는 어획 · 해운 · 환경보호에 협력해야 한다.

그러나 실제로, 카스피 해 국가협력기구를 설립하기 위해 이란이 취한 조치는 이러한 분야에서 이슬람 국가들만으로의 협력을 제한하려는 시도가 없음을 나타낸다. 카스피 협력지대를 창설한다는 계획은 당시 러시아 부통령 루트스코이(Alexander Rutskoy)가 1991년 12월에 이란을 공식 방문하는 기간 동안에 그가 최초로 제시한 것이다. 이것은 카스피 협력회의가 터키가 주도하는 흑해 협력회의에 대한 대항 세력균형을 키우기 위한 것이라는 설명과 반대된다(Nedvetsky, 1994: 200).

이란은 투르크메니스탄이 자국의 상품을 구매할 수 있도록 5천만 달러의 융자를 주었고 파키스탄 또한 1천만 달러 정도의 신용 대부를 제공하였다. 상당히 많은 물물 교역과 밀수가 아프가니스탄의 국경을 통하여 이루어졌다. 투르크메니스탄은 카불이 1992년 4월, 무자헤딘의 수중에 떨어지기 전까지 나지불라 정권에 디젤 연료를 제공해 주었다. 그러는 동안에 파키스탄 대표단은 1991년 12월, 아쉬하바드를 방문하여 이란과 아프가니스탄을 걸쳐 파키스탄에 이르는 가스관 설치에 비상한 관심을 보였다. 그러나 아프카니스탄의 불안정한 정세로 인해, 이 계획은 아직도 진행되지 못하고 있다. 1993년에 몇몇 터키 회사가 관광산업과 식품공장 · 직물산업에 8억 달러 정도를 투자할 것이라고 발표함으로써, 이 지역에서 영향력을 확보하려는 이란-터키 간의 경쟁관계는 격화되었다.

여러 전문가에 의하면 투르크메니스탄은 대부분의 중앙아시아 국가들과 마찬가지로 이란의 이슬람 발전모델보다는 터키의 비종교적인 발전모델을 선호한다. 이것은 니야조프 대통령의 첫 해외 방문 대상국이 이란이 아니라 터키였다는 사실에서도 확인된다. 터키에서의 국빈 방문 동안 그는 터키 지도자들에게 급진적인 이란 이슬람의 영향을 차단하기 위해 온건한 터키의 이슬람법학 교수들을 투르크메니스탄에 파견해 줄 것을 요청했다.

1991년, 투르크멘 외무장관 쿨리예프는 터키와의 정치 · 경제적 연대를 발전시키는 계획을 이미 지지한 바 있다. 그는 더 선진국화된 터키로부터의 지원을 기다리고 있다고 강조했다. 1992년 여름, 그는 투르크멘 학교 졸업생 2천명이 터키의 대학에 입학을 허가받게 될 것이라고 발표했다. 키릴문자를 로마문자로 바꾸는 계획 또한 논의되고 있었다. 이러한 사실이 투르크메니스탄을 계속 터키와 밀접하게 만들었다.

터키와 오랫동안 가까운 관계를 유지하고 있는 독일은 중앙아시아와 트랜스코카서스에 대한 발전모델로서 터키 모델을 인정한다. 서구 국가들은 이 점에서 의견이 일치한다. 동시에, 투르크메니스탄과 같은 국가들이 "권위주의적인 근대화"라는 터키 모델을 너무나 깊이 따를까봐 우려를 나타내기도 한다. 이즈베스티야 통신원에 의하면 독일은 그 지역에서 터키의 영향력 증가가 투르크멘 인권 문제에 역기능적으로 작용할 가능성이 있다고 간주한다. 어떻든 간에, 소수민족들의 권리는 모든 중앙아시아와 트랜스코카서스 공화국에게 현실적인 문제이다. 이 점에서, 터키 모델은 그 매력에도 불구하고 단점을 가진다.

러시아 전문가들은 소규모의 생산과 무역의 자유를 결합한 준국가 통제경제와 강한 권위주의적 성격을 띠는 이란 모델이 중앙아시아 공화국들을 지배 하고 있는 혈연적인 씨족 사회 간의 이익과 일치한다고 믿는다. 이러한 조건들 하에서, 이란과 경제적으로 가까운 관계를 유지했던 반공산주의 이슬람주의자의 힘은 더욱 강화될 것이다. 그런데 이슬람주의는 사회주의 사상과 다르기 때문에, 대체로 민족주의적인 선전문구들을 이용해서 호소하려는 경향이 있다.

투르크메니스탄이 생태학 문제를 해결하는 데 있어서는 남쪽 이웃국가들의 도움이 필요하다. 지난 12년 동안, 투르크메니스탄은 카스피 해로부터 Kara-Bogaz-Gol만(灣)을 분리시킨 제방으로 인한 생태학적 결과들에 대해 매우 우려해 왔다. 1992년 2월, 테헤란에서 열린 ECO 회의에서는 제방을 없앨 필요성에 대해 논의가 이루어지기도 했다.

1992년 7월 루마니아와 맺은 외교관계는 투르크메니스탄에게는 중요한 일이었다. 루마니아는 석유와 가스산업의 일부를 포함한 최소한 6개의 경제프로젝트에 참여할 의사가 있다고 표명했다. 루마니아는 또한 ECO에 참여할 의사를 재확인했다. 루마니아는 이 기구가 이슬람적 성향이 적다고 강조했다. 루마니아는 ECO의 회원국이 됨으로써 아마도 투르크메니스탄과의 밀접한 협력관계로 한 걸음 더 다가가는 것으로 생각하는 것 같다.

투르크메니스탄에서의 가스 추출 및 석유 정제산업의 발전은 외국의 재정 · 기술적 지원만으로는 이루어질 수 없다. 투르크멘인 대부분은 추출산업 분야에서 일할 기술이 전혀 없다. 이것이 현지 투르크멘인의 고용 구조와 숙련된 직원의 노동력의 요건 사이에 틈이 생기게 한다. 이러한 요건을 비토착 인력의 도움으로 충족시키는 것은 거의 불가능하다. 왜냐하면 첫째, 수적으로 부족하기 때문이고 둘째, 상호 민족 간의 연대를 심각하게 위협할 것이기 때문이다.

투르크메니스탄을 포함한 다른 중앙아시아 국가가 중동과의 경제적 연대를 위해 부분적으로 새로운 방향을 설정하는 것은 러시아에게는 위협이 될지도 모른다. 어떤 러시아 정치가들은 러시아의 전략적 천연자원을 박탈당할 수도 있고, 교통망 약화뿐만 아니라 전체 CIS 경제 복합체와 굳게 연결되어 있는 산업 잠재력까지도 약화될지 모른다고 주장한다. 카스피 해를 가로질러 아제르바이잔과의 나룻배 통신은 투르크메니스탄을 '옛 소련 Turkestan' 내에서의 다리로서 뿐만 아니라 중앙아시아를 트랜스코카서스와 연결해주는 중요한 연결고리로서의 역할을 한다.

중앙아시아 국가들은 CIS의 헌장을 채택하고 국방문제에 관한 협정을 발전시키기 위한 동의를 얻는 것뿐만 아니라 국제평화 유지군의 창설에도 결정적인 역할을 했다. 러시아 외무장관 안드레이 코지레프(Andrei Kozyrev)는 우즈베키스탄의 전국 라디오와 TV 인터뷰에서 회의의 건설적인 정신을 강조했다. 카자흐스탄 · 우즈베키스탄 · 키르기즈스탄은 중요한 주도국으로서의 역할을 했다. CIS 통합의 주도국에서 투르크메니스탄이 빠진 것은 국방문제를 포함하여 기존 투르크메니스탄-러시아 사이의 높은 수준의 협력을 고려해 볼 때 중요하지 않다. 투르크메니스탄의 지위는 다양한 이유로 설명될 수 있는데, 예를 들면 외교면에서의 수동성 · 쌍무협정의 성향 · 투르크메니스탄보다 훨씬 나쁜 정치 및 경제적 상황에 처한 인접 중앙아시아 국가들과의 지나치게 밀착된 유대관계를 꺼리는 것 등이 있다.

그럼에도 불구하고 이 회의 전에 이미 니야조프 대통령은 군대와 국경 수비대를 창설하기 위한 철저한 계획이 준비되어 왔다고 발표했다. 1992년 7월 6일, CIS 국가 수뇌회의는 국가 간 영토보존위원회 및 통합국경수비대 사령부를 폐지하고, 그 자리에 CIS 총사령관 위원회를 설치했다. 최근에 중앙아시아 국가 지도자들은 자국의 국경을 보호하는 원칙을 지지해 오고 있다.

1992년 7월 31일 모스크바에서 투르크메니스탄과 러시아 양국 간의 우호협력 조약에 서명한 것은 쌍무관계를 더욱더 발전시키는데 중요한 단계였다. 또한 정치 · 경제 · 외교 · 국방문제와 관련하여 양국 간의 관계를 규정하는 일련의 협정서가 체결되었다. 니야조프 대통령은 이와 관련해서 "소연방 붕괴 이후, 역사상 최초로 각 국가 간의 쌍무협정이 체결되었는데 이것은 어느 쪽이든 국가 이익을 침해하지 않고 완전히 균형이 잡힌 상태에서의 이익을 고려해야 한다는 것을 의미한다"라고 말했다(Nedvetsky, 1994: 204).

러시아와의 안보조약은 결국 모스크바에 대한 투르크메니스탄의 계속적인 종속을 의미한다. 안보문제에서의 이러한 종속관계는 경제 분야에까지 확대된다. 투르크메니스탄은 국민에게 식량과 많은 다른 소비재 물품을 충족시켜 줄 수 없으므로 러시아와 CIS의 다른 회원국들로부터의 공급 물자에 의존할 수밖에 없다. 투르크메니스탄은 식량을 많이 생산하지 않았으므로 다른 나라들로부터 수입해 오는 대부분의 물품이 기본적인 식료품이나 소비재들이었다. 1991년에는 국내 곡물 수확량이 겨우 447만 톤에 그쳤다. 따라서 농민들은 곡물별로 더 많은 농작물을 생산하라는 장려의 뜻에서 kg당 3.4루블에서 6루블로 인상된 금액을 받았다. 식량의 부족으로 투르크메니스탄 정부가 식량 수입자들에게 특혜관세를 부여하려는 의도도 있었다. 부총리 오체르트소프(Valerity Otchertsov)는 정부가 해외투자를 끌어들이고, 이 분야에서 사기업의 경제활동에 대해 최대한으로 지원할 준비가 되어 있다고 발표했다. 분명히, 공화국 지도자들은 지역경제를 발전시킴으로써 이 의존도를 낮추기를 원한다.

투르크메니스탄은 목화의 주요 생산국이자 수출국이다. 목화는 외화 수입금의 주요 자원들 중 하나로서 그 비중은 가스·석유와 같은 수준에 있다. 1991년, 약 1백만 톤의 목화가 재배되었는데 CIS 목화 총 생산량의 20%를 차지한다. 1990년의 630,000ha와 1991년의 61,4000ha와 비교해서 1992년에는 580,000ha가 목화 경작지였다. 이러한 수치는 중앙아시아에서 목화 경작지를 줄이고 목화 생산을 감산하려는 일반적인 추세를 반영한다. 소련 치하의 계획경제에 따라 목화 경작이 강조되었는데 이것은 곡류를 생산할 수 없도록 함으로써 투르크메니스탄의 경제를 주로 하나의 단일 농작물, 즉 목화에 의존하도록 만들었다. 모스크바

측에서 더욱더 많은 목화 생산 할당량을 책정함으로써 식량의 부족은 수십 년 간 점점 심각해져만 갔다. 전문가에 의하면, 1993-4년의 작황물은 130만 톤으로 추정되었다.

투르크메니스탄은 목화를 판매함에 있어서 러시아에 전적으로 의존한다. 목화의 낮은 가격 때문에 투르크메니스탄이 새로운 시장을 지배한다는 것은 매우 어렵다. 이 지역은 옛 소련 전체 면직물의 14%를 공급하였으나, 오직 3%정도만이 공화국 내에서 공정되었다. 이는 이곳에 여전히 옷감 공장의 부족이라는 고질적인 문제가 있었기 때문인데, 현재는 정부가 이를 해결하기 위해 노력하고 있다.

경제발전에 대한 전망과 가능성을 향한 투르크메니스탄의 접근은 대부분의 다른 중앙아시아 공화국들의 접근과는 현저하게 다르다. 투르크메니스탄은 외국과의 경제적 유대관계를 집중적으로 다변화시키면서 자국의 천연자원을 최대한으로 이용하여 이익을 취하려 했다. 또한 점진적 개혁의 길을 따르기로 했고 식량과 소비재 물품 산업에 정부 보조금을 지급함으로써 생활수준이 저하되는 것을 방지했다.

V 결 론

대내적으로 투르크메니스탄은 정치와 종교가 분리된 순니파 무슬림이 우세한 국가이다. 투르크메니스탄의 이슬람은 너무나 지역적이기 때문에 이것을 정치적인 문제로 다루는 데에는 한계가 있다. 니야조프 대통령은 종교와 긴밀한 관계를 유지하며 종교 활동을 국가의 통제 하에 두었다. 그는 법적으로 실제 상황에서 종교를 비정치화하려고 노력하고 있다. 그의 권위주의적 통제 하에서 반정부적인 이슬람 세력의 출현은 어려울 것으로 보인다. 니야조프 정권이 영구 중립주의 외교정책 노선을 걷는 것에는 역사적 요인도 있겠지만 자신의 권위주의적 정권에 대한 국제사회로부터의 간섭도 피하고자 하는 전략이라고 추론할 수 있다.

대외적으로 중앙아시아 민족들 중에서 투르크멘 부족처럼 강렬하게 대항하고 철저히 보복에 시달린 민족은 거의 없었다. 이러한 역사적 교훈에 따라 투르크메니스탄은 비동맹과 중립주의 노선을 견지하면서 국제무대에 등장하였다. 투르크메니스탄은 자국의 민감하고 전략적인 입지 때문에 이 정책을 지역적 및 세계적 문제에 참여하는 수단으로 선택했다. 영구 중립주의 외교정책에 의해 투르크메니스탄은 어떤 동맹의 일부도 될 수 없고 어떤 정치 · 군사적 기구에 가입할 수도 없을 것이다. 중립주의 노선에서 한 걸음 더 나아가 이러한 독자노선 외교정책은 투르크메니스탄의 석유 · 가스 자원이 자국의 경제문제에 신속한 해결책을 제공해 주리라는 믿음과 옛 소연방체제 하에서 자원을 헐값에 착취당했다는 의식에 의해 더욱더 강화되었다고 추론할 수 있다.

제 10 장 미국의 타지키스탄 정책

장병옥

I 미국의 對타지키스탄 정책과 경제원조

미국의 對타직정책을 분석하기 이전에 구소연방에 대한 미국의 대외정책이 전반적으로 구체화되어야 할 필요가 있다. 클린턴 행정부는 구소연방으로부터의 핵확산과 권위주의로의 복귀라는 수구세력의 위협을 인지하였다. 우선 핵확산 위협으로 인해 비핵화에 대해 지대한 관심이 쏟아졌고 이에 따라 러시아 정부는 이란과 중국에 대해 무기 및 그 기술의 판매를 중지하도록 미행정부로부터 압력을 받고 있다. 1991년 11월 부시 대통령은 소연방 핵무기의 안전한 해체를 촉진하기 위해 공공법 102-229, 즉 긴급상황 보조지출금법(Nunn-Lugar 법안)에 서명하였다. 1993년 공동위협감소법(CTR)으로 개명된 이 법안은 러시아, 우크라이나, 벨라루스, 카자흐스탄에 보관되던 구소련 병참의 이전과 저장 그리고 그 이후의 해체를 진행하는 데 초점을 맞추게 되었다. Nunn-Lugar 법안은 1995년까지 이어졌으나 최근에는 하원에서 논란의 대상이 되었다.

권위주의체제를 유지시키려는 옛 공산주의 세력을 약화시키기 위해 미국은 중앙아시아 지역에서 민주주의와 시장경제를 건설하는 데 초점을 맞추고 있다. 1994년 1월 자유주의 지원법 제102항에 따라서, 신생독립국가에 대한 미국 원조 조정관인 토마스 사이몬 2세는 '신생독립국가를 위한 미국의 원조와 경제협력전략'에 찬동하였다. '경제협력전략'의 목표는 세 가지인데 첫째, 시장경제체제의 창설, 둘째, 민주적으로 운영되는 국가 행정부의 조직. 셋째, 인적 비용의 최소화이다. 지속적인 경제원조를 강조한 이 계획은 대규모로 이어질 전망이다. 이는 많은 관심과 경제적 지원을 통해서 더욱 빠른 개혁을 가능케 할 것이다.

'원조와 경제협력전략'은 저개발과 잘못된 개발(missdevelopment)이라는 말로 차별화 된다. 보고서에 의하면, 소연방 시대에 있어서의 개발은 잘못된 개발이지 저개발이 아니다. 다시 말해서 신생독립국들은 소연방의 중앙집중경제의 결과로 인하여 세계시장과의 '불일치' 상태에 있다. 인프라 시설이 거의 전무한 저개발 국가들에 비하여 이 지역 국가들은 생명력이 있는 하부조직을 가지고 있다. 따라서 결정적인 작업, 즉 토지와 기업의 민영화, 세계시장가격의 이용, 그리고 민주주의 건설에 중점을 두어야 한다. 미행정부는 이 계획이 문자화로 끝나지 않을 것임을 명확히 천명했다. IMF를 위시한 국제금융기구의 참여를 통해서 거시경제적인 변화를 촉진시킬 수 있으며, 이 전략에 대중매체의 공개성, 공정한 선거, 권력 분립, 그리고 인권을 신장시킬 수 있는 비정부기구(NGO)들을 이용할 필요가 있다.

중앙아시아는 석유, 가스 등 막대한 천연자원과 역사적인 '실크로드'라는 교역로를 끼고 있다는 지리적 위치 때문에 거대한 경제적 잠재력을 지니고 있음에도 모스크바 중앙정부의 비효율적인 계획경제에 의한 그릇된 운영 때문에 발전하지 못했다. 모든 소연방 지역 중에서 중앙아시아는 정부에 대한 참여를 금지하고 시장경제 환경을 억제하는 파벌에 의해서 불이익을 당했다고 보고되고 있다. 게다가, 경제회복이 매우 느릴 것으로 예상되어 새로운 세기에 접어들어서야 가시적인 발전이 예상되고 있다. 중앙아시아의 경제 및 정치발전을 위해서는 정부 간 협력을 통해서 보다는 NGO를 통한 민간차원에서의 협력이 이루어져야 한다. 미행정부는 타지키스탄에서 이러한 접근 방법을 사용하고 있다.

그러나 타지키스탄 정치의 변동성을 거부하고 국가 수뇌의 현상유지를 원하는 파당 레닌아바드-쿨랍(Leninabad-Kulyab)의 방해로 근본적인 정부체제 및 경제 변화의 기회가 급격하게 감소되었다. 더구나 내전으로 인한 인종 차별과 폭력을 피하여 대규모의 타직인들이 집단적으로 탈출을 했다. 타지키스탄에서 대규모의 개혁이 빠른 시일 내에 이루어지지는 못할 것이라는 예상과 함께 미행정부는 인도주의적인 원조에 국한하고 있다(Auten, 1996: 206).

1993년에 타지키스탄은 미국의 원조(USAID)를 받는 구소련 12개국 중에서 10위를 차지했다. 그 해에 원조된 3천2백만 달러 중에서 2천3백만 달러는 인도적인 원조였고, 나머지가 기술 지원이었다. 그러나 1994년에는 예산된 원조가 1천6백8십만 달러로 크게 줄었고 절반이 약간 넘는 8백5십만 달러가 1994년 6월 30일에 집행되었다. 8백5십만 달러 중에 5십만 달러만이 식량과 기타 기본적인 생계지원품에 사용되었고, 1백2십5만 달러 상당은 미국 농무부에 의해서 잉여곡물로 지원되었다. 모든 원조는 NGO와 국제기구를 통하여 이루어졌는데 의료지원의 형태이건 곡물의 형태이건 미국의 원조를 배분하는 것은 일반적으로 NGO를 통해서 이루어 졌다.

1994년 6월 30일 지급된 미국 원조의 최대 할당량을 받은 NGO는 그 양의 순서에 따라, 세계 모든 곳에 대한 미국의 구제를 위한 협동(CARE), 미국 Aga Khan 재단, 국제적십자사이다. 유엔 난민위원회와 세계식량계획(WFP)은 타직 전역의 추방당한 난민들을 위한 식량과 의약품을 계속 공급했다. 난민들의 비참한 생활상태와 정치범의 부당한 대우에 관한 보고서가 헬싱키 인권 감시단 및 국제인권사면위원회와 같은 단체에서 타직 인사들을 통해 발표되고 있다. Soros 재단은 출판의 자유에 대해 조사하는 데 지원을 해 주었다. 게다가, 미국이 정부 對 정부의 지원을 지양하고 공정한 배분을 목적으로 NGO를 더 선호한다는 것이 명백해졌다.

주지하다시피 미행정부의 기관도 타지키스탄 내에서 활동하고 있다. 미국무성 신생독립국 지역문제 담당 조정관인 프레셀(J. Presel)은 1994년 9월 22일 미하원 소위원회 청문회에서, 외교활동의 범위가 한정되었을지라도 미국 정부는 두샨베 내에서 활동하는 대사관을 두고 있다고 증언했다. 프레셀은 대사관이 NGO와 UN감시단, OSCE 사이에서 조정자 역할을 한다고 말했다. 덧붙여서 그는 경제원조의 더 '전통적' 형태, 즉 정부 對정부 간의 직접적인 원조가 이루어진다면, 현 정치적 · 경제적 상황이 개선될 것이라고 주장하였다.

대다수의 분석가들에 따르면 인도주의적인 노력과 지속적인 정치 · 경제 개혁에 대한 압력이 타지키스탄의 장기적인 구조변혁에 가장 합리적인 접근 방법으로 보인다. 의회 증언에서 루빈, 프레셀, 그리고 전 타직 대통령 후보였던 후도나자로프 3인 모두가 다음 사항에 동의했다.

(1) 러시아-CIS군의 평화유지 역할뿐만 아니라 UN과 OSCE의 노력이 정부와 반정부세력간의 중재를 위해서 반드시 필요하다.
(2) 타직내전으로 발생한 난민들에 대한 인도주의적인 원조가 계속되어야 한다.
(3) 미국은 타지키스탄의 민주적 변화에 중요한 역할을 하는 공적 · 사적 기구들을 지원하며 법과 민주적 제도화에 지속적으로 관심을 보여야 한다.

사실 루빈의 말처럼 타지키스탄의 대규모 폭력 사태는 단순히 정치적 또는 이슬람 종교적인 동기에서 발생한 것이 아니다. 연방 사회주의 경제체제의 붕괴와 국내 입법기관의 소멸로 인한 타직국가의 분열이 내전의 주요 요인으로 작용했다고 할 수 있다.

민주주의 건설에 대해 언급되지 않은 문제가 하나 남아 있는데, 그것은 '명목상 민주주의 방식으로 어떤 것을 취할 것인가?'이다. '미국 원조와 경제협력전략'은 어떤 형태의 민주적 단체나 기관이 지원 받아야 할지에 관해서 명확하게 규정하고 있지 않다. 미국이 투라존자데의 이슬람 민주주의 또는 온건한 국민통합당이나 타직 민주당(DPT)과 같은 다른 비종교적인 정당들 중에 어느 단체를 지원할 것인가 하는 문제가 남아있다. 서구식 민주주의를 신봉하는 DPT는 체제 통합의 실패로 분당하면서, 11월 라흐마노프의 대통령 당선을 인정했다. 타지키스탄에서 시장경제체제를 도입함으로써 미국이 과연 기존의 파벌과 인종적 긴장을 악화시키게 될 것인가 하는 점도 중요한 관심사이다.

미정책입안자들이 언급하지 않은 또 다른 문제점은 타지키스탄의 이슬람 파당과 아프가니스탄 내의 정치적 파벌간의 관계이다. 이러한 연계는 서남아시아의 효율적인 지역안보 계획을 수립하기 위해 이해되어야 할 문제이다. 타직내전 중에 9만명으로 추산된 난민들이 아프가니스탄 국경을 넘어 들어갔다. 거의 3분의 1에 달하는 난민들이 레닌아바드-쿨랍의 승리에 따라 고르노-바다흐샨 지역으로 다시 돌아왔지만, 나머지는 아프가니스탄 북부에 여전히 남아있다. 서구의 인도주의적 기구들은 아프간 국경 내의 타직 난민에 대한 원조를 제공하는 데 있어서 한계가 있을 수밖에 없었고, 그 공백을 아랍세계에서 메워 주었다(Auten, 1996: 207).

타지키스탄의 약 2만5천 명 가량 되는 난민들은 아프가니스탄의 Majar-i Sharif 시 주변 혹은 시내에 캠프를 세웠다. 또한 2천~4천 명 정도의 난민들이 Tashqurghan 지역의 주변에서 발견되었다. 인종적으로 우즈벡인인 도스탐 군벌은 카리모프 정부뿐만 아니라 러시아 정부의 피보호자로 여겨진다. 도스탐은 내전 중에 타지키스탄으로부터 탈출한 우즈벡 난민들을 도와주었다. 아프간 내전과 타직내전에 우즈베키스탄이 개입함으로 해서 지역 패권주의는 이 지역 세력균형을 간단하게 붕괴시켰다.

우즈베키스탄의 팽창정책이 지역 패권 문제를 놓고 카자흐스탄에 대해 도전하는 것임은 의심할 여지가 없으며, 이는 타지키스탄을 이란과 더욱 가깝게 만들 것이다. 반대로 이란의 지원을 받아 타지키스탄이 지역 강국으로 등장한다면 우즈베키스탄을 위협할 것이다. 이 두 가지 시나리오는 러시아를 위시한 이 지역 국가들의 안보와 평화를 크게 위협할 것이며, 중국, 파키스탄에까지 영향을 미칠 수 있다. 따라서 이 지역의 세력균형 유지를 위한 미국의 對타지키스탄과 우즈베키스탄 정책이 동시에 강구되어야 할 것이다.

마지막으로, 가장 중요한 것은 러시아 연방의 '근접한 외국(Near Abroad)'으로서의 타지키스탄의 위치이다. 대부분의 분석가들이 이 지역에 대한 전략적 이해관계를 심각하게 고려해야 한다고 강조했음에도 불구하고 클린턴 행정부는 러시아의 對중앙아시아 영향권의 범위와 관련하여 애매모호한 태도를 취하고 있다. 탈보트(S. Talbott)는 1994년 1월 25일 미하원 외무위원회 증언에서 미국은 신생국가의 독립을 저해하는 러시아 영향력을 인정하지 않는다고 명확하게 말했다. 또한 그의 증언에 따르면 미행정부는 'Near Abroad'라는 용어의 함축된 의미를 받아들이고 싶어 하지 않는다.

미국으로부터 비난받은 러시아 판 '몬로주의(Monroe Doctrine)' 정책은 현재 러시아 군사정책노선을 명백하게 규정짓는다. 모든 구소연방 국가들은 러시아의 전략적 관심 범위 안에 있다. 러시아 국경을 접한 지역의 분쟁뿐만 아니라 러시아의 이해에 반하는 어떠한 외세의 개입 또는 동맹도 러시아 연방에게는 '군사적 위협의 근원'으로 간주된다. 게다가 타지키스탄에서 러시아의 평화유지군으로서의 역할에도 문제가 많다. 러시아의 '평화유지'란 결국 '군사동원'을 미화한 어구에 불과한 것이었다. 미국은 타지키스탄 내에서 러시아/CIS군 대신에 UN 평화유지군을 받아들일 것을 주의 깊게 검토해야 한다. UN은 타직 현 정권의 유지에 확고하게 기득권을 행사해 온 러시아에 국제적으로 인정된 중재자의 역할을 부여했다. 서구세력에 있어서 이런 사실을 인정하는 것은 이 지역에서 러시아의 군사적 역할을 확실히 감시하는 방법이 될 수 있다.

중앙아시아 공화국들에 대한 미국의 원조는 전략적 또는 민주적 올가미라는 비난을 불러일으켰다. 이그나텐코(A. Ignatenko)는 '러시아 남부 국경지대에서 미외교 활동의 가속화'라는 논문을 통하여 구소련 남부 지역에 증대된 미국의 관여에 대한 수많은 잠재적 이익에 대해 기술했다. 이런 이익에는 이란, 중국, 인도, 러시아와 같은 국가를 대상으로 한 후방 군사 행동 및 구소련의 미사일 실험 지역과 핵시설의 이용, 그리고 가장 중요한 것으로, 중앙아시아 지역에서 구소련의 막대한 석유 등 천연자원의 완전한 소유가 포함되어 있다. 미국과는 달리 러시아는 타지키스탄에서 민주적인 제도의 확대에 관심을 갖고 있지 않은 것으로 판단된다. 따라서 타지키스탄 내에서 미국의 모든 활동은 반드시 러시아 국가안보와 타지키스탄과의 관계를 고려해야만 한다.

II 타지키스탄과 미국의 對이슬람 원리주의정책

이란이 이슬람 신정국가이고 이슬람 원리주의의 종주국이라는 사실은 쌍무적(정부와 사회), 지역적(러시아와 중앙아시아 국가) 및 세계적(주로 미국)인 면에서 이란-타직 양국관계를 형성하는 주요 요인이다. '이슬람의 위협'이 이러한 관계들에 근본적으로 영향을 주었다고 할 수 있다. 다른 중앙아시아 국가들과 같이 타지키스탄에서도 이슬람 원리주의에 대항해서 싸우는 것이 국내적, 지역적 그리고 세계적 액터들의 다양함을 결합시키는 중요한 요인이다.

타지키스탄 내에서 정치권력을 상실할 것을 두려워하는 친공산주의 당파, 지역당파, 그리고 정치·사회 세력은 1992년 이래로 타지키스탄이 외부세력의 영향을 받아 이슬람 혁명이 일어날지 모른다는 위협 가능성을 예견했다. 이를 증명이라도 하듯이 같은 해 4월 이슬람 원리주의자들이 '이스라엘에게 죽음을'과 같은 호메이니주의자의 구호를 외치며 타지키스탄의 거리로 쏟아져 나왔다. 이를 기점으로 1992년 12월 반이슬람 강령 하에 두샨베 신정권이 제정한 첫 번째 포고령은 어떤 이슬람 활동도 제한하고 이슬람 정당을 금지한다는 것이었다(Pipes, 1994: 81).

타직 신정부에 대한 우즈베키스탄의 정치적, 군사적 지원은 이슬람 위협을 봉쇄하려는 정책에서 공식화되었다. 사실 카리모프 대통령은 이슬람의 위협에 대해서 가장 솔직한 중앙아시아 지도자였고 타직내전에서는 우즈벡-러시아의 개입에서 보인 것처럼 지역적 합의를 이끌어 내는 데 가장 중요한 역할을 하였다. 주목할 만 한 점은 타지키스탄에 대한 반이란, 반이슬람적인 우즈벡 정부의 외교노선이 이란-우즈벡 관계를 형성하는 데에도 또한 중요한 요인이 되었다는 것이다. 카리모프는 다른 중앙아시아 국가들에서처럼 타직내전과 관련한 이슬람 위협을 과도하게 부각시켜 자신의 권위주의적인 정권 유지 및 반정부 세력을 억압하기 위한 정당화 수단으로 이용하였다. 이러한 전략은 우즈베키스탄에서 그의 정권을 위협하는 이슬람-민주주의 반정부세력의 정치적 도전에 대한 예방책인 것이다.

이슬람 원리주의자의 위협을 봉쇄하기 위한 노력은 러시아에 의해서도 시도되었다. 사실 이슬람의 위협은 일반적으로 러시아 자국의 안보에 대한 논쟁을 불러일으키는 것과 더불어 구소련 남쪽 중앙아시아 지역에 대한 외교정책을 한정짓는 중요한 요소가 되었다. 러시아는 타직내전 동안, 특히 1992년 9월과 12월 두 번의 전환점에서 세력균형을 이동시키는데 결정적인 역할을 했을 뿐만 아니라 정치적, 경제적 및 군사적 지원을 통하여 두샨베의 라흐마노프 정권을 유지시킬 수 있는 유일한 보호국이 되었다(Mesbahi, 1995: 123-124).

'반이슬람'에 대한 지역적인 합의는 정치적 이슬람을 냉전 이후 세계 안보에 중요한 도전으로 인식하고 있는 미국 주도의 국제 조류에 편승

한 것이었다. 이슬람의 위협과 이란의 영향력에 대한 봉쇄는 중앙아시아, 중동, 북아프리카와 같은 이슬람 세계에 대한 미국정책의 시금석이다. 중앙아시아에서의 미국정책은 경제이익, 핵확산 및 정치적 이슬람의 팽창과 같은 요소에 의해 결정된다. 민주주의의 신장, 대외원조와 무역의 연계, 민주화와 시장주의 같은 전통적이고 선언적인 의미를 담고 있는 미국의 관심은 적어도 일시적으로는 2차적인 문제인 것이다. 중앙아시아와 카프카즈에서 미국의 지역 동맹국들, 즉 이스라엘과 터키는 이와 같은 미국의 정책을 옹호할 뿐만 아니라 미국이 타지키스탄에서 후원하는 시범적인 프로젝트와 경제계획의 실행에 협력하고 있다.

이란식 모델에 대한 아이디어는 결코 이슬람주의자와 민족주의자 단체를 위한 정치적 전략의 기초가 되지 못했다. 1992년 9월과 12월의 유혈로 얼룩진 시기에 나타난, 보다 구체화된 이슬람 슬로건은 이슬람 국가를 세우려는 이슬람주의자들의 확고한 급진성을 나타내준 것으로 간주된다. '이슬람 공화국은 영원하라', '미국에게 죽음을'과 같은 슬로건의 등장은 1979년의 이란혁명을 상기하게 한다. 이것은 두샨베에서 최초의 이란판 슬로건이었을 뿐만 아니라 이란모델에 근거한 타지키스탄 임시 혁명기구의 창설에서도 나타났다.

1989-1992년에 재임했던 타직 외무장관 카유노프(L.Qayunov)는 터키 및 사우디아라비아 양국에 지원을 요청하는 메시지를 보내면서 이들 양국과 경쟁 관계에 있는 이란의 이슬람 혁명적 성격을 부각시키기도 했다. 그는 중앙아시아 특히 타지키스탄에서 이란 이슬람혁명 슬로건인 '동도 서도 아니다(Neither East Nor West)'의 원리를 신봉하며 이슬람 원리주의 운동을 활발하게 펼치고 있는 타직 젊은이들이 있다고 주장했다(Atkin, 1995: 225). 두샨베 청년운동 (Nehza-e-Javanaan-e Dushanbe)의 설립은 이란혁명에서 중요한 역할을 했던 이란혁명 위원회와 코미테(Komithe)를 생각나게 한다. 두샨베 청년운동은 1992년 9월 나비예프의 사임과 몰락, 그리고 친공산당 당파인 민중전선의 공격에 대항해서

1992년 10월과 12월의 두샨베를 초기에 방어하는데 중요한 역할을 하였다(Mesbahi, 1995: 120).

1992년 중반, 위기가 최고조에 달했을 때 이들의 슬로건과 조직은 이란혁명 때와 유사성을 보였지만, 반정부세력에 의해 채택된 전술적 접근은 이란식 모델과는 거리가 멀었다. 이것은 1992년 반정부세력이 정부와 협력하기도 하고 공산주의 개혁론자들에 의존도 하며 공화국의 옛 공산주의 강경파에 대항하여 모스크바를 비롯한 전 세계의 민주주의 세력으로부터의 원조에서 파생되는 득실을 신중하게 계산하는 것에서 확연히 드러난다(Mesbahi, 1995: 127).

타지키스탄에서 이란의 영향력의 증대에 따른 이슬람 원리주의의 확산을 우려한 미국은 1994년 1월 타직 문제를 공식 의제에 포함시켰다. 미상원 정보위원회 청문회 중에 CIA 국장 제임스 울시는 이란이 타지키스탄에서 테러를 지원하고 있다는 사실을 비난하였다. 이 문제는 같은 해 9월 워싱턴 근동정책연구소에서 다시 한 번 울시에 의해 거론되었는데, 그는 이란이 알제리로부터 타지키스탄에 이르기까지 활동 중인 테러조직과 단체들을 지원하고 있다고 주장하였다. 이슬람 정치세계에 타지키스탄을 포함시킨 것과 미국이 타지키스탄을 레바논, 알제리, 이집트와 동급으로 취급한다는 사실은 다음과 같은 중요한 의미를 지니고 있다.

첫째, 중앙아시아, 특히 타지키스탄에서 미국 정책의 본질이 무엇인가가 자명해졌다.

둘째, 미국 정부는 타직 반정부세력을 테러리스트로 규정함으로써 두샨베 집권세력에게 정치적 합법성과 도덕적 정당성을 부여해 주었다.

셋째, 미국은 타지키스탄에서 이슬람 위협을 봉쇄하는 데 러시아가 개입한 것에 대해서 찬성하지는 않았지만 암묵적으로 동의하였다.

이즈베스티야紙는 1993년 8월 타직 위기를 논의하기 위해 울시와 소련 대외정보 기관장인 프리마코프(E. Primakov)가 모스크바에서 접촉했다는 사실을 보도하였다. 러시아의 일부 소식통들은 이슬람 세계와 러시아의 향후 관계를 우려하여, 타지키스탄에서 이슬람 운동을 반대하는 미국-러시아 협력의 부정적인 영향에 대해 문제를 제기하였다. 국제인종관련 러시아측 전문가인 바그다사로프(S. Bagdasarov)에 의하면 미국은 이슬람 원리주의를 봉쇄하는 데 러시아를 중요한 파트너로서 간주하고 있었다.

미국 정부는 타지키스탄 및 여타 중앙아시아 제국의 독립이 이란과 아프가니스탄에 의해 동요될 가능성도 있다고 우려하면서 당시 상황을 과도기로 보았다. 미국무장관 베이커는 상원외교관계위원회에서 미국은 카자흐스탄과 키르기즈스탄뿐만 아니라 다른 중앙아시아신생독립국가에도 원래 계획했던 대로 대사관을 세우기로 결정했다고 말했다. 이는 미국이 이 지역에서 영향력을 행사하기 위해서는 이란과의 경쟁이 필요하기 때문이라고 했다. 익명의 고위관리가 언론에 밝힌 바에 따르면 중앙아시아 국가들은 어느 진영과도 쉽게 손을 잡을 수 있으므로 미국은 그들이 이란, 아프가니스탄 등 이슬람 세계권이 아니라 서구진영과 외교관계를 맺도록 할 필요가 있다는 것이다(Atkin, 1995: 265).

일부 미국 관리들은 페르시아어를 사용하는 타직인이 특히 이란과 아프가니스탄의 극단적 이슬람주의의 정치적 영향권 하에 들어가기 쉽다는 데에 유럽안보협력회의의 고위관리들과 의견을 같이 했다. 타직 지도자들은 미국이 이란과 아프가니스탄의 급진주의적 이슬람주의의 확산을 두려워하고 있음을 인식했다. 베이커가 1992년 2월 타지키스탄을 방문하자 나비예프 대통령은 그가 재야세력의 지도자들과 접촉하는 것을 막았으며, 그의 방문 이후, 반정부 단체들에 대해 광범위한 강경조치를 취했다(Rashid, 1994: 175).

베이커는 나비예프에게 "타지키스탄은 이슬람 원리주의 노선을 채택하지 말아야 한다"고 말했다. 이에 나비예프는 "우리나라 지방의 대다수 국민이 이 이데올로기에 빠지게 될 가능성이 있다"고 언급하며 그 자신은 이슬람 원리주의에 관심이 없음을 표명해 미국무장관의 우려를 정치적으로 이용하고자 했다. 베이커는 타지키스탄에 머무르는 동안 이슬람 원리주의 단체를 포함한 어떤 반정부세력 지도자들과의 어떤 회견도 수용하지 않았다. 이러한 사실은 이란 및 이슬람에 대한 위협을 그들이 인식하고 공개적으로 비난할 때, 비로소 미국의 지지를 얻을 수 있다는 인상을 강하게 심어 주었다. 그러나 이슬람 반정부세력은 이란의 접근을 수용하지도 않았고 반미주의로 돌아서지도 않았다. 급진적 이슬람 정치가 추구하는 반미주의와는 대조적으로 이슬람정치 지도자들은 미국과의 우호적인 관계를 추구하였다(Atkin, 1997: 337).

IRP의 창설 멤버 중의 한 사람으로 연립정부에서 부수상을 맡은 유스몬은 미국에 호의를 보이며 두샨베와 워싱턴 사이의 우호관계에 대한 바램을 나타냈다. 미정부는 클린턴 정부 초기였던 1992년에도 비종교세력과 이슬람 세력 간의 대결에서 반정부세력에 대해 냉랭함을 유지했다(Atkin, 1995: 266).

유스몬은 미국에게 그의 정당이 극단주의나 반미주의를 지지하지 않으며, 미국이 이란의 실례를 교훈으로 삼아 오히려 이슬람주의자와 연합해야 한다고 주장했다. 그래서 그는 1992년 봄 시위가 있었을 때 방문했던 미국인들에게 이슬람교인과 기독교인 사이의 우호관계를 주창하며 개인적으로 자신은 인권과 민주주의를 신봉한다고 말했다. 그는 또한, 두샨베 주재 미국 대사에게 미국의 대외정책에 대하여 긍정적으로 언급한 바 있다(Atkin, 1994b: 215).

이란과 이슬람의 영향을 봉쇄하려는 미-러 양국의 목적 일치는 아프간 이슬람 원리주의 지지자들의 제거뿐만 아니라, 타직 반정부세력에 대한 군사행동을 수행하는 러시아의 정치적·군사적 개입을 정당화시켜 주었다. 이러한 정치환경에서 반정부 이슬람 세력에 대한 타직 정부의 정치적 억압은 미국에 의해서 묵인되었다.

이슬람은 앞으로도 계속 이란-타직관계에 영향을 끼치는 중요한 요인이 될 것이다. 이슬람이 타지키스탄에서 중요한 정치적 역동력으로 남아있는 한, 미국-이란관계는 이에 영향 받을 것으로 보인다. 타직 지도자들 역시 이슬람의 위협을 우려하고 있는 미국으로부터 원조를 받아내는 데 이란-타지키스탄간의 역학관계를 유용한 도구로 이용하고 있다. 반이슬람 원리주의 외교노선을 걷고 있는 러시아, 우즈베키스탄 등의 국가와 더불어 미국의 역할은 훨씬 더 중요해질 수 있다. 미국은 타지키스탄에서 이슬람 원리주의 운동과 타직-이란 우호관계를 차단하는 것 외에는 특별히 중요한 이해관계를 갖고 있지 않다. 재정적인 원조를 제공할 수 있는 미국의 능력과 더불어 정치적 이슬람에 대한 봉쇄정책은 미국을 이 지역에서 강력한 영향력을 미치는 주체로 만들 것이다.

비록 러시아도 이슬람 원리주의 이데올로기의 침투 위협에 대해서는 미국과 공감하지만, 한편으로 전통적인 러시아의 영향권 지역에 외세의 개입에 대해서는 우려하고 있다. 그래서 러시아가 이란의 반미정책을 미국의 팽창정책을 막는 정치적 협력의 근거로 보는 것이다. 냉전 이데올로기는 소멸되었지만 지정학적 계산에 바탕을 두고 있는 강대국의 패권주의 요소들은 중앙아시아를 포함한 유라시아 지역에 대한 미국-러시아의 정책에 여전히 남아있다. 사실 중앙아시아와 카프카즈 그리고 페르시아만 같은 인접지역에 주둔하고 있는 미군에 대한 러시아의 시각은 이란의 시각과 거의 다를 바 없다. 전반적인 이란외교정책에 있어서 러시아가 중요하게 부각되고, 미국과는 계속적인 적대관계를 유지하고 있기 때문에 이란은 미국보다는 러시아가 타지키스탄에 영향력을 행사하는 것을 선호할 것이다(Mesbahi, 1995: 136).

미국의 對타직정책은 일부 직접적인 원조를 포함한 경제지원 방향으로 나가고 있다. 주타직 미국대사에 의하면, 이것은 '민주주의와 인권분야에서의 발전'을 위한 포용 정책의 일환이다. 특히 민주주의의 신봉자들은 옛 공산당 출신이 대부분으로 구성된 현 정권의 인권침해에 대한 미국의 묵인과 지원에 비판적이다. 국제사면위원회 같은 국제적 단체는 현 정권의 인권침해 사태를 미국 정책의 영향력에 의한 결과로서 받아들인다. 다음은 타직 정권의 인권침해에 대해 미국을 위시한 국제사회가 묵인한 한 가지 실례이다.

두샨베에서는 사파로프(Sanjak Safarov) 사령관 명령 하의 쿨랍인(Kuliabi) 민병대가 반정부세력 지지자들에게 무차별적인 공격을 가했는데, 이 사령관은 살인죄로 감옥에서 23년을 복역한 65세의 범법자였다. 사람들은 밤에 자다가도 끌려나가 길거리에서 총살형을 당했고, 수백 명의 여성들이 강간당했으며, 아이들은 바로 눈앞에서 부모들이 총살을 당하는 처참한 광경을 목격해야만 했다. 대부분의 희생자들은 DPT와 IRP의 지지자들이었는데, 아무런 정치적 연관이 없는 시아 무슬림인 이스마일 종파의 신도들까지 억울하게 처형을 당하기도 했다. 아마도 러시아와 우즈베키스탄 같은 이웃 국가들이 눈감아 준 이러한 타직 스타일의 민족 숙청 활동으로 인해 5천여 명에 달하는 사람들이 목숨을 잃었을 것으로 추정된다(Rashid, 1994: 182).

미국은 훗날, 국제적 여론에 밀려 형식적으로 이러한 끔찍한 잔학 행위와 약식의 처형, 인질극, 고문, 강간, 약탈 등의 인권침해를 저지른 라흐마노프 정부에 대해 혹평하였던 것으로 보인다. 타지키스탄에서 이란의 영향과 이슬람의 위협에 대한 폭넓은 지역적, 국제적 합의는 이란-반정부세력의 관계뿐만 아니라 이슬람 정책노선에 대한 테헤란 정부의 태도를 형성하는 데 중요한 요인이었다. 그래서 이슬람 국가나 타지키스탄에서의 혁명과 같은 이슬람 요인들에 대한 이란의 전반적인 정책은 그 실행과 내용면에서는 회의주의를, 그리고 가능성에서는 낙관주의를 반영하는 회의적 낙관주의로 특징 지워진다.

Ⅲ 결 론

미국과 나토는 원유를 둘러싼 중앙아시아 지역 경제 안보에 중점을 두고 있다. 그 일환으로 미국은 카자흐스탄 남부 접경 국가인 키르키즈스탄, 우즈베키스탄, 타지키스탄에 군사기지를 건설했다. 특히 타지키스탄은 경제적인 면 보다는 탈레반의 활동무대인 아프가니스탄과 국경을 접하고 있으므로 다른 중앙아시아 국가보다 군사적으로 미국에게 중요한 지역이다. 한편, 이란과 타지키스탄의 관계 또한 미국이 경계하고 있는 요인 중 하나이다. 중앙아시아 국가들 중에서 역사적으로 이란과 가장 많은 문화적 유사성을 가지고 있는 타지키스탄은 이란의 영향을 받기 매우 쉽기 때문이다.

그러나 이란의 목표와 야망은 페르시아만과 아랍세계에 집중되고 있다. 이란의 제한된 국력과 재원 때문에 중앙아시아에 너무 큰 비중을 두기는 힘들다. 만약 중앙아시아의 독립국들이 러시아의 영향력으로부터 벗어나고자 한다면 이란을 러시아에 대항하는 연합세력으로 원할 것이다. 그러나 그러한 정책은 러시아가 내부 갈등으로 인해 또 다른 붕괴를 자초하지 않는 한 비현실적일 것이다.

이란 역시 새로운 모험을 감행할 수 없으므로 중앙아시아 국가들보다는 러시아와의 관계에 더 많은 비중을 두고 있다. 러시아가 이란이 원하는 무기와 제조품을 공급하는 국가라는 사실이 하나의 이유이다. 게다가 국제사회에서 고립된 이란은 통상금지 또는 다른 반이란 제재조치를 승인할 수 있는 유엔안전보장이사회 상임이사국인 러시아의 분노를 유발하고 싶어 하지 않는다. 이란은 중앙아시아에서 평화와 안보를 위한 러시아의 긍정적인 역할을 인정하고 있는 상황에서 타직 무슬림들이 탄압받고 있다는 사실을 어쩔 수 없이 묵과하고 있다.

중앙아시아 공화국들이 독립했을 때, 전문가들은 이들 신생국가가 이란 이슬람 원리주의자의 음모에 희생물이 될 것이라고 생각했다. 그러나 1994년에 이르면서 중앙아시아에서 이란이 영향력을 행사할 것이라는 우려는 과장된 것으로 밝혀졌다. 2001년까지 이란은 이 지역에서 서구국가 지도자들의 편견과는 달리 급진주의적 행동을 보이지 않았다. 이슬람주의자 그룹들이 단결하고 영향력 있는 정치세력이 될 때까지 이란은 중재자로서 그리고 외부의 주요한 지지자 및 중요한 정치적 역할자로서 남아 있을 것이다. 이란은 그 지역에서 이슬람 원리주의자들의 초기의 정치적 소요와 타직내전에도 불구하고 동요됨 없이 온건주의 정책으로 일관하였다.

사실 20세기에 이란의 외교정책은 중앙아시아를 염두에 두지 않았다. 왜냐하면 중앙아시아가 소연방에 속해 있었고 이란과 교류가 거의 없었기 때문이다. 중앙아시아에서 신생독립공화국이 탄생됨으로써 이란은 비로소 중앙아시아에 관심을 쏟게 됐고 외교정책에서 새로운 기회들을 갖게 되었다.

이와 비슷한 시기에 시행된 미국의 對이란 봉쇄정책에 대항하여, 중앙아시아는 이란 정부에게 남부 페르시아만과 아랍세계로부터의 지역적 고립을 벗어날 수 있도록 이란 북부에 돌출구를 마련해 주었다고 할 수 있다. 미국의 對이란 봉쇄정책이 중앙아시아에까지 확대 적용되어 이 지역 신생 무슬림 국가들과 이란과의 선린우호관계를 제한하고 있었는데, 이란은 중앙아시아를 미국의 봉쇄정책을 뚫을 수 있는 전략적 지역으로서 간주하고 있다. 이것은 특히 지속적인 클린턴 및 조지 W 부시 행정부의 對이란 이중 봉쇄정책을 약화시킬 수 있다는 데 지정학적 의미가 크다.

이란의 신중한 외교정책과 정치적, 경제적 현실 때문에 이란이 중앙아시아에서 영향력을 증가시키는 것은 점진적으로 서서히 진행될 것이다. 이란과 중앙아시아가 약간의 경제 협력 외에 정치적 협력관계를 가질 가능성은 적다. 이란의 주요 수출품은 석유제품으로 중앙아시아는 이를 절대적으로 필요로 하지 않으며, 이란도 주로 선진국에서 제조품을 수입하고 있기 때문이다.

타지키스탄에 대한 이란의 영향력 행사에 주된 장애요인 중 하나는 패권세력 즉, 미국, 러시아, 터키 등과 같은 국가들의 도전과 이란의 경제적, 기술적 한계가 될 것이다. 이란이 타지키스탄에 대해 효과적이고 영향력 있는 역할을 계속하기 위해서는 문화적으로뿐만 아니라, 물자제공과 경제발전을 위한 지원국이 되어야 할 것이다. 향후 이란이 타직 경제회생에 결정적인 역할을 하지 않는다면 그 영향력도 감소할 것이다. 사실 이와 관련해서 러시아, 미국, 우즈베키스탄, 그리고 중국과 같은 세력들이 이란보다 더 중요한 역할을 할 가능성도 충분히 있다.

실제로, 독립선언 이후 UN 등 국제적인 지원을 통하여, 정치·경제적으로 자립하기 위한 노력을 계속하고 있는 타지키스탄은 내전의 후유증으로 인한 불안정한 정치 상황, 경제적 피폐 등 제반 어려움이 누적되어, 정치·경제·군사적으로 러시아에 대한 의존 상태를 벗어나지 못하고 있는 실정이다. 이러한 이유에서 2000년대 초반 타지키스탄 정부는 경제적인 목적에서라도 미국과의 더욱 밀접한 관계를 갖고자 적극적이었으며, 특히 두샨베는 러시아로부터 받아온 군사원조를 미국으로 돌리고, 그들로부터 더욱 많은 원조를 받는데 관심이 있었다. 그 일환으로 타지키스탄은 나토군에게는 아프가니스탄과 주변국의 군사기지에 이르는 도로를 이용할 수 있도록 허용하였으며, 2001년 미국이 주도하는 대아프간 군사작전에 타지키스탄은 CIS 집단안보체제의 틀 내에서 인도적 목적 및 수색, 구호작전에 한하여 영공 및 공항 사용 등도 허용하였다.

그러나 2005년 이후 러시아, 중국이 이끄는 상하이협력기구(SCO)의 영향력이 강화되면서 회원국이 미국을 겨냥해 지역문제에 '간섭하지 말 것'을 요구했다. 미국 주도의 북대서양조약기구(NATO)에 맞서 세력을 키워온 이들은 우랄산맥에서 대규모 합동군사훈련까지 벌이는 등 군사적·정치적 힘을 과시했다.

러시아, 중국, 카자흐스탄, 키르기즈스탄, 타지키스탄, 우즈베키스탄 등 6개 회원국은 2007년 8월 16일 키르기즈스탄 비슈케크에서 열린 정상회담 뒤 성명을 내고 "중앙아시아의 안정과 안보는 해당 지역 국가들에게 맡겨질 때 가장 확실히 담보될 수 있다"고 밝혔다(한겨레 신문 2007.8.17). 이 성명은 "전략적 요충지이자, 자원이 풍부한 이 지역에 미국은 간섭하지 말라는 분명한 경고"라고 할 수 있다. 즉 중앙아시아의 자원과 안보에 대한 미국과 서유럽 강대국의 개입을 차단하여 자원과 안보의 독립성을 확보하겠다는 것이다.

이에 맞서, 2009년 초 새로 들어선 오바마 미행정부가 어떻게 對중앙아시아 정책 노선을 수립할 것인지 귀추가 주목된다.

참고문헌

<1부 2장>

김성한(2003). "미국의 반테러전쟁과 WMD 확산방지정책," 『외교안보연구원 정책연구시리즈 2002-8』(2003).

Al-Kholi, Lutfi(1975). "Petrodollars and Petroblood," Al-Abram(Jan. 30).

Al-Tuhami, Hassan(1977). "A Sea of Money and a Sea of Blood," Al-Abram(Jan.22).

Anderson, Lisa(1991). "Legitimacy, Identity, and the Writing of History in Libya," in State-craft in the Middle East, Eric Davis and Nicolas Gavrielides(eds), Miami, Florida International University Press.

Binder, Leornard(1988). "Lebanon and the Regional State System," Middle East Insight 6, No.1(summer).

Birnbaum, Pierre(1982). "The State Pattern as a Determinant of Foreign Policy," Jerusalem Journal of International Relations: 6.

Callahan, Patrick(2003), Logics of American Foreign Policy: Theories of America's World Role, New York, Pearson Longman.

Cameron, Fraser(2005). US Foreign Policy after the Cold War: Global Hegemon or Reluctant Sheriff? London, Routledge.

Hinnebusch, Raymond(1986). "Syrian Policy in Lebanon and the Palestinians," Arab Studies Quarterly8, No.1(winter).

Hinnebusch, Raymond(2002). "The Foreign Policy of Egypt," Hinnebusch, Raymond & Ehteshami, Anoushiravan(eds.), The Foreign Policies of Middle East States, Boulder, Lynne Rienner Publishers.

Hinnebusch, Raymond(2003). The International Politics of the Middle East, Manchester, Manchester University Press.

Kassem, Maye(2004). Egyptian Politics: The Dynamics of Authoritarian Rule, London, Lynne Rienner Publishers.

Karawan, Ibrahim A.(2002). "Identity and Foreign Policy: The Case of Egypt,"

Telhami, Shibley and Barnett, Michael(eds.). Identity and Foreign Policy in the Middle East, London, Cornell University Press.
Korany, Bahgat(1983). "The Cold Peace, the Sixth Arab-Israeli War and Egypt's Public," International Journal(Autumn).
International Crisis Group(2005). "Reforming Egypt: In Search of a Strategy," Middle East/North Africa Report No.6(October)
Telhami, Shibley and Barnett, Michael(eds.)(2002). Identity and Foreign Policy in the Middle East, London, Cornell University Press.
http://www.undp.org/rbas/ahdr/english2002.html(2002/8/1 검색)
http://www.whitehouse.gov/news/releases/2004/02/20040204-4.html(2003/11/6 검색)
http://www.gmfus.org/publications/article.cfm?id=47(2006/6/1 검색).
http://www.al-bab.com/arab/docs/reform/alex2004.htm(2006/6/1 검색)
http://www.thepeninsulaqatar.com/commentary/commentaryother.asp?file=junecommentary132004.xml(2006/6/1 검색)
http://www.al-bab.com/arab/docs/reform/sanaa2004.htm(2006/6/1 검색)
http://www.apfw.org/indexenglish.asp?fname=news\english\12437.htm(2006/6/1 검색)
http://www.weforum.org/pdf/ABC/ABC_R1.pdf(2006/6/1 검색)
http://www.usip.org/pubs/specialreports/sr136.html(2006/6/1 검색)
http://www.arabsummit.tn/en/tunis-declaration.htm(2006/6/1 검색)
http://usinfo.state.gov/ei/Archive/2004/Jun/09-319840.html(2006/6/1 검색)
http://en.wikipedia.org/wiki/politics_of_egypt(2006/6/10 검색)

〈1부 3장〉

〈한국어문헌〉

김정원(1996). 『한국외교발전론』서울:집문당.
백경남(1987). 『민주주의론』서울:법지사. pp.26-27.
중동문제연구소(편)(1987), 『제3세계와 중동정치경제』서울:박영사.
크로우 W. J. "페르시아만 문제", 미국방대학원(편)(1982), 『국제안보환경』 서울: 국방대학원 안보문제연구소.
Robert Gilpin(저), 김동수(역)(1989). 『국제정치경제: 미국과 다국적 기업』서울: 형설출판사.

〈영어문헌〉

Al-Saud, Faisal Bin Mishaal bin Saud(2004). Decision Making and The Role of ASh-Shura in Saudi Arabia -Majlis Ash-Shura Concept, Theory and Practice. New York: Vantage Press.

Baaklini Abdo, Denoeux Guilain, and Springborg Robert(1999). Legislative Politics in the Arab World; The Resurgence of Democratic Institution. London: Lynne Rienner Publisher.

Ben-Aharon Jesaiah,(2004). America's Global Responsiblity: individuation, Initiation and Threefolding Massachusete: Lindisfarne Books.

Diamond Larry, Plattner Marc F. and Brumberg (2002). Daniel. Islam and Democracry in the Middle East. Baltimore: The Johns Hopkins Univesity Press.

Fawcett Louise (2005) International Relations of the Middle East, Oxford: Oxford Uniersity Press.

Fuller Graham E(2003). US Policy Towards Political Islam. Abu Dahabi: The Emitates Cinter for Strategic Studies and Research.

Fürtig Henner (2002). Iran's rivalry with Saudi Arabia between the Gulf Wars .Druham: Ithaca Press.

Gulf research Center (2005). Gulf Yearbook 2004. Abu Dhabi: Gulf research center.

Harvey David (2003). The New Imperialism. Oxford: Oxford University Press.

Legg Keith R. and .Morrison James F (1991). "The formulation of foreign policy objectives," Richard Littleand Michael Smith (ed), Perspectives on World Politics London:Routledge.

Lenczowski, George (1980). The Middle East in World Affairs. Ithaca: Cornell University Press.

Long David E. and Koch Christian (1997). Gulf Security in the Twenty-First Century. Abu Dhabi: The Emitates Cinter for Strategic Studies and Research.

Nakhlih, Emil A (1989). "The Middle East in the 1990s:Challenges and Prospectst," Problems of Maintaining Peace and Security in the Gulf and Japan. Tokyo:Middle East Institute of Japan.

Quandt, William B (1981). Saudi Arabia in the 1980s: Foreign Policy, Security and Oil, Washington: The Brookings Institution.

Rutledge Ian (2005). Addicted to Oil -America's relentless Drive for Energy Security. London, I.B.Tauris.

Salamé, Ghassan (1993). “Political Power and the Saudi State,” Hourani Albert etc(ed), The Modern Middle East. London: IB. Tauris & Co Ltd, 1993.
Solomon Robert (1994). The Transformation of the World Economy, 1980-93. Londn:Macmillan Prss Ltd,

〈아랍어문헌〉

Abdul arrahman alqasibi Gaji (2002). Amrica was Saudiya(미국과 사우디).Aman: almusasa alarabiya liddirasat wan nashar.
Husein, Rada Nasr (2005). Qabelat Aniza (아니자 부족). Beirut; Dar Rafdi,.
Rabia Ahmad Fauj (nd)i. Imbraturiya Bin Radin wa Alarasha Assau야(빈 라덴 제국과 사우디 왕가).np; np.
Palast Greg, Markj attarib wal baramaja(tr) (2003), The best Memocracy Money Can Buy.Beirut: Arab Scientific Publishers.
Yahiya jalum Abdu alhahi (2005). Hurub albetrul asalaibiya wa alqurun alamrikiya aljadid(십자군 석유전쟁과 미국의 새로운 세기). Aman: almusasa alarabiya liddirasat wan nashar.

〈신문, 잡지 및 연감〉

Europa Yearbook,38th edition,1991
Gulf News, January 3, 2006
Gulf Yearbook 2004. Dubai: Gulf Research Center, 2005.
Middle East Report, July-September 1997, p.16.
『연합뉴스』 2006년 4월 14일
『한겨레신문』 2006년 6월 2일』

〈인터넷〉

AAP; http://www.axisoflogic.com/cgi-bin/exec/view.pl?archive=124&num=6137 (검색일: 2005.11.22)
http://middleeast.about.com/od/usmideastpolicy/a/me071202a.htm
kindom of Saudi Arabia, Ministry of foreign Affairs : (검색일: 2009.2.29)
http://www.mofa.gov.sa/Detail.asp?InSectionID=3989&InNewsItemID=34645 (검색일: 2006.,3,5)
kindom of Saudi Arabia, Ministry of foreign Affairs : http://www.mofat.go.

kr/ek/ek_a004/ek_sasa/ek_a02/ek_b07/1212736_6440.html (검색일: 2006. 11. 6)
http://www.saudi-us-relations.org/articles/2008/ioi/080303-saud-shoura.html (검색일: 2009.2 27)

<1부 4장>

<한글문헌>

김한기(2005). 『시리아 외교정책 기조 연구』, 서울, 한국외국어대학교 대학원, 국제관계학과. 박사학위논문

<영어문헌>

Blair, John M.(1976). The control of oil, New York, Pantheon Books.

Country Profile 2005, Syria, (2005). London, The Economic Intelligence Unit.

Gerner, Deborah J.(ed)(2000). Understanding the contemporary Middle East, London, Lynne Rienner Publisher Inc.

Hinnebusch, Raymond and Ehteshami, Anoushiraven(ed)(2002). The Foreign Policies of Middle East States, London, Lynne Rienner Publisher.

Louise, Fawset(ed)(2005), International Relations of the Middle East, Oxford, Oxford University Press.

Prodos, Alfred B.(2005). "Syria; US relations and bilateral issues", Congressional research service, Washington, The Library of Congress

Salem, Elie A(1995). Violence and diplomacy in Lebanon: The troubled years, 1982~1988, London, I.B. Tauris Publishers.

Salloukh, Bassel F(2000). Organizing politics in the Arab World: State- society relations and foreign policy choices in Jordan and Syria, Montreal, McGrill university press.

The Middle East and North Africa 2004, 50th edition, 2004, Europa Publications(2004). London, The Gresham Press.

Zisser, Eyal(2005). "Bashar Al-Assad: In or Out of the New World Order?", The Washington Quarterly, 28:3 Summer 2005, Massachusetts, The Center for Strategic and International Studies and the Massachusetts Institute of Technology

Zisser, Eyal(2004), "Syrian foreign policy under Bashar al-Assad", Jerusalem issue brief, Vol 4, No2, Jerusalem, Jerusalem Center Studies.

〈아랍어 문헌〉

Al-Ashraf, Na'im, and Al-Hussein, Mazen(2005). Mashuru'a al-sharq al-awasat al-kabir, a'la marahel al-taba'iyeh, Amman, Dar Al-Shourk Lil Nashar wa Al-Tawzia.

Lifrit, Flaint(저); Sho'aibi, Emad(역) (2005). Wartha suriya; Ikhtibar Bashar bil-nar, Beirut, Arab scientific publishers.

Zisser, Eyal (2005). Aaraf kaifu yofakir al-Israealiyoun, Bi-ism al-ab, Bashar Al-Assad, al-Sanuwat al-oula fi al-hukm, Cairo, Madbouli Bookshop.

〈신문기사〉

al-Hayat (2004.2.13). "ta'atabar tahadiyan wa fursa lil mujtama'a al-dawli. 'al-Hayat' tanshir nas mashuru'a 'al-Sharq al-Awsat al-kabir' aladi sataqadimuhu Washington fi qimmat al-duwal al-thamani", al-Hayat, 10

Khashana, Rashid(2004.5.24). "Saud al-Faisal: fi wathiqat al-a'hd aqsam amam allah wa shu'oubuhum a'la al-sidqiya wa al-jadiya. Mubarak ghaadir ghadiban ba'ad rafd Tunis tubanni iqtirahahu aa'timaad al-Jamia'at ittaran lil hiwar ma'a al-majmua'at al-duwaliya", al-Hayat, 1

〈인터넷 자료〉

Fattouh, Bassam(2005), "Syria's troubled oil future", Alexander's Gas and Oil Connections, News & Trends; Middle East, Volume 10, Issue #21, http://www.gasandoil.com/GOC/news/ntm54514.htm, (검색: 2006.11.10)

Summit Document, "Partnership for Progress and a Common Future with the Region of the Broader Middle East and North Africa, Sea Island, Georgia, June 9, 2004", http://dosfan.lib.uic.edu/ERC/g8usa/d_060904c.htm, (검색, 2006.11.26)

유엔아태경제사회이사회(2005), "What is good governance?", http://www.unescap.org/huset/gg/governance.htm, (검색: 2006.11.23)

Voice of America(2004) "[집중분석] "적도 아니고 동반자도 아니고... 미묘한 관계속의 미국과 시리아", http://www.voanews.com/Korean/archive/2004-11/ a-2004-11-13-6-1.cfm (검색: 2006.7.13)

〈2부 8장〉

宮田 律, 1998, "이란-구소련남부 제국관계의 현실적 전개와 그 영향: 미국의 對 이란 봉쇄를 공동화(空洞化)하는 지정학", 海外事情 Vol. 46, No.5.

장병옥, 1998, 소련해체 이후 강대국의 對중앙아시아 지역패권주의 정책과 국제 질서-미국과 이란을 중심으로,「한국중동학회논총」 제19-1호.

______, 1997, "Iran's Foreign Policy toward Central Asia and Caucasus",「한국중동학회논총」, 제18호.

佐久間 邦夫, 1998, "유라시아의 파워게임: 카스피해 자원을 둘러싼 미-러, 주변 국가들의 속셈.", 海外事情 Vol. 46, No.5.

佐佐木 良昭, 1998, "중앙아시아를 둘러싼 강대국의 속셈", 海外事情 Vol. 46, No.5.

輪島實樹, 1997, "카스피해의 에너지 개발의 현황", 海外事情 Vol. 45, No.12.

Nedveststy, A.G., 1994, "Turkmenistan", M. Mesbahi(ed.), Central Asia and the Caucasus after the Soviet Union, Gainesville: University Press of Florida.

Nissman, D., 1994, "Turkmenistan Untransformed", Current History, April.

Pipes, D., 1994, "The Event of our era: Former Soviet Muslim Republics Change the Middle East", M. Mandelbaum(ed.), Central Asia and the World, New York: Council of Foreign Relations Press.

Rashid, A., 1994, The Resurgence of Central Asia, Karachi: Oxford University Press.

Smolansky, O.M., 1994, "Turkish and Iranian Policies in Central Asia", H. Malik(ed.), Central Asia, New York: St. Martin's Press.

Cordier, B. D., 1998, "ECO: Towards a New Silk Road on the Ruins of the Cold War?" Central Asia and the Caucasus Review No.22 Summer, Tehran.

Kayhan 이란신문, 1995-7년.

Turkmenistan, 1997, The Institute for Political & International Studies, Tehran.

〈2부 10장〉

宮田 律, 1998, "이란-구소련남부 제국관계의 현실적 전개와 그 영향: 미국의 對 이란 봉쇄를 공동화(空洞化)하는 지정학", 海外事情 Vol. 46, No. 5.

장병옥, 1998, 소련해체 이후 강대국의 대 중앙아시아 지역패권주의 정책과 국제 질서-미국과 이란을 중심으로,「한국중동학회논총」 제19-1호.

______, 1997, "Iran's Foreign Policy toward Central Asia and Caucasus",「한국중동학회논총」 제18호.

佐佐木 良昭, 1998, "중앙아시아를 둘러싼 강대국의 속셈", 海外事情 Vol. 46, No. 5.
Atkin, M., 1994a, "Tajiks and Persian World", B.F. Manz(ed.), Central Asia in Historical Perspective, Bould: Westview Press.
______, 1994b, "The Politics of Polarization in Tajikistan", H. Malik(ed.), Central Asia: Its Strategic Importance and Future Prospects, NY: St. Martin's Press.
______, 1995, "Islam as Faith, Politics, and Bogeyman in Tajikistan"
______, 1997, "Tajikistan's Civil War", Current History, October.
Auten, B., 1996, "Tajikistan Today", Studies in Conflict & Terrorism, No. 19.
Gretsky, S., 1995, "Russia and Tajikistan", A.Z. Rubinstein and O.M. Smolansky(eds.), Regional Power Rivalries in the New Eurasia, NY: M.E. Sharpe.
Makhamov, M., 1994, "Islam and the Political Development of Tajikistan After 1995". H. Malik(ed.), Central Asia: Its Strategic Importance and Future Prospects, NY: St. Martin's Press.
Mesbahi, M., 1995, "Iran and Tajikistan", A.Z. Rubinstein and O.M. Smolansky(eds.), Regional Power Rivalries in the New Eurasia, NY: M.E. Sharpe.
Niyazi, A., 1993, "The Year of Tumult: Tajikistan after February 1990", V. Naumkin(ed.), State, Religion and Soceity in Central Asia as Post-Soviet Critique, Reading: Ithaca Press.
, 1994, "Tajikistan", M. Mesbahi(ed.), Central Asia and the Caucasus after the Soviet Union, Gainesville: University Press of Florida.
Pipes, D., 1994, "The Event of our era: Former Soviet Muslim Republics Change the Middle East", M. Mandelbaum(ed.), Central Asia and the World, New York: Council of Foreign Relations Press.
Rashid, A., 1994, The Resurgence of Central Asia, Karachi: Oxford University Press.
Rubin, B.R., 1994, "Tajikistan: From Soviet Republic to Russian-Uzbek Protectorate", M. Mandelbaum(ed.), Central Asia and the World, NY: Council of Foreign Relations Press.
Smolansky, O.M., 1994, "Turkish and Iranian Policies in Central Asia", H. Malik(ed.), Central Asia, New York: St. Martin's Press.
Tadjbakhsh, S., 1994, "Tajikistan: From Freedom to War", Current History, April.
Fesharaki, H. Ali. A, 1998, "The Islamic Republic of Iran and Tajikistan: Challenges and Iran's National Interest", Central Asia and the Caucasus Review No.22 Summer, Tehran.
Tajikistan, 1996, The Institute for Political & International Studies, Tehran.

찾아보기